PALESTINA EM MOVIMENTO
A DIÁSPORA A PARTIR DE UM OLHAR INTERSECCIONAL

Editora Appris Ltda.
1.ª Edição - Copyright© 2024 dos autores
Direitos de Edição Reservados à Editora Appris Ltda.

Nenhuma parte desta obra poderá ser utilizada indevidamente, sem estar de acordo com a Lei nº 9.610/98. Se incorreções forem encontradas, serão de exclusiva responsabilidade de seus organizadores. Foi realizado o Depósito Legal na Fundação Biblioteca Nacional, de acordo com as Leis nᵒˢ 10.994, de 14/12/2004, e 12.192, de 14/01/2010.

Catalogação na Fonte
Elaborado por: Dayanne Leal Souza
Bibliotecária CRB 9/2162

T269p 2024	Caramuru Teles, Bárbara Palestina em movimento: a diáspora a partir de um olhar interseccional / Bárbara Caramuru Teles. – 1. ed. – Curitiba: Appris, 2024. 285p. : il. color. ; 23 cm. – (Coleção Ciências Sociais). Inclui referências. ISBN 978-65-250-6872-5 1. Palestina. 2. Diáspora. 3. Gênero. 4. Raça. 5. Autorreconhecimento identitário. 6. Intersecconalidade. I. Caramuru Teles, Bárbara. II. Título. III. Série. CDD – 342.087

Livro de acordo com a normalização técnica da ABNT

Appris
editora

Editora e Livraria Appris Ltda.
Av. Manoel Ribas, 2265 – Mercês
Curitiba/PR – CEP: 80810-002
Tel. (41) 3156 - 4731
www.editoraappris.com.br

Printed in Brazil
Impresso no Brasil

Bárbara Caramuru Teles

PALESTINA EM MOVIMENTO
A DIÁSPORA A PARTIR DE UM OLHAR INTERSECCIONAL

Appris
editora

Curitiba, PR
2024

FICHA TÉCNICA

EDITORIAL	Augusto Coelho
	Sara C. de Andrade Coelho

COMITÊ EDITORIAL

Ana El Achkar (Universo/RJ)
Andréa Barbosa Gouveia (UFPR)
Antonio Evangelista de Souza Netto (PUC-SP)
Belinda Cunha (UFPB)
Délton Winter de Carvalho (FMP)
Edson da Silva (UFVJM)
Eliete Correia dos Santos (UEPB)
Erineu Foerste (Ufes)
Fabiano Santos (UERJ-IESP)
Francinete Fernandes de Sousa (UEPB)
Francisco Carlos Duarte (PUCPR)
Francisco de Assis (Fiam-Faam-SP-Brasil)
Gláucia Figueiredo (UNIPAMPA/ UDELAR)
Jacques de Lima Ferreira (UNOESC)
Jean Carlos Gonçalves (UFPR)
José Wálter Nunes (UnB)
Junia de Vilhena (PUC-RIO)

Lucas Mesquita (UNILA)
Márcia Gonçalves (Unitau)
Maria Aparecida Barbosa (USP)
Maria Margarida de Andrade (Umack)
Marilda A. Behrens (PUCPR)
Marília Andrade Torales Campos (UFPR)
Marli Caetano
Patrícia L. Torres (PUCPR)
Paula Costa Mosca Macedo (UNIFESP)
Ramon Blanco (UNILA)
Roberta Ecleide Kelly (NEPE)
Roque Ismael da Costa Güllich (UFFS)
Sergio Gomes (UFRJ)
Tiago Gagliano Pinto Alberto (PUCPR)
Toni Reis (UP)
Valdomiro de Oliveira (UFPR)

SUPERVISORA EDITORIAL	Renata C. Lopes
PRODUÇÃO EDITORIAL	Bruna Holmen
REVISÃO	Cristiana Leal
DIAGRAMAÇÃO	Andrezza Libel
ARTE DA CAPA	Barbara Caramuru
ADAPTAÇÃO DA CAPA	Giuliana Teles e Eneo Lage
REVISÃO DE PROVA	Bruna Santos

COMITÊ CIENTÍFICO DA COLEÇÃO CIÊNCIAS SOCIAIS

DIREÇÃO CIENTÍFICA	Fabiano Santos (UERJ-IESP)

CONSULTORES

Alícia Ferreira Gonçalves (UFPB)
Artur Perrusi (UFPB)
Carlos Xavier de Azevedo Netto (UFPB)
Charles Pessanha (UFRJ)
Flávio Munhoz Sofiati (UFG)
Elisandro Pires Frigo (UFPR-Palotina)
Gabriel Augusto Miranda Setti (UnB)
Helcimara de Souza Telles (UFMG)
Iraneide Soares da Silva (UFC-UFPI)
João Feres Junior (Uerj)

Jordão Horta Nunes (UFG)
José Henrique Artigas de Godoy (UFPB)
Josilene Pinheiro Mariz (UFCG)
Leticia Andrade (UEMS)
Luiz Gonzaga Teixeira (USP)
Marcelo Almeida Peloggio (UFC)
Maurício Novaes Souza (IF Sudeste-MG)
Michelle Sato Frigo (UFPR-Palotina)
Revalino Freitas (UFG)
Simone Wolff (UEL)

Dedico este livro a todas as pessoas palestinas.

*Em memória de Shireen Abu Akleh, Marielle Franco,
George Floyd e das mais de 40 mil vidas perdidas em Gaza.*

AGRADECIMENTOS

Agradeço à Fundação Capes e à Universidade Federal de Santa Catarina (UFSC), por meio do Programa de Pós-Graduação em Antropologia, pelo financiamento da pesquisa que gerou este livro. À minha orientadora, Letícia Cesarino, e ao meu coorientador, Leonardo Schiocchet. Às professoras Miriam Grossi, Angela Facundo e Flávia Medeiros pelas contribuições de grande valia e fundamentais a este trabalho. Aos meus pais, Lucy e Maurício, e meus irmãos, Gabriela e Júnior. Ao meu companheiro, Leonardo Maeda, e meus filhos, Dominic e Theo.

Agradeço às pessoas palestinas, por me permitirem conhecer um pouco de suas trajetórias e este caminhar junto. Agradeço a todas as pessoas que colaboraram com esta pesquisa, em especial, Ibrahim Al-Zeben, Alessandro Candeas, Ualid Rabah, Emir Mourad, Ruayda Rabah, Muna Odeh, Fabio Sahd, Ashjan Sadique, Ahmad Alassad, Nadia Silhi, Kamal Cumsille, Rodrigo Karmy, Ricardo Marzuca, Diego Khamis, Francesca Benedetto, Linda Shahwan, Macarena Chahuan, Muna Haloj, Mamoun Amwas, Mahmoud e Azah Amwas e toda sua família, Ahmad (Armando) Manassrah, Hyatt Omar, Maissar Omar, Aycha Raed Sleiman, Karime Ahmad Cheaito, Fabíola Oliver, Maynara Nafe, Mohammed Mousa, Walid Shuqair, Husseim Abdallah, Nasser Abdallah, Hissa Mussa Hazin, Elizabeth Hazin, Família Asfora, Jaime Asfora, João Alberto Asfora, Satva Asfora, João Asfora, Fátima Ali, Nuredin Ahmad, Nasser Judeh, Emile Safie, Sami Jundi, Riad Barakat, Samir Salman, Nasser Rahman, Gihad Mohamad, Soraya Misleh, Hasam, Sayd Tenorio, Rawa Alsagheer, Khaled Rabah, Vitória Husein, Fadwa Ibrahim, Ahmad Shehada, Antônio Badra e família, Abud Salah, Âmbar, Amin, Amira, Andre Frej, Ayat Num, Dalal Marzuca, Fatima Husseim, Fawzi El-Mashini, Monder El-Mashini, Gihad Mohammad, Hanzi, Mansour Husein, Maruf Salman, Mohamed Melhem, Mohamad Salem, Muna Sahori, Mustafa Abuhorub, Nabil Hussein, Najwa Dagash, Nasser Rahman, Raed Shweiki, Rafat Hussein, Ramzi, Read Barakat e toda sua família, Samir Salman, Sarah Nafe, Siham, Ussama Samara, Yasmin Ahmad, Maca Chahuan, Badra, aos senhores Fahin Qhuseq e Antonio Benedetto (*em memória*).

"Aquí estaremos
con una pared sobre el pecho,
enfrentados al hambre,
peleando con hilachas,
desafiando
cantando nuestras canciones
invadiendo las calles
con nuestra ira,
llenando nuestras covachas con orgullo,
enseñando la venganza a nuevas generaciones
Como miles de prodigios
vagamos errantes
en Jaffa, Lidda, Ramallah, en Galilea."

Tawfīq Zayyād

LISTA DE SIGLAS

ACNUR   Alto Comissariado das Nações Unidas para Refugiados

ANP   Autoridade Nacional Palestina

COPLAC   Confederacion Palestina Latinoamericana y del Caribe

EUA   Estados Unidos Da América

Fatah   Movimento de Libertação Nacional da Palestina

FDLP   Frente Democrática pela Libertação da Palestina

FEPAL   Federação Árabe Palestina Do Brasil

FEARAB   Federacion de Entidades Americano-árabes

FPLP   Frente Popular pela Libertação da Palestina

Hamas   Movimento De Resistência Islâmica

IBGE   Instituto Brasileiro de Geografia

OLP   Organização pela Libertação da Palestina

ONU   Organização Das Nações Unidas

PF   Polícia Federal

UGEP   Union General De Estudantes Palestinos

UNHCR   United Nation High Comissioner for Refugee

UNRRA   United Nation Relief and Rehabilitation Administration

UNRWA   United Nation Relief and Work Agency for Palestinian Refugee

URSS   União das Repúblicas Socialistas Soviéticas

LISTA DE FIGURAS

Figura 1 – Rua Oriente, Brás – São Paulo   51

Figura 2 – Mesquita Brasil em São Paulo   52

Figura 3 – Mesquita do Chuí   54

Figura 4 – Sociedade Palestina do Chuí   54

Figura 5 – Mesquita de Uruguaiana   55

Figura 6 – Mesquita Al Salam   56

Figura 7 – Mesquita de Natal   56

Figura 8 – Mesquita Omar Ibn Al-Khattab   58

Figura 9 – Comércio Palestino em Santa Maria   59

Figura 10 – Ferroviária de Santa Maria   60

Figura 11 – Ferroviária de Santa Maria 2   60

Figura 12 – Hotel Imperial   61

Figura 13 – Mercado Central Manaus   63

Figura 14 – Mesquita de Manaus   63

Figura 15 – Fotografia do Mercado São José, início do século XX   72

Figura 16 – Mercado público São José   73

Figura 17 – Igreja da Penha   73

Figura 18 – Ahmad e a criação de cabras   76

Figura 19 – Passaporte palestino   106

Figura 20 – Interior do passaporte   106

Figura 21 – Passaporte   107

Figura 22 – Lideranças da FEPAL e OLP   118

Figura 23 – Documentário Sanaúd   141

Figura 24 – Juventude Sanaúd no comício pelas eleições democráticas no Brasil – "Diretas Já", 1983   142

Figura 25 – Lula recebe carta da FEPAL por Ualid Rabah, presidente, e Fátima Ali, vice-presidenta — 147

Figura 26 – Lula recebe presentes da comunidade palestina — 147

Figura 27 – Bandeja com café e baklava — 153

Figura 28 – Mesquitas e igrejas pintadas — 154

Figura 29 – Sociedade Palestina de Santa Maria — 168

Figura 30 –Fátima na banca de comércio — 168

Figura 31 – Cartaz de Dia das Mães – FEPAL — 178

Figura 32 – Leila Khaled com fuzil — 172

Figura 33 – Dias das Mães — 174

Figura 34 – Imagem de mães em protesto por seus filhos presos — 175

Figura 35 – Protesto de mulheres Chile — 196

Figura 36 – Performance — 197

Figura 37 – Post 1 – Charge racismo e sionismo — 217

Figura 38 – Post 2 – Imagem manifestantes — 218

Figura 39 – Post 3 – Bandeira palestina na manifestação do *Black Lives Matter* — 219

Figura 40 – Asfixiamento e agressão de um palestino pela polícia israelense — 219

Figura 41 – Asfixiamento e agressão de um palestino pela polícia israelense 2 — 220

Figura 42 – Agressão de um palestino pela polícia israelense — 220

Figura 43 – "Together, we're fighting injustice" — 224

Figura 44 – Assassinato de Shireen Abu Akleh — 229

Figura 45 – Campanha BDS — 233

Figura 46 – Apartheid colorido — 234

Figura 47 – Campanha: Sionismo é racismo — 235

Figura 48 – Campanha FEPAL — 235

SUMÁRIO

INTRODUÇÃO 19
Um corpo em campo 33
O livro 37
A organização dos capítulos 39

CAPÍTULO I
A DIÁSPORA 41
1.1 Conceituando diáspora 45
1.2 A trajetória do mascate: o gênero da migração 47
1.3 A exceção nordestina 69
1.4 Masculinidades palestinas 75
1.5 Mobilidades e matrimônios 83
1.6 "Uns chegaram, outros não" – o refúgio 88
1.7 Criando e disputando um lar 93
1.8 A fé no retorno 101
1.9 O retorno 104
Notas de conclusão 110

CAPÍTULO II
HABITANDO A DIÁSPORA 113
2.1 O processo de (re)organização dos/as palestinos/as na América Latina 114
As instituições trabalhadas 116
2.2 "Tornar-se palestino": juventude e autorreconhecimento 122
2.3 "Sou latino-arabiana": mulheres não brancas 129
2.4 Causa palestina: entre classe e etnicidade 137
2.5 As pessoas e as coisas: a disputa pela autenticidade 151
2.6 "O pessoal é político": maternidade palestina, o lar como resistência 156
2.6.1 A reprodução da vida palestina 160
2.6.2 "Lute como uma mãe palestina" 169
2.7 Uma narrativa na contramão 177
2.7.1 Orientalismo na diáspora 181
Notas de conclusão 188

CAPÍTULO III

PALESTINIAN LIVES MATTER: MANIFESTAÇÕES EM REDE, REDES DE MANIFESTAÇÕES..191

3.1 "Israel es un macho violador"...193

3.2 Pessoas de cor, corpos colonizados, povos originários.........................203

3.3 *Black lives matter, Palestinian lives matter* 215

3.4 *Apartheid* e seus usos políticos...232

3.5 Palestina no contexto da Pandemia: o *apartheid* das vacinas 243

   3.5.1 Controle de fronteiras e restrição de circulação na pandemia.............247

   3.5.2 Pandemia e agravamento da situação dos migrantes 251

3.6 O protagonismo em rede: influenciadoras digitais 253

Notas de conclusão...262

CONCLUSÃO 265

REFERÊNCIAS...269

INTRODUÇÃO

Este livro tem como tema as formas de palestinidades apresentadas na América Latina, mais especificamente no Chile e no Brasil, que se revelam por meio dos marcadores sociais de diferença, de noções de pertencimento identitário, das organizações sociais e políticas locais e das relações entre as sociedades de acolhida e os palestinos/as/es. Nesse sentido, proponho uma análise das dimensões dos processos de construção de palestinidades a partir dos marcadores sociais de gênero, raça, classe, religião, etnia e geração. Focando a construção da identidade pela alteridade, problematizarei as formas como as palestinidades se apresentam em diferentes localidades, tomando como ponto de partida as trajetórias e experiências dos sujeitos.

Segundo o antropólogo Leonardo Schiocchet, "[...] existem palestinos no plural e uma palestinidade no singular". Ou seja, uma unidade social a partir de experiências compartilhadas. A palestinidade seria uma noção polifônica, e palestinos/as, independentemente de sua localização, disputariam os "significados" dessa palestinidade (Schiocchet, 2015, p. 7-17). Aqui faço uma adequação do termo utilizado pelo autor, de palestinidade para *palestinidades*, no plural, de forma a adequá-lo à proposta teórica-analítica por mim adotada, o pós-colonialismo e a decolonialidade, compreendendo sua noção polifônica e, também, a multiplicidade de processos de construção de palestinidades e de "arenas locais e transnacionais" – como menciona o próprio autor, bem como os usos locais do termo que se inserem aqui. Palestinidades aqui se apresentam relacionadas às experiências individuais e coletivas de meus interlocutores; são construídas, reconstruídas e disputadas no cotidiano das pessoas palestinas em diáspora.

Esta obra surgiu dos desdobramentos do trabalho de campo no Chile, realizado durante meu mestrado no Programa de Pós-Graduação em Antropologia (UFPR), nos anos de 2015 e 2016 e, posteriormente, do trabalho de campo que gerou uma tese de doutorado no Programa de Pós-graduação em Antropologia Social (UFSC). O trabalho de campo foi realizado nos anos de 2019 e 2020 junto à comunidade palestina em Santiago, Valparaíso e Vinã del Mar e às comunidades palestinas do Brasil, especialmente de Curitiba e Florianópolis. Posteriormente, nos anos de 2020 a 2022, durante a pandemia de Covid-19, segui "rastros digitais" (Bruno, 2012) e movimentos palestinos/as on-line. Concomitantemente, nos anos de 2021 a 2023, realizei trabalho de campo presencial nas cidades de São Paulo, Curitiba, Brasília, Manaus, Recife, Natal, Porto Alegre, Foz do Iguaçu, Chuí, Santana do Livramento, Santa Maria, Uruguaiana e Pelotas. As cidades de Corumbá e Anápolis também fizeram parte deste trabalho, todavia com uma metodologia de entrevistas, vivências e trocas de forma não presencial, também acessadas a partir de relatos obtidos em campo nas demais cidades.

Metodologicamente, este livro baseia-se em uma etnografia multissituada (Marcus, 1995) e interseccional (Akotirene, 2019). Foi impulsionada pelo contexto empírico, não só pela feitura de uma comunidade palestina internacional, mas também porque os/as palestinos/as têm se organizado a partir das mídias e plataformas digitais. Devemos considerar que o ativismo presente nas organizações políticas palestinas possui certo nível de transnacionalismo. Dessa forma, neste trabalho, ao mesmo tempo que me aproximo das propostas de antropologias multissituadas anteriores, busco um olhar que permita trabalhar com "escalas globais e locais" (Cesarino, 2014), considerando meu posicionamento nessa relação, o interesse como antropóloga e minha parcialidade na pesquisa. Considero também, para adoção dessa metodologia, a própria conformação da diáspora Palestina e seu vínculo com a terra de origem.

Assim, parte deste trabalho de campo se desenvolveu à maneira clássica da antropologia malinowskiana — "estar lá" — mesmo que por vezes o "lá" seja aqui. Outra parte se constitui por seguir os "rastros digitais" (Bruno, 2012) e suas manifestações em rede. Busco, assim, compreender tanto as manifestações em rede (*on-line*) quanto as redes de manifestações (*off-line*) — redes políticas, de afeto e de pertencimento. A qualidade dos diferentes sites e locais de campo presenciais é heterogênea; em alguns, houve interesse em uma relação mais duradoura, outros serviram para colocar os demais em perspectiva. Portanto, essa etnografia transita entre on-line e off-line, tal como transitam as formas de resistência e existência palestina.

O campo e a escolha por sua permanência

> A mulher é um ser social, criado numa sociedade específica e por essa sociedade. Como as sociedades diferem, assim ocorre também com as mulheres. É fácil esquecer disso e ver a "mulher" como uma categoria eterna e imutável. A mulher da Grécia antiga é vista como a mesma de hoje, transformadas apenas as suas circunstâncias. Surge dessa visão uma percepção a-histórica do significado de ser mulher e da simples continuidade da opressão que sofremos. Uma citação de

Xenofonte contra as mulheres acomoda-se confortavelmente ao lado de uma de santo Agostinho e ambas concordam com Rousseau, Hegel e Norman Mailer. Mulher, homem e misoginia tornam-se constantes, apesar da transformação do mundo em torno deles.

Eu afirmaria, ao contrário, que as mulheres e os homens, assim como a natureza da misoginia e da opressão, são todos qualitativamente diferentes em diferentes tempos e lugares. A sensação de similaridade, de paralelos traçados com facilidade, é ilusória. As mulheres, elas próprias, mudam. São precisamente as diferenças nas circunstâncias o crucial para o significado e para a compreensão de tornar-se mulher. Precisamos, portanto, entender a especificidade de nossas circunstâncias para compreendermos a nós mesmas (Jill Julius Matthews, Good and mad woman, 1984 *apud* Strathern, 2006).

Ainda que a interseccionalidade seja uma teoria sistêmica e possa abarcar um conjunto de categorias que se interconectam – gênero, raça, etnia, classe, dentre outras -, a essa abordagem é preciso somar uma crítica mais substantiva ao capitalismo. É nesse sentido que os esforços das teóricas feministas materialistas são fundamentais (Vergés, 2020, p. 9).

Mês de janeiro, eu retornava ao campo após dois anos de minha última estadia em Santiago. No processo de retomada, antes mesmo da ida a campo, havia entrado em contato com todos os/as amigos/as (ou interlocutores/as) que fiz quando realizei a pesquisa do mestrado. Com a agenda lotada, era dia de encontrar uma interlocutora próxima, Gabriela, uma das minhas primeiras interlocutoras em campo. Sua ajuda significativa me abriu muitas redes de contato que marcam esta longa trajetória acadêmica e, também, o trabalho desenvolvido com os/as palestinos/as no Chile. Notícias das famílias, casamentos, viagens à Palestina, novos projetos, muitas coisas aconteceram desde a última vez que nos encontramos, principalmente em relação aos resultados das entrevistas e da produção realizada. Interessada na continuidade da minha pesquisa, ela me contou sobre uma performance ocorrida no mês anterior, realizada por jovens mulheres de origem palestina na frente da Embaixada de Israel, em Santiago. Ela afirmou repetidas vezes: "*Você precisa conhecê-las. Isso vai ser importante, precisa escrever sobre isso*". Após nosso jantar no Clube Palestino, no retorno para casa, Gabriela voltou a insistir no tema. Enquanto descrevia a performance, tirei meu caderno para tomar nota de alguns nomes. "*Anota aí*", dizia ela: "*O Estado de Israel é um macho violador", "viola os direitos básicos dos seres humanos, das mulheres".* Antes de deixar-me na hospedagem, insistiu: *"Isso é importante, você tem que falar de gênero, de feminismo".*

(Notas de campo, 16 de janeiro de 2020)

A pesquisa fruto deste livro começou a se desenvolver em meados de 2018. Todavia, ela vem de uma longa trajetória de pesquisa acadêmica e ativismo político por parte da autora. Iniciei minha trajetória política precocemente, aos 13 anos, dentro do Partido do Trabalhadores (PT); aos 17/18 anos, já filiada ao Partido Socialismo e Liberdade (PSOL), tive meus primeiros contatos com movimentos pró-Palestina. Em dezembro de 2008, durante os ataques à Faixa de Gaza, que geraram uma manifestação em solidariedade à Palestina na cidade de Curitiba, conheci aqueles que anos mais tarde se tornariam meus interlocutores e interlocutoras. Ao entrar no curso de História da Universidade Federal do Paraná (UFPR), em 2011, iniciei, de forma independente, pesquisas sobre a Palestina. Em meados do mesmo ano, entrei para o projeto de pesquisa "Direitos Humanos em Ação", sob a coordenação dos professores do curso de Direito da UFPR, Leandro Gorsdorf e José Antônio Peres Gediel. Foram três anos de pesquisa sobre o genocídio em Gaza, direitos humanos, direito humanitário e direito internacional. Paralelamente, em 2012, a convite do professor Leonardo Schiocchet, realizei mobilidade acadêmica no Programa de Pós-Graduação em Antropologia da Universidade Federal Fluminense (UFF). Fui aluna do professor Schiocchet, bem como dos professores Paulo Hilu Pinto e Gisele Fonseca, e participei do Núcleo de Estudos de Oriente Médio (NEOM), no qual ainda permaneço como colaboradora externa. Embora minha monografia tenha sido sobre a Primavera Árabe no Egito, segui as pesquisas sobre Palestina e palestinos/as durante toda a graduação. Porém, foi somente no mestrado que o tema se tornou central na minha produção acadêmica, quando trabalhei com a comunidade palestino-chilena e os processos de autorreconhecimento identitário palestino em diáspora.

A entrada em campo, nesse segundo momento de pesquisa, se deu de duas formas. No Chile ocorreu, inicialmente, a partir da minha relação pessoal com professores de origem palestina do Centro de Estudos Árabes da Universidade do Chile (CEA) e, na sequência, como continuidade do trabalho iniciado em 2015, retomando o contato com as pessoas das instituições palestinas e a partir dos outros contatos que cultivei ao longo dos anos de pesquisa do mestrado.

Nos anos anteriores, pesquisando sobre as palestinidades no Chile, deparei-me com as tensões que permeiam o reconhecimento identitário. A partir das dinâmicas sociais locais, apresentaram-se cinco categoria nativas, empregadas pelos próprios grupos de pessoas palestinas, quais sejam: "palestino-palestino", "palestino-chileno", "palestino-iraqui", "meio-palestino" e "palestino-direto",[1] culminando em um processo de "identidade narrativa em competição" (Baeza, 2015), que expressa e contrapõe essas categorias de palestinos/as.[2]

Na obra anterior, *"La tierra palestina és más cara que el oro"* (Caramuru Teles, 2022), trabalhei com alguns grupos de palestinos/as, dentre eles refugiados/as, membras/os da Iglesia San Jorge e grupos variados de membros de diferentes organizações políticas, principalmente do Diretório Palestino Chileno, da União General de Estudantes Palestinos e do Clube Palestino (UGEP). A partir do trabalho de campo iniciado em 2020, no Chile, retomei o trabalho com alguns desses e dessas interlocutoras. Da mesma forma, durante o curto período de campo, estabeleci contato com muitas outras pessoas recém-chegadas, membros de organizações políticas, grupos de feministas palestinas, membros do conselho da nova instituição, "Comunidade Palestina", professores do Centro de Estudos Árabes, comerciantes palestinos/as etc. Nessa etnografia, na cidade de Santiago, tive contato com outro cenário, presenciei um novo contexto político-social local, tanto da comunidade palestina, que se encontrava em processo de reestruturação das organizações políticas e sociais, quanto do governo chileno, que passava pelo período de manifestações populares por uma nova Constituinte, conhecido por "Estallido Social".

No Chile, participei, com pessoas palestinas, das manifestações do *Estallido,* bem como acompanhei todo o processo de manifestações populares até a votação pela nova constituinte e as eleições em 2021, que depuseram Sebastián Piñera, abrindo caminho para um governo de esquerda, no ano de 2022, presidido por Gabriel Boric.

No Brasil, a entrada em campo foi fruto de uma longa relação política com alguns dos meus principais interlocutores/as, especialmente alguns ativistas que posteriormente se tornariam lideranças políticas de institui-

---

[1] Objeto de análise da dissertação de mestrado "'La tierra palestina es mas cara que el oro': narrativas palestinas em disputa", realizada junto ao Programa de Pós-Graduação em Antropologia da Universidade Federal do Paraná, UFPR, sob orientação do Dr. Lorenzo Gustavo Macagno.

[2] A autora trabalha com a ideia de "identidade narrativas em competição", que, no caso analisado por ela, refere-se à tensão relativa à recepção, por parte da comunidade palestina local, dos refugiados palestinos vindos do Iraque para o Chile em 2008. Seu conceito serviu de suporte teórico para a análise citada.

ções palestinas locais, como a Federação Árabe Palestina do Brasil (FEPAL). Portanto, ao longo de todos esses anos, tive contato e proximidade com esses interlocutores. Em relação ao campo que gerou este trabalho etnográfico especificamente, retomei contato direto com os interlocutores em 2018 e 2019, por intermédio dos/as palestinos/as de Florianópolis (não mediado por lideranças ou instituições previamente trabalhadas), frequentadores do Centro Islâmico de Florianópolis. Retomei algumas problemáticas sobre o autorreconhecimento identitário de palestinos/as na diáspora e acompanhei processo similar de reestruturação das comunidades palestinas do Brasil, seus grupos e suas organizações políticas.

Esta obra, portanto, teve como interlocutores/as palestinos e palestinas, acadêmicos, comerciantes, professores/as, bordadeiras, mães, lideranças, ativistas políticos ou não. Em sua maioria, foram pessoas acessadas pelo ativismo ou organizações políticas, mas há uma parcela significativa de pessoas com quem cruzei nas ruas, nos comércios, nas igrejas e mesquitas, ou seja, no cotidiano do trabalho de campo, que colaboraram fundamentalmente com esta análise. Foram cerca de 200 entrevistas realizadas, em meio a três ou quatro anos de trabalho de campo que perpassou o on-line e off-line. A análise transita entre instituições clássicas e movimentos orgânicos. A negociação de entrada nas cidades visitadas no Brasil se deu majoritariamente, mas não unanimemente, por meio da presidência da Federação Árabe Palestina do Brasil (FEPAL), a qual intermediou o contato com lideranças locais nas cidades de visita, bem como com líderes políticos, embaixadores, cônsul etc. A participação de membros da FEPAL nesta obra é marcada e evidente. As redes acessadas incialmente estavam sob um "guarda-chuva" político e narrativo da Federação. Por outro lado, as dinâmicas presenciadas em campo e o desenvolvimento do próprio trabalho permitiram acessar redes paralelas, divergentes, narrativas em disputa, como veremos ao longo deste trabalho.

O acesso às cidades, quando mediado pela Federação, designava um ou mais membros responsáveis pela minha acolhida, normalmente um membro ativo da FEPAL, lideranças locais e imigrantes de primeira geração ou que tiveram contribuição fundamental no desenvolvimento da comunidade local. Em Manaus, toda uma rede de pessoas foi mobilizada para minha recepção, sendo Muna, Mohammed e Mamoun os principais responsáveis. Em Recife, fui recebida pelo também antropólogo e ativista Hissa Mussa Hazin, bem como por membros da família palestina Asfora. Em Natal, Emile Saffieh, filho de Hanna Saffie, com o embaixador Ibrahim

Al Zeben, me recebeu; posteriormente, o líder religioso Mohammed. No Rio Grande do Sul, fui acompanhada pela vice-presidente da Federação, Fátima Ali, nas primeiras visitas em Porto Alegre e na cidade de Novo Hamburgo, bem como na visita ao ex-presidente da Federação Palestina. No Chuí, um colaborador da FEPAL, Mustafa Abuhorub, e sua esposa, Yasmin, me receberam por alguns dias, apresentando-me a comunidade. Em Santana do Livramento, Nasser Judeh foi o principal receptor, junto a Raed Shweiki, Janete e Antonio Bradra. Pelotas propiciou o contato e recepção do professor Maissar Omar, representante político da Confederación Palestina Latinoamericana y del Caribe (COPLAC). Na cidade de Uruguaiana, o senhor Read Barakat e sua família fizeram a recepção em nome da Federação. Em São Paulo, Walid, da família Shuqair e Nasser Abdallah foram os responsáveis pela recepção; Soraya Misleh e Hasan Zarif apresentaram-me outras organizações políticas. Em Brasília, o cônsul Ahmad Alassad foi responsável pela recepção da Embaixada Palestina no Brasil e Maynara Nafe da Federação, enquanto Ahmad Shehada e Sayd Tenorio foram responsáveis pela apresentação da instituição Sociedade Palestina e Ibraspal. Muna Odeh, interlocutora e professora da Universidade de Brasília (UNB), e a professora Sonia Hamid, do Instituto Federal de Brasília (IFB), apresentaram-me um terceiro contraponto.

Na Palestina, fui recebida por Ruayda Rabah e sua família em nome da FEPAL. Na Embaixada Brasileira na Palestina, o embaixador Alessandro Candeas me recebeu com sua equipe, Laila, Rossana, Fátima e Geraldo. A família Manasra, por intermédio de Mahmoud Amwas e família, e Ahmad Manasra me receberam em Hebron e Bani Na'im. Em Betunia fui recebida por Ali Abur e Fatima.

Todo o deslocamento de campo é idas à comunidade, as viagens e despesas foram custeadas por mim, por meio da bolsa de pesquisa fornecida pela Fundação Capes, bem como pelo Programa de Pós-Graduação em Antropologia Social da UFSC e pela própria instituição mediante verbas de campo.

Ao longo dos últimos quatro anos (2018-2022), acompanhei as atividades políticas de, principalmente, duas organizações políticas no Brasil: a FEPAL e a Juventude Sanaúd.[3] De forma secundária, acompanhei as

---

[3] Falo em comunidade no singular, no caso chileno, devido ao seu processo específico de reestruturação que unificou diversos grupos e organizações políticas. No caso brasileiro, embora existam duas instituições que buscam construir a unidade representativa dos/as palestinos/as, a Federação Palestina do Brasil e a Juventude Sanaúd, há uma pluralidade de organizações e um processo distinto que deve considerar a dimensão geográfica do país em relação ao vizinho chileno.

manifestações políticas de organizações palestinas no Chile e na América Latina e atividades da COPLAC, da Federacíon de Entidades Árabes (FEARAB) e da Frente Palestina e Frente Democrática. Outros grupos também participaram: Sociedade Árabe Brasileira do Amazonas, Sociedade Árabe Palestina do Chuí, Sociedade Árabe Palestina de Santa Maria e as sociedades palestinas de São Paulo, Recife, Natal e Porto Alegre. Organizações nacionais e locais compõem o objeto de análise desta pesquisa, bem como lideranças políticas, sociais, religiosas e pessoas que ocupam novos espaços de interlocução e representatividade, como as influenciadoras digitais palestinas e muçulmanas. Num contexto geográfico, no Brasil trabalhei com grupos de palestinos/as reunidos em rede e grupos locais.

O contexto político-social em que este trabalho se localizou era de rupturas e transições governamentais. No Chile, a conjuntura inicial era de instabilidade política do governo de Sebastián Piñera, que, após um aumento da tarifa das passagens, despertou um "Estallido Social". Reivindicações pela mudança/reforma do sistema de seguridade social, aposentadoria, saúde pública e educação levaram milhares de pessoas às ruas, inclusive palestinos/as da comunidade local. No Brasil, a FEPAL havia começado um processo de reorganização e "ressurgimento" das comunidades locais, logo o início ou a retomada de uma relação com as comunidades espalhadas por todo o país. Além disso, o ex-presidente Jair Bolsonaro, no período inicial deste trabalho, alinhava-se à linha política do ex-presidente Donald Trump, nos EUA, em relação a intervenções no Oriente Médio, em geral, e na Palestina, o que provocou reação das comunidades palestinas brasileiras.

No cenário da América Latina, uma reconfiguração das instituições políticas foi "chamada" pela Organização para a Libertação da Palestina (OLP), mediante a ameaça das políticas internacionais. A partir disso, os/as interlocutores/as e o campo remodelaram este trabalho, no momento em que pensar a operacionalidade das formas de palestinidades locais se remodelou em pensar a relação entre palestinos/as, mulheres palestinas feministas, organizações palestinas de esquerda e direita e suas implicações nas formas de palestinidades locais, de forma interseccional.

Dessa forma, este livro objetiva compreender, em linhas gerais, as múltiplas formas como as palestinidades se conformam a partir dos marcadores sociais de diferença (organizado pelo marcador de gênero) em diferentes localidades na relação do "fazer político" tanto interno às próprias comunidades quanto com a sociedade de acolhida dos palestinos/as no Brasil tendo como contraponto o Chile.

Em termos de inovação teórica e de pesquisa, em virtude do novo contexto político e da entrada de novos interlocutores, tal como a inserção de um campo contrastivo no Brasil em relação ao Chile, a proposta deste trabalho foi desenvolver uma análise em torno da problemática central da construção e operacionalidade de palestinidades em diferentes localidades, tal como da proposta de entendê-la no marco teórico da interseccionalidade (Cho; Crenshaw; Mccall, 2013; Akotirene, 2019). A análise desenvolvida aqui compartilha da "sensibilidade analítica" da interseccionalidade, compreendendo que as estruturas de dominação do racismo, machismo e patriarcado estão conectadas (Akotirene, 2019). Por meio dessa forma analítico-metodológica, produzida a partir de autoras do feminismo negro na encruzilhada de distintas opressões, podemos compreender os atravessamentos dos marcadores sociais de diferença na conformação das relações e processos de criação de lar na diáspora, pertencimento, mobilidades, negociações e nos processos de autorreconhecimento identitário.

Este livro dialoga com a teoria antropológica em três âmbitos principais. O primeiro é com a teoria antropológica da etnicidade de Fredrik Barth (2000, 2003). Busquei olhar a partir das relações estabelecidas em campo e entre as pessoas com ênfase nos processos, nas experiências das pessoas para desenvolver o trabalho analítico, evitando cair em retificações ou enquadramentos classificatórios. Sobre os processos de autorreconhecimento identitário, em diálogo com a teoria de Barth (2000), parto de algumas premissas amplamente trabalhadas na Antropologia.

Para tal, assumo a premissa de Barth de que a definição do grupo étnico é dada pelas características elencadas *pelo grupo* enquanto relevantes para afirmar-se em oposição a outro. Assim, assumo a premissa de que "estabelecer etnia é estabelecer fronteiras" e que a "fronteira étnica canaliza a vida social" (Barth, 2000, p. 34). Nessa esteira, entendendo "as categorias étnicas como um recipiente organizacional que podem receber conteúdos diferentes" (p. 33), busco avançar para compreender de que forma as categorias de palestinidades são elaboradas nas experiências das pessoas, construídas e atravessadas pelos marcadores sociais de diferença. Utilizo aqui a análise de Míriam Grossi (1998) para pensar gênero a partir das "origens sociais das identidades subjetivas de homem e mulher", e não de uma determinação biológica (p. 4).

> Por "gênero", eu me refiro ao discurso sobre a diferença dos sexos. Ele não remete apenas a ideias, mas também a instituições, a estruturas, a práticas cotidianas e a rituais, ou seja,

a tudo aquilo que constitui as relações sociais. O discurso é um instrumento de organização do mundo, mesmo se ele não é anterior à organização social da diferença sexual. Ele não reflete a realidade biológica primária, mas ele constrói o sentido desta realidade. A diferença sexual não é a causa originária a partir da qual a organização social poderia ter derivado; ela é mais uma estrutura social movediça que deve ser ela mesma analisada em seus diferentes contextos históricos (Scott, 1998, p. 15 *apud* Grossi, 1998, p. 5).

Partindo dessa premissa, o segundo diálogo é com a interseccionalidade como forma metodológica e analítica para pensar e alcançar as construções de palestinidades, conforme desenvolverei adiante, considerando a impossibilidade de pensar a produção de palestinidades na diáspora desassociadas das noções de classe, raça, etnia, gênero, sexualidade, nacionalidade, geração e religião, bem como compreendendo a necessidade de pensar tais marcadores de modo interligado.

O terceiro diálogo insere-se no campo das pesquisas sobre palestinos/as, Palestina, palestinidades e se relaciona com diversas produções. No campo da Antropologia, várias pesquisas foram realizadas junto a comunidades palestinas. Entretanto, há pouca produção específica sobre as comunidades palestinas do Chile e do Brasil, principalmente no que se refere a processos de (auto)reconhecimento identitário a partir de perspectivas interseccionais. As pesquisas desenvolvidas atualmente enfocam prioritariamente o estabelecimento da comunidade e imigrações, refúgio, organizações políticas, instituições, disputas e representatividade, comida palestina etc.

Referente à temática ampliada sobre palestinos/as, esta pesquisa pretende estabelecer contribuições à categoria analítica de "palestinidade" tendo por metodologia a interseccionalidade e visando dialogar com movimentos diaspóricos e com o debate teórico sobre fronteiras, identidade, nacionalismos, gênero, raça, etnia.[4]

Neste trabalho, "palestinidades" aparece de duas formas distintas: pelo seu uso teórico e local. Portanto, evoco seu uso plural, considerando também as formas contrastivas e distintas de construção das palestinidades, dada pelos/as interlocutores/as a partir de suas experiências e vivências. Para este estudo, incialmente tomo de empréstimo o referencial analítico

---

[4] Em diálogo com a produção de Said (2008, 2011, 1993, 1995, 1996, 2002, 2012), Masalha (2018, 2021), Khalidi (2020), Saigh (2007, 2015), Schulz (2003), Shiblak (2005), Dorai (2006), Jardim (2000, 2015), Pinto (2011), Montenegro (2013), Macagno; Montenegro; Beliveau (2011), Schiocchet (2011, 2015, 2017, 2022), Prates (2012), Baeza (2015), Oliveira (2020), Manfrinato (2016, 2022) e Hamid (2012, 2015), entre outros.

de "palestinidade" de Schiocchet (2022) para desenvolvê-lo, posteriormente, adaptando-o ao uso plural, de forma a propor uma adequação teórico-analítica. Compartilho da premissa do autor das palestinidades como "arena polivocal", um "espaço subjuntivo compartilhado", um espaço em que a "palestinidade é vivenciada e negociada". Cito:

> A palestinidade como um "espaço subjuntivo" – isto é, um espaço compartilhado de habitação, concomitantemente real, idealizado e antecipado, misturando passado, presente e futuro; uma bússola polivocal e inerentemente contestada de pertencimento que aponta para um destino moral; um lar. O lar é, nesse sentido, o que Liisa Malkki (1992) chama de destino moral ou, a meu ver, uma arena pública de negociação de valores, práticas e disposições corporificadas, técnicas, afetos e sensibilidades expressas por meio de motivações complexas irredutíveis à prática, raciocínio e estratégias conscientes, por um lado, ou a imperativos morais e inconscientes, por outro. As maneiras pelas quais a palestinidade é concebida, experimentada e negociada entre refugiados e outras comunidades palestinas que vivem fora dos territórios palestinos de hoje são, portanto, compreendidas como processos de criação de um lar (Schiocchet, 2022, p. 2-3, tradução livre). [5]

"Palestinidades" também aparecem neste trabalho como categorias locais, acionadas pelos/as interlocutores/as em referência a identidade palestina compartilhada, tema relevante nesta análise. Palestinidades revelam-se aqui como concepções múltiplas de autorreconhecimento, disputas de narrativas de autorreconhecimento identitário que relacionam concepções de lar, pertencimento, autenticidade, fé, como desenvolverei ao longo de todo o trabalho. Há palestinidades diferentes para cada grupo e/ou indivíduos. Adotar o termo no singular poderia levar à armadilha de sugerir uma única palestinidade, compartilhada entre pessoas palestinas do Chuí à Jerusalém. Em conformidade com esta linha teórico-analítica-metodológica, afirmo aqui seu uso no plural, adaptando a proposta de Schiocchet de uso no sin-

---

[5] "Palestinianness as a 'subjunctive space' - that is, a shared space of inhabitation, concomitantly real, idealized and anticipated, mingling past, present and future; a polyvocal and inherently contested compass of belonging that points to a moral destination; a home. Home is, in this sense, what Liisa Malkki (1992) calls a moral destination or, as I understand it, a public arena of negotiation of values, practices, and embodied dispositions, techniques, affects and sensibilities expressed through complex motivations irreducible to practical reasoning and conscious strategies on the one hand, or to moral imperatives and unconsciousness on the other. The ways in which Palestinianness is conceived, experienced and negotiated among refugees and other Palestinian communities living outside of today's Palestinian Territories are thus understood as processes of home-making" (Schiocchet, 2022, p. 2, 3).

gular. Menos que uma discordância em si, prefiro o termo "adaptação" ou "adequação" à proposta inicial do autor, tendo em vista que compartilho de parte significativa de sua definição e de suas análises teóricas.

Dialogo com essas análises de palestinidades e com a teoria de Barth para pensar a apresentação desta em diferentes localidades, ao passo que minhas contribuições sugerem que palestinidades se constroem por duas vias diferentes: uma da convergência, a identificação entre palestinos/as a partir de diferentes elementos; e outra da divergência, ou seja, as disputas narrativas pela categoria de palestino (Caramuru Teles, 2022).

Interseccionalidade, nesta obra, é a proposta metodológica para chegar à construção de palestinidades, mas é também referencial teórico-analítico. Mediante um olhar interseccional, compreendo como as palestinidades são construídas pelas e pelos interlocutores a partir dos marcadores sociais de diferença. O marcador de gênero, central neste livro, opera em dois níveis distintos, como parte e todo. Como todo, ele é o fio condutor da análise, sua espinha dorsal, e é a partir dele que estruturo a análise sobre palestinidades em que emergem os demais marcadores, raça, classe, etnia, religião e gênero — agora como parte.

Ainda compartilho neste trabalho da crítica fundamentada por Françoise Vergès acerca de um "feminismo civilizatório", que, segundo a autora, "[...] tomou para si a missão de impor, em nome de uma ideologia dos direitos das mulheres, um pensamento único que contribui para a perpetuação da dominação de classe, gênero e raça" (Vergès, 2020, p. 28). Criou, ademais, a contraditória conotação de corpos ditos necessários e corpos ditos descartáveis, "vidas vulneráveis" (Butler, 2019). Aproximo-me aqui de um feminismo decolonial, que entende a necessidade de traçar uma análise a partir da interseccionalidade.

Nesta análise, o marcador social de diferença gênero é perpassado pelos marcadores de raça/etnia, nacionalidade, geração e classe social. Dessa forma, o trabalho é dividido em subcapítulos temáticos; cada um traz um evento ou eventos que permitem elucidar as múltiplas formas de construção e processos de palestinidades e suas constituições caleidoscópicas[6]. Nesta análise, aliada à Kanaaneh, desenvolvo uma compreensão das palestinidades como "zonas de pertencimento concêntricas", "sobrepostas",

---

[6] O uso de eventos/situações etnográficas como ponto de partida na composição de minha análise vem da inspiração e do diálogo com o trabalho de Magda Mascarello e da proposta analítica contida em sua dissertação "O barracão e a rua: experiências e práticas políticas de catadores de materiais recicláveis em Curitiba-PR", produzida na UFPR, 2015.

dotadas de "díspares terrenos de poder" (Kanaaneh, 2002, p. 5). Assim, o marcador social de gênero atua em uma perspectiva integrativa da obra e como mais um entre os demais marcadores, de modo que perpassa distintas experiências, que vão além de pensar uma palestinidade em si; proponho pensar palestinidades atreladas aos processos de autorreconhecimento identitário, as formas de habitar a diáspora, de construção do lar e da terra como lugar de pertencimento.

Utilizo também a definição de Rhoda Ann Kanaaneh para pensar a constituição da diáspora como um lugar de experiências multifacetadas, "um compósito fragmentado". Considero ainda que a "multiplicidade e complexidade contém marcos institucionais" e que, embora constituindo o mesmo "lugar", há "diferenciados acessos a sistemas de poder – econômico, político, familiar e de gênero" (Kanaaneh, 2002, p. 5). As formas de habitar e construir palestinidades na diáspora são perpassadas por poder e diferença.

O livro, portanto, dialoga diretamente com algumas produções no campo da Antropologia no Brasil, principalmente com a produção de Denise Jardim, ao reconhecer os "mecanismos sociais de produção da etnicidade" (Jardim, 2000) presentes em ambas as comunidades, Chile e Brasil, e nas produções de retomada, ou "reconstrução", da tradição. Dialoga também com a produção de Sônia Hamid, em virtude da proximidade dos campos e encontros analíticos, tendo em vista que a autora trabalhou em sua tese com os refugiados palestinos/as vindos do Iraque reassentados no Brasil. Também me apoio nas discussões sobre a "pedagogia da ascensão social" e sobre as tensões entre estabelecidos e recém-chegados propostas pela autora (Hamid, 2012, 2015). Em relação às identidades religiosas, converso com a produção específica de Paulo Hilu Pinto no que se refere às "identidades confessionais", problematizando, principalmente, as relações entre etnia, nacionalismos e Islã no Brasil, bem como no Chile (Pinto, 2011).

Por fim, estabeleço diálogo com o trabalho de Cláudia Espinola, que analisou especificamente a comunidade árabe muçulmana de Florianópolis, em especial a utilização dos *hijabs* pelas mulheres como um elemento fundamental do processo de arabização e visibilidade desta comunidade. Dialogo também com a produção sobre enquadramentos dos/as refugiados/as, de Helena Manfrinato (2016), sobre a recepção de palestinos/as refugiados do conflito Sírio e implicações para as organizações políticas locais e com as terminologias e análises produzidas por Rafael Gustavo de Oliveira (2020). Converso, em alguns capítulos, com a produção de Hissa Mussa Hazin (2016), de Muna Muhammad Odeh; Ashjan Sadique Adi (2021) e de

Soraya Misleh (2022) sobre a presença e experiência palestina no Brasil e na Palestina e com Luciana Garcia Oliveira (2017) e Caio Fábio Sampaio Porto (2021) sobre as instituições políticas palestinas na diáspora. Há que se considerar ainda, mesmo que não exista um diálogo direto, a produção de: Michelle Ratto (2020), Bárbara Duarte de Souza (2015), Maria Alice Tallemberg Soares (2022), Daniele Regina Abilas (2012), Bianca Albuquerque Marcossi (2018), Paulo Ribas Corrêa (2022) e Regina Kátia Fritsch (2022).

Nesse sentido, a análise avança em relação aos trabalhos sobre palestinos/as, em geral, primeiramente em relação à sua problemática, mas também em continuidade temporal, em relação à temporalidade das imigrações e assentamentos analisados. Avança ainda, em sua especificidade local, devido à escassez de estudos antropológicos, especificamente com palestinos/as, que reúna diversas cidades do Brasil e do Chile.

Partindo da centralidade do debate acerca dos pertencimentos étnicos e religiosos, esta pesquisa visa contribuir para a ampliação da problemática identitária e lança mão da perspectiva da construção da identidade pela via do conflito interno à comunidade, entendendo-o como constructo do processo de reconhecimento identitário palestino. Em face da compreensão de que o pertencimento social palestino veicula noções de organização social e identidade, torna-se fundamental para a pesquisa antropológica o enfoque no conflito e nas "narrativas identitárias" a partir, principalmente, da prerrogativa pós-colonial e decolonial, tendo por foco comunidades diaspóricas, palestinas, na América Latina. Trago também algumas análises da teoria decolonial e do feminismo negro norte-americano que permitem compreender as formas como os distintos marcadores sociais de diferença emergem e se coproduzem no contexto da América Latina.

A partir das teorias do pós-colonialismo, deve-se considerar a existência de relações de poder que estruturam a sociedade, sem buscar reduzi-las à relação colonizador/colonizado, mas despontando do entendimento de que essas relações se configuram como parte de um processo "global", "transnacional" e "transcultural" (Hall, 2013, p. 119). Há que se considerar que ainda hoje existem processos de colonização, como a situação de dominação na Palestina por parte do Estado de Israel e a diáspora palestina como parte dos desdobramentos dessa colonização e da ocupação da terra. Dessa forma, pensar as palestinidades no Brasil e no Chile contribui para a discussão geral no campo da identidade e fronteiras étnicas, nacionalismos e mobilidades de palestinos/as na América Latina.

Na esteira desse argumento, busco compreender, a partir do campo no Chile, em contraponto ao campo no Brasil, como tais categorias encontram-se interseccionadas na construção local de palestinidades. Busco evidenciar como esses marcadores emergem ao longo desse processo analítico sem reduzir a análise de um grupo a um determinado marcador, pois a premissa deste trabalho é que as palestinidades estão perpassadas por distintas opressões. Assim, é extremamente produtivo o uso dessa opção teórico-metodológica para pensar as relações de violência física e epistêmica e os marcadores que constituem as diferentes palestinidades.

Um corpo em campo

Seria quase impossível escrever uma obra com eixo central de gênero, uma perspectiva interseccional e ainda polifônica, sem considerar o corpo da antropóloga em campo, bem como minhas experiências no decorrer de pelo menos os últimos cinco anos de pesquisa. Distintos contextos políticos, sociais, globais e pessoais marcaram esta pesquisa de formas intensamente diversas. Eu entrei na pós-graduação em Antropologia da UFSC já mãe de uma criança de 10 anos, vinda de outra cidade por conta do doutorado e de um relacionamento afetivo. Foi um período complexo de adaptação à cidade, à rotina e à minha nova gestação. Realizei as disciplinas do doutorado grávida, no segundo e terceiro trimestre de gestação. Tive seis meses de licença maternidade concedidos pelo programa de pós-graduação e alguns meses a mais de bolsa pela Fundação Capes. No decorrer de todo esse tempo, tive contato com pessoas que vieram a constituir este campo de pesquisa, mas foi apenas no final da licença maternidade que iniciei minhas idas às orações de sexta-feira na mesquita de Florianópolis, fato que marcou o início do meu trabalho de campo de forma presencial.

Minha primeira inserção foi bastante difícil. Ao longo de todo meu trabalho de campo e contato com comunidades palestinas, nos últimos 11, quase 12 anos, eu costumava acessar um espaço predominantemente masculino, da política pública e institucional. Em virtude de tal circunstância, frequentemente afirmei que meu corpo era lido como um corpo masculino. Quando estava dentro, eu era um corpo dotado de atributos delegados às masculinidades: agressividade, oratória, ação pública, liderança política. Isso, por um lado, me fazia sentir parte e, de certa forma, confortável, pois, na ausência de atributos conferidos aos corpos ditos femininos, eu não era alguém passível de investidas afetivas. Embora vez ou outra, na concepção de alguns poucos interlocutores homens, fui enquadrada e lida como uma "mulher ocidental", sinônimo de libertária. Por não seguir tradições religiosas, fui lida, poucas vezes, como passível de investidas afetivas e sexuais, das quais consegui escapar de forma "amistosa", mas ainda assim desconfortáveis.

O outro lado, mais comum, era o reiterado não pertencimento à comunidade árabe-palestina. Recordo-me bem de dois momentos específicos, quando ainda em 2012 participei de dois eventos na comunidade muçulmana de Curitiba. O primeiro foi a rememoração da Ashura, ritual xiita que lembra o martírio do imã Husein Ali, neto do profeta Mohammed. Nesse dia adentrei a mesquita usando *hijab* e roupas de modéstia e, embora eu me sentisse "camuflada", recebi de cerca de 98% das pessoas o cumprimento "boa-noite", quando apenas o Sheik e o líder político da mesquita, conhecidos prévios, me cumprimentaram na forma (integrativa) religiosa "Salam Aleikum". O segundo momento, no mesmo ano, foi a festa de fim de ano da escola Árabe Brasileira de Curitiba, onde meu filho mais velho, à época com 5 anos, estudava. Durante a solenidade, um senhor da comunidade libanesa, pai de um outro aluno, me pediu para buscar guardanapos, com entonação dada a um pedido de serviço. Mais uma vez, estava claro que meu papel ali não era reconhecido como membro da comunidade, assim eu era enquadrada como professora ou do serviço de limpeza. Acredito que o marcador de classe também merece seu destaque nessa situação, considerando que eu era uma jovem de 22 anos, pobre, mãe de uma criança bolsista na escola; minha aparência, em contraste com a ostentação de carros e vestes da comunidade libanesa curitibana nos eventos, certamente fazia com que tais enquadramentos fossem reafirmados.

Portanto, já nas minhas primeiras experiências, eu era enquadrada como um corpo externo, que tinha como única possibilidade de pertencimento a aliança política e foi nela e por meio dela que adentrei a maior parte dos espaços de campo ao longo de todos esses anos. Com o tempo, minha atividade e produção acadêmica ganharam destaque entre grupos palestinos locais. Minhas alianças ampliaram-se, aumentando assim meu leque de atuação e inserção. Todavia, as mulheres nesse período, nas organizações as quais eu tinha acesso, eram escassas. Eram uma ou duas; comigo, somávamos três. Nos últimos anos, a participação de mulheres nas organizações políticas no Brasil mudou significativamente, e foi interessante acompanhar a disputa delas para a inserção nesse espaço, até então masculinizado.

Na mesquita, no espaço religioso, durante o campo em 2019, novamente adentrei como uma *outsider*, e não esperava menos. Dessa vez, a porta se abriu pelo título recentemente adquirido de Mestra em Antropologia, cujo tema de pesquisa foi a comunidade palestina chilena. Eu entrei, mas da porta para dentro, poucos passos dei em seis meses. Recebi muitas respostas negativas sobre a possibilidade de entrevista. Muitas mulheres diziam já ter conversado "tudo o que tinham pra falar" com a pesquisadora antes de mim (Cláudia Espinola) e que não tinham tempo entre trabalho e maternidade. Fui recebida pela esposa do Sheik, Fátima, a pessoa com quem tive maior proximidade durante esses meses. Eu diria que, para além do ritual semanal, o que nos aproximou foram as conversas sobre maternidade, posteriormente compartilhamos um pouco sobre as experiências de suspeita de câncer de mama, quando passei por uma cirurgia investigativa em 2020. Retornarei a esse ponto posteriormente, pois maternidade e saúde, ou ausência dela, foram, em vários momentos, pontos de contato entre mim e minhas interlocutoras.

A produção da pesquisa que gerou este livro também foi perpassada por uma pandemia, a Covid-19. O campo previa inicialmente viagens a todas as comunidades do Brasil, mas, por um longo período, acompanhei de casa, no meu isolamento, meus e minhas interlocutoras no processo de virtualização das instituições e do ativismo digital. Fizemos colaborativamente *podcasts*, entrevistas, escrevi em jornais textos que circularam pelas comunidades palestinas do Brasil e Chile, chegando inclusive a Portugal. Novas portas se abriram, acessei as redes de manifestações, entrei nos grupos de WhatsApp, me aproximei das blogueiras muçulmanas, compartilhamos nossas experiências cotidianas; acredito que tenha sido a primeira vez que uma casa se abriu para um café, mesmo que fosse *on-line,* mediado pela videoconferência. Entrei em suas casas, e as pessoas começaram a entrar na minha; meu filho caçula, na época bebê, interrompia de forma tenra a *live* ou entrevista e gerava uma comoção generalizada. Cada vez eu estava mais "dentro", mesmo que esse dentro fosse imaterial.

Passamos dois anos nos encontrando de forma virtual, foi quando as mulheres palestinas entraram de forma intensa no meu trabalho. Trocamos leituras políticas, receitas de comida árabe, livros acadêmicos, literaturas, ministrei cursos para pessoas palestinas e fui, por diversas vezes, alunas de seus cursos. A troca começou a fluir. Escrevemos juntas, compartilhamos a vida privada, reclamamos das tarefas domésticas e dos companheiros. Mais uma vez, eu estava e me sentia "dentro". Posteriormente, parei a pesquisa por três meses, acometida pelo medo de um câncer. Minha vida se ressignificou, mesmo com um "alarme falso". Operei, recebi notícias positivas, me recuperei, operei de novo. Essa experiencia acabou por ser compartilhada e acolhida pelas e pelos interlocutores naquele período. Foi depois desse longo trajeto que voltamos a nos encontrar de forma presencial, encontrei velhos interlocutores e conheci fisicamente pessoas antes intocáveis, mas tão próximas.

Então comecei as viagens de norte a sul do Brasil, entrando, de fato, nas casas que conheci virtualmente, dando corpo físico às pessoas e recebendo. Comer junto, esses foram os mais significativos momentos. Comer, partilhar o pão, que é algo tão simbólico, nos uniu em corpo e ação. Uma ação, ao mesmo tempo, tão cotidiana e tão complexa. Comi em tantas casas quanto poderia imaginar. Aprendi a servir na "forma tradicional", compartilharam a feitura das coisas e a sabedoria envolvida no ato de fazer.

Meu corpo também foi interpelado pelos/as interlocutores, foi perpassado por marcadores raciais, lido por diversas vezes como um corpo não-branco. Minha ancestralidade foi acessada e, por meio dela, fui novamente inserida, tema que desenvolverei no capítulo dois. Meu corpo, nem no Brasil, no Chile ou na Palestina, foi um corpo neutro. Minhas relações com homens e mulheres foram distintas, marcadas por gênero, raça, geração, nacionalidade.

Com homens acessei majoritariamente espaços políticos, bebemos cafés em espaços públicos, visitei escritórios que pareciam grandes bibliotecas, instituições, embaixadas, jantares oficiais em restaurantes que não condiziam com minha classe social. Com homens jovens, fumei *arguile*, e falamos do futuro político, da resistência e de matrimônios; com homens velhos, por vezes fui acolhida carinhosamente como filha e integrada a família e suas práticas.

Com as mulheres de todas as idades, bebemos chá, entrei nas casas e lojas, sentamos juntas para comer e tomar café. Através das senhoras fui apresentada ao bordado palestino, falamos das memórias da guerra, dos deslocamentos forcados, do cotidiano de resistência. Por meio do compartilhamento da sabedoria das senhoras idosas, fui ensinada a bordar e cozinhar. Com as mulheres mais jovens, experimentei, ganhei e comprei roupas, lindos *hijabs* bordados à mão, também falamos de política, ciência e resistência. Com muitas troquei experiências maternas, compartilhei descobertas e experiências sobre ter filhos atípicos, falamos de fazer casa, da língua e das formas de existir. Compartilhamos experiências sobre saúde, física e mental. Ouvi histórias de luta, força, sofrimento e luto.

Enquanto os homens contavam suas guerrilhas e manifestações na diáspora e na Palestina e mostravam feridas da prisão e marcas de tiro, as mulheres, na Palestina, me contavam como esconderam pedras no *hijab* para fortalecer a Intifada. Como enfrentavam os soldados israelenses, como uma delas colocou o fuzil do soldado no peito, com o corpo bloqueando a porta da casa e disse: *"atira, mas daqui você não saí com meu filho"*. Na diáspora as histórias reverberavam e se somavam a idas e vindas, a mobilidades de estudo e matrimônio, a resistência e as experiencias "lá" e "aqui". Nisso tudo, ora eu era antropóloga, ora ganhava antecipadamente o título verbal de "doutora", ora era só mulher; fui filha, mãe, amiga, e, inclusive muçulmana[7] — esta é uma história tangencial.

Enfim, as formas pelas quais meu corpo foi construído e interpelado pelas pessoas com quem trabalhei nesses anos, minhas mobilidades e experiências, minhas relações com minhas interlocutoras e interlocutores, bem como o corpo, a mobilidade e as experiências dessas pessoas marcam esta análise. Esse pano de fundo ora emerge na escrita, ora se aprofunda, mas importa saber o lugar da não neutralidade, da pessoa que escreve, dos espaços habitados e como isso se liga as análises e teorias aqui elaboradas.

O livro

Por fim, vale ressaltar que este livro, como fruto de um trabalho etnográfico, de cunho acadêmico, deve compartilhar dos procedimentos de sua feitura, de sua metodologia, de forma a inspirar demais colegas e justificar a forma como esta análise foi costurada. Sobre os procedimentos, realizei trabalho de campo no Brasil como contraponto ao campo realizado no Chile. Nesse período, também realizei pesquisa documental com

---

[7] Quando estive em Jerusalém, tentei entrar quatro vezes na Mesquita Al-Aqsa, o Domo da Rocha, mas fui bloqueada pelo exército israelense e pela administração local por não ser muçulmana. Embora o islã pregue que a mesquita é um espaço de livre entrada para todos, o exército israelense impede o acesso de turistas nos horários da oração, da tarde e conforme sugerem, assim restam poucas horas de visita em manhãs aleatórias. Eles perguntam na entrada se você é muçulmano/a e pedem prova de fé, recitar uma frase dita pelos muçulmanos, uma profecia pública de fé. Segundo as interlocutoras, falar essa frase torna a pessoa muçulmana. De forma a driblar o controle da ocupação, fui ensinada por algumas mulheres a recitar "Ashadu Analá Ilaha Ilálá u Ashadu Ana Mohammed Rasul lá lá" — a frase possuí diferenças da original, aqui está escrita no forma como foi escrita pelas interlocutoras para que eu decorasse; no árabe clássico, há discrepâncias na escrita, sendo o mais próximo "Ashhadu an la ilahu ila Allahu wa ashhadu an Muhammadun rasulu Allahi" (testemunho que não há outro como Deus [ou "... Que existe apenas um Deus] e testemunho que Muhammad é profeta de Deus). Tradução dada pelas interlocutoras para o português: testemunho que não há outro Deus senão Alah e Mohamed é seu profeta. Posteriormente, quando compartilhei essa estratégia e esse ensinamento que me permitiram entrar na oração de sexta-feira na Al-Aqsa e imediatamente quando decorei a frase e repeti a elas, as pessoas afirmaram "pronto, agora você é muçulmana", mas essa é uma questão que aqui não será analisada.

acervos da Federação Palestina do Chile e do Brasil, do Clube e das igrejas, mesquitas, além de acervos pessoais aos quais tive acesso prévio em 2015 e ao longo dos anos seguintes. Esse material enriqueceu o mapeamento e a problematização do estabelecimento das comunidades, genealogias, práticas políticas e religiosas. Nesse material, acessei de fotografias a notas políticas, acionadas pelos interlocutores conforme seus significados.

O campo foi realizado nos mais distintos espaços, partindo da premissa de que os espaços de sociabilidade da igreja, mesquitas, clubes palestino, lares e da zona de comércio são propensos a relações que permitem vislumbrar os processos de produção identitária e de pertencimento. A partir das relações estabelecidas entre eu e meus/minhas interlocutores/as nesses espaços, problematizo os processos de pertencimento identitário nos marcadores sociais, bem como as complexidades e disputas em torno das formas de palestinidades.

Acerca da identificação dos/as interlocutores/as, uma questão é relevante. Este trabalho objetiva construir uma etnografia em diálogo com pessoas palestinas, polifônica. Uma das questões fundamentais para essas pessoas tem sido a identificação dos/as interlocutores/as, das famílias e das instituições, com intuito de visibilizar a existência dessas pessoas como palestinas, seja como refugiadas ou pessoas em diáspora. Assim, mantive a identificação das pessoas que colaboraram com esta obra, todavia, quando solicitado ou necessário, a identificação não foi realizada de forma a preservar os indivíduos.

No que tange à ocupação geográfica imprecisa desta pesquisa, uma antropologia transnacional, ou em movimento (Handerson, 2017), faz-se relevante no desenvolvimento do trabalho de campo Brasil-Chile. A metodologia adotada, todavia, não buscou construir uma simples comparação entre as distintas localidades ou trabalhar a mobilidade desses interlocutores dentro e fora da América Latina. O campo no Chile foi trabalhado como um contraponto ao campo no Brasil, de forma a elucidar pontos de convergência e divergência e, a partir disso, problematizar as múltiplas formas de palestinidades em diferentes localidades. Realizei, portanto, uma etnografia multissituada.

A ocupação dos espaços se dividiu em duas etapas. A primeira envolveu uma interação entre dois principais campos de pesquisa ora distintos, ora ligados pelas mobilidades dos interlocutores ou, principalmente, pelas estratégias e redes políticas construídas pelos/as palestinos/as. Ao realizar uma etnografia em múltiplos locais, o intuito inicial foi mapear uma rede de atuação política dos interlocutores, bem como das instituições palestinas, aproximando-se da estratégia de "sair dos lugares de investigação etnográfica e examinar a circulação de discursos" (Marcus, 1995, p. 111).

A principal dificuldade foi estabelecer as conexões entre os dois campos, tendo em vista sua diferença migracional, religiosa e populacional. Enquanto no Chile adentrei o campo por meio de redes acadêmicas, no Brasil adentrei por meio do campo na mesquita, do meu ativismo político e por intermédio de interlocutores da Federação Árabe Palestina e Juventude Sanaúd. Para isso, acompanhei, durante três anos, instituições palestinas no Brasil e Chile de forma simultânea, a partir da internet, tendo em vista as novas formas de acessar a informação, e das idas a campo mediante viagens às comunidades. A extensão geográfica do Brasil produziu maior dificuldade em fazer-se presente. No Chile, há uma concentração tanto de indivíduos quanto de instituições palestinas em Santiago, enquanto no Brasil tanto pessoas quanto instituições encontram-se dispersas em um território 11 vezes maior que o chileno. Assim, no Chile, o trabalho de campo concentrou-se Santiago e região (Viña del Mar, Valparaíso e Temuco), já no Brasil desenvolveu-se de norte a sul e leste a oeste do país, em Florianópolis, Curitiba, Porto Alegre, Chuí, Santa Maria, Pelotas, Santana do Livramento, Uruguaiana, Novo Hamburgo, São Paulo, Manaus, Recife, Natal, Brasília, Foz do Iguaçu e Corumbá.

Por fim, para o encerramento do livro e para melhor entendimento das dinâmicas de mobilidade e retorno, realizei pouco mais de um mês (cerca de 40 dias) de trabalho de campo fora do país, entre a mobilidade do Egito à Palestina e a estadia na Palestina, com enfoque nas cidades de Ramallah, Jerusalém, Belém, Beit-jala, Baninaim-Hebron e Beitunia.

A organização dos capítulos

Este livro divide-se em três partes complementares. Na perspectiva adotada, seria impossível desassociar raça, gênero, classe, etnia, nacionalidade e religião. Portanto, utilizando-me da proposta metodológica da interseccionalidade, abordo distintas situações etnográficas que têm como ponto em comum as experiências e manifestações de palestinas/os/es *on-line* e *off-line*. Na primeira, apresento o contexto do trabalho de campo, a diáspora palestina no Brasil e no Chile. Nele, primeiramente, discuto diáspora como uma categoria teórica e local. O gênero masculino da imigração[8] aparece

---

[8] Uso como inspiração o título de Marilyn Strathern, na obra *O Gênero da Dádiva*.

aqui numa perspectiva distinta de análise da imigração palestina no Brasil e Chile. Na sequência, masculinidades árabes vêm à luz a partir de breves reflexões sobre o papel de gênero atribuído aos homens palestinos, bem como sexualidades e estereótipos. Ainda sobre a constituição da imigração palestina no Brasil e Chile, problematizo as novas redes de imigração e mobilidades palestinas na diáspora e o retorno à terra palestina, ressaltando as dinâmicas de pertencimento e os marcadores de classe, nacionalidade e religião.

No segundo capítulo, "Habitando a diáspora", analiso os processos de autorreconhecimento identitário palestino, tendo o campo no Chile como contraponto ao do Brasil. "Torna-se palestino", no cenário conturbado subcontinental e no contexto de disputas e reorganização das instituições políticas palestinas na América Latina, é o tema central desse capítulo. As formas políticas de habitar e criar palestinidades na diáspora são evidenciadas e problematizadas a partir de noções de autorreconhecimento, de pertencimento e das formas de disputar o lar e o fazer político. Na segunda parte do capítulo, trago à luz a maternidade política e a vida privada, o cuidado como formas de resistência ao patriarcado e à colonização. Ainda nesse mesmo espaço, trato de mulheres que articulam raça, gênero e etnia na criação de categorias de pertencimento locais, "latino-arabianas". A última parte refere-se aos orientalismos na diáspora e à reprodução de seus estereótipos

No terceiro e último capítulo *"Palestinian lives matter"*, analiso as manifestações palestinas *on-line*. Os marcadores sociais de gênero e raça, interseccionalizados, emergem nas pautas de movimentos ativistas palestinos que saem do off-line para ocupar as ruas em redes de ativismo político e ocupar as redes digitais, em redes políticas de manifestações. Observo as manifestações de mulheres palestinas on-line e o uso do espaço das redes sociais como ferramenta política. Analiso manifestações de mulheres palestinas nas ruas de Santiago e manifestações palestinas e solidárias em rede ganham evidência, sob a luz das discussões de gênero, sexualidade, classe, raça e etnicidade. O marcador social de raça tem destaque a partir das narrativas de denúncias dos palestinos/as ao "sionismo como forma de racismo", à ocupação da terra e dos corpos palestinos/as e à necropolítica estatal israelenses de *apartheid*. Violência, sofrimento, denúncia e resistência são elementos centrais elencados pelos movimentos e aqui analisados.

CAPÍTULO I

A DIÁSPORA

Na América Latina, duas linhas de imigração de palestinos/as são reconhecidas: uma ligada a países do Pacífico, sobretudo México, Guatemala, Honduras, El-Salvador, Nicarágua, Equador, Bolívia, Argentina e Chile (posteriormente, Peru); outra para os países do Atlântico, Brasil e Venezuela.[9]

Segundo o Diretório Palestino Chileno, as comunidades palestinas na América Central que se encontram institucionalizadas e atuantes na política continental e intercontinental hoje, bem como em diálogo com a Comunidade Palestina do Chile e com suas políticas, são: das populações caribenhas, Cuba, República Dominicana, Haiti, e, na América Central, Nicarágua, Honduras e El Salvador. Ao contrário da população significativa desses países, Costa Rica e Panamá possuem pouca presença palestina em comparação aos demais países do subcontinente. Em Belize, embora exista um ministro palestino, a comunidade é desconhecida pelas demais da América Latina. Já na América do Sul, as principais comunidades estão em: Colômbia, Peru, Bolívia, Brasil, Venezuela, Argentina e Equador. Vale citar que o Peru foi a sede do segundo encontro dos jovens palestinos/as da América Latina, o Taqalid 2019.

Dentro do grupo trabalhado no Chile, foi notória a predominância de palestinos/as de pertencimento político reconhecidamente neoliberal, de "direita", muitos deles constituem uma elite dentro do país. Segundo um dos interlocutores, representante do Diretório (direita palestina chilena), existem frentes de esquerda palestina, inclusive no Chile, como a própria Unión General de Estudiantes Palestinos, UGEP, como veremos na sequência. No Caribe, por sua vez, há fortes comunidades de esquerda, como a de Cuba.

---

[9] Esse levantamento foi feito a partir dos interlocutores do Chile e da relação entre a comunidade palestina do Chile, por meio da Federação e Diretório, com essas demais comunidades na América Latina. Saliento que as comunidades aqui situadas estão em diálogo com os/as palestinos/as desse campo de pesquisa, em virtude da reestruturação do Comitê Palestino Latinoamericano e Caribenho (COPLAC) e na organização do Encontro de Palestinos na diáspora, o Taqalid. No decorrer do livro, farei um levantamento historiográfico-antropológico para construir um panorama geral da presença dos/as palestinos/as na América Latina com intuito de mapear as redes palestinas-chilenas e palestinas-brasileiras.

Outra onda migratória reconhecida na América Latina, nos anos 1960, é a de muçulmanos, principalmente nos países do Atlântico, Brasil e Venezuela, embora já houvesse palestinos/as cristãos presentes nesses países. No Chile, muitos palestinos/as muçulmanos que chegaram anteriormente a esse período se cristianizaram; os demais não representavam população significativa em termos numéricos e institucionais. Atualmente no Peru, na Colômbia, na Nicarágua e no Panamá, as comunidades muçulmanas são expressivas. Todavia, seguem como países com maior contingente populacional de palestinos/as muçulmanos a Venezuela e o Brasil.

Considerada a maior fora do mundo árabe, a comunidade[10] palestina no Chile é estimada em cerca de 450 a 500 mil palestinos/as vivendo hoje no país (Olguìn; Peña, 1990, p. 63). Os palestinos/as do Chile são majoritariamente cristãos ortodoxos e estão inseridos em praticamente todas as áreas da sociedade, com destaque para a economia e a política. Embora não exista um censo oficial, acredita-se que essa seja a maior comunidade da América Latina.[11]

Em certa medida, parte dessa integração se deve à prosperidade econômica de tal comunidade, a partir do comércio, principalmente no ramo da indústria têxtil. Encontram-se, em sua maioria, em duas regiões da cidade: Las Condes e Patronato, conhecidos como bairros palestinos/as. Patronato, localizado na comuna Recoleta, é conhecido como um bairro tipicamente palestino, sendo a maior zona de comércio da cidade, com um número significativo de lojas e comércio ambulante. Além de zona comercial, Patronato é espaço de prática religiosa: ali se encontram as duas principais igrejas palestinas, a Igreja Ortodoxa San Jorge e a Igreja Santa Filomena.

Similarmente ao Chile, onde os palestinos/as, ortodoxos em sua maioria, encontram-se em prosperidade econômica e os refugiados ainda buscam se estabelecer, no Brasil, os palestinos/as imigrantes da primeira e segunda onda de encontram-se em relativa prosperidade, nesse caso são os/as refugiados/as palestinos/as do conflito sírio os/as mais vulneráveis.

---

[10] Para fins de diferenciação e entendimento do leitor, faço uso do substantivo "comunidade" com letra minúscula para nomear os/as palestinos/as do Chile e do Brasil, termo utilizado pelos próprios interlocutores, e "Comunidade" em maiúsculo para referenciar a atual organização política dos/as palestinos/as no Chile, (re) estruturada no ano de 2018, como explicarei adiante.

[11] Algumas lideranças locais relativizam tal estimativa, considerando a proporção numérica de palestinos/as nos Estados Unidos da América. Independentemente da estimativa absoluta, o que consideramos fundamental é o nível de integração dos/as palestinos/as na sociedade chilena e a proporção numérica em relação à população absoluta do país.

Dos entrevistados/as e mapeados/as nesta pesquisa, a maioria é proprietária de comércios locais e profissionais liberais, há aqueles/as que estão inseridos em cargos políticos, funcionalismo público, acadêmicos etc. A variedade de ocupações é grande, tal como se espera de uma grande diáspora. Muitas pessoas têm formação universitária e ensino superior. As viagens para os países árabes, tanto para visitar familiares quanto para realizar compras de roupas, *hijabs*, acessórios e temperos, demonstram a mobilidade e conferem símbolos dessa prosperidade econômica.

Segundo Cláudia Espínola (2005), a imigração árabe para o Brasil ocorreu em dois principais momentos. No primeiro, nas duas últimas décadas do século XIX e começo do século XX, esses imigrantes, principalmente sírio-libaneses e majoritariamente cristãos, saem de seus países em virtude de conflitos políticos e econômicos, ainda no período otomano. No segundo tem-se a chegada dos muçulmanos, por volta da década de 1960, em virtude dos conflitos árabe-israelenses no Oriente Médio. Nessa imigração, há chegada significativa de palestinos/as muçulmanos. Em conformidade com a primeira onda, palestinos/as cristãos chegaram ao Nordeste, mais especificamente à cidade de Recife, no início do século XX, compartilhando da narrativa mestra de origem dos palestinos/as do Chile.

No século XX, predominou uma narrativa de construção do Brasil denominada "mito das três raças", do qual árabes não fariam parte. Durante o período de imigração árabe para o Brasil, entre séculos XIX e XX, houve "tentativas de tornar os árabes etnicamente inofensivos por meio de seu embranquecimento", uma vez que "sua fisionomia permitia-lhes transformar-se instantaneamente em brasileiros, com uma simples troca de nome" (Lesser, 2001, p. 134). Lesser (2015) aponta como os ideais de "brancura" são transformados no Brasil, com a chegada e inserção de centenas de milhares de pessoas vindas do Oriente Médio, modificando o paradigma de identidade nacional.

Além disso, é importante mencionar que a categoria amarela, citada pelo Instituto Brasileiro de Geografia e Estatística (IBGE), é comumente utilizada para se referir a pessoas de origem do leste asiático: japoneses, chineses, taiwaneses, coreanos, tibetanos, mongóis etc. No Brasil, assim como em outros países da América Latina, a expressão popular mais utilizada para se referir aos árabes era "turco", devido à noção orientalista que unificava os povos vindos da região em uma categoria genérica, identificando-os com o Império Turco Otomano, pois os passaportes de muitos imigrantes árabes, no final do século XIX e início do século XX, eram do período desse Império. Essa associação, além de generalizante, é extremamente contraditória, considerando que árabes e turcos são dois grupos étnicos distintos. Mesmo assim, não há um termo específico utilizado pelo IBGE para reconhecer essas pessoas.

Entre 1908 e 1941, os árabes muçulmanos representavam 15% da população imigrante sírio-libanesa (Lesser, 2001, p. 97). A segunda onda de imigração, na década de 1960, foi majoritariamente de árabes muçulmanos. Em relação à imigração palestina, Lesser aponta a chegada de 677 pessoas entre 1884 e 1939 (Lesser, 2001, p. 97). Essa imigração foi maior especialmente após a ocupação sionista. Há uma dificuldade em quantificar a chegada dos palestinos/as, tendo em vista que, no período que antecede a Primeira Guerra Mundial, quando os árabes-palestinos/as chegavam com o passaporte do Império Otomano, eram genericamente chamados de "turcos" (Lesser, 2001). Atualmente, os palestinos/as encontram-se espalhados pelo país, com uma concentração na região Sul, no Rio Grande do Sul, nas cidades de Chuí, Uruguaiana, Pelotas, Santa Maria, Santana do Livramento e Porto Alegre. Na Tríplice Fronteira, concentram-se em Foz do Iguaçu. No Centro-Oeste, em Corumbá e Brasília. Ao Norte, em Manaus e Belém. No Nordeste, em Recife — a comunidade mais antiga do país.

Sobre as trajetórias locais, a chegada do mascate (comerciante) e a motivação de migrar para a região com o intuito de "fazer a América" construíram-se como narrativas similares às primeiras narrativas de imigração palestino-chilenas. Um diferencial, porém, é o fato de o processo diaspórico brasileiro, após 1948, ser considerado repetidamente pelos interlocutores/as, nesse caso como uma "Nakbah contínua".

Este livro transita entre o on-line o off-line, assim como transitam as formas de ativismo político palestino. Neste primeiro capítulo, trabalharei, a partir de etnografia realizada nas regiões do Brasil em contraponto ao Chile, a chegada e o estabelecimento de pessoas palestinas no país tendo como chave analítica palestinidades e suas formas de construção em distintas localidades. O eixo central desta análise é o marcador social de gênero, intercruzado por raça, etnia, geração, nacionalidade e religião. Dessa forma, aqui trabalho a diáspora palestina, perpassando o gênero da imigração e as masculinidades palestinas, relacionando a discussão ao modelo migracional, bem como às distintas mobilidades e ao retorno à terra palestina.

1.1 Conceituando diáspora

As diferentes ondas de imigração palestina para a América Latina fazem parte de um processo diaspórico vivido pelos palestinos/as. O termo diáspora tem sido reivindicado por palestinos/as na América Latina, jovens, atores políticos, líderes de instituições, comerciantes etc. Dessa forma, nesta análise, tomarei diáspora como uma categoria mobilizada pelos meus interlocutores palestinos/as no Chile e Brasil. Essa categoria foi construída com especificidade na América Latina.

Parafraseando Schiocchet (2022a), devemos considerar que há um uso generalizado do termo diáspora que beira sua vulgarização. Há uma tendência recente de incluir diversos movimentos de migração em um grande guarda-chuva da diáspora. Há necessidade de revisão do termo. Da mesma forma, deve-se entender a especificidade da migração palestina, bem como o caráter de "(i)mobilidade" decorrente da expulsão, remoção, emigração forçada. Por fim, a dificuldade de retorno e a concepção de "moral destination" (Schiocchet, 2022a).

Na América Latina, há uma peculiaridade em voga. Parte das comunidades de palestinos/as da região foi construída por imigrantes pré-*Nakbah*. Muitas dessas pessoas migraram por fatores de ordem econômica e social, ainda no período do Império Otomano, no final do século XIX e início do XX (Agar; Saffie, 2005).

Há entre os palestinos/as noções de palestinidades compartilhadas, que inclusive se servem de um aparato institucional (Schiocchet, 2022a, p. 10-11). No caso dos palestinos/as na América Latina, essas idealizações compartilhadas incluem uma noção de "diáspora", muito específica da região. No trabalho de campo, as línguas utilizadas no diálogo com os interlocutores foram o português e o espanhol. Porém, não eram raros os momentos em que o árabe foi acionado em tom de autenticidade do discurso falado. Assim, alguns deram ênfase ao uso de *shatat (diáspora)* em diferenciação a *ghurba (exílio)*.

Nos trabalhos de Schiocchet (2022a), exílio aparece relacionado a sentimentos para com a terra de origem e de pertencimento social. Já para a (i)mobilidade palestina, seria aconselhável a utilização do termo *ghurba*, exílio (Schiocchet, 2022a). As diásporas tenderiam a uma noção de enraizamento, tal como aponta Malkki (1992, p. 28-31). Além disso, a utilização do termo exílio, para o autor, condiz com a especificidade dos refugiados palestinos/as, sua imobilidade. Há recorrência do termo exílio entre palestinos/as da Europa e do Oriente Médio, invocado esporadicamente na América Latina. Dessa forma, diáspora, para alguns autores, reificaria a ideia de que as pessoas criariam raízes no país de acolhida. Exílio, por outro lado, permitiria pensar as experiências e o compartilhamento da noção de retorno e "destino moral" (Malkki, 1992).

> Despite this dispersal, today there exists among Palestinians a strong feeling of social belonging and communitarian attachment to each other, reinforced by a powerful imagery of an original Palestine made tangible by the utopian collective return chased thorough the idea of "Palestinian cause", which in turn marks Palestine as a moral destination (Schiocchet, 2022a, p. 23).

Embora *exílio* seja familiar aos palestinos/as, o termo, quando pontualmente acionado nesta etnografia, foi usado pelos interlocutores para designar imigrantes em geral. Eventualmente, referia-se ao sentimento ou à experiência compartilhada. Os interlocutores desta análise nomeiam o deslocamento dos palestinos/as para a América, forçado ou não, como uma diáspora palestina (*shatat*). Para eles, a diáspora palestina se refere aos palestinos que vivem fora da Palestina, não só refugiados; trata-se do desenraizamento, da migração forçada. Há que se considerar, ainda, que exílio, na América Latina, tem outra conotação, a palavra está atrelada a noções de exílio político, principalmente no período das ditaduras latino-americanas.

Pensar a diáspora palestina como parte de uma *Nakbah*[12] *contínua* possibilita-nos problematizar as formas de pertencimento, reconhecimento e elaboração das palestinidades na diáspora por meio de processos de *home-making*. Portanto, reitero o uso de diáspora a partir da elaboração dos interlocutores como uma condição imposta aos palestinos/as, especialmente aos da América Latina, deslocados antes ou após a *Nakbah*.

Nas próximas sessões, diáspora aparecerá de duas formas, ora como categoria teórica, ora como categoria local, construída pelos interlocutores/as e veiculada amplamente nos grupos de ativismo e intelectualidade palestina na América Latina.

---

[12] A Nakbah (catástrofe) ficou marcada pela expulsão de aproximadamente 750 mil palestinos de seu território em 15 de maio de 1948. O evento gerou enormes desdobramentos, entre eles a "causa palestina", que, dentre outras coisas, se define pelo direito à terra, soberania e direito de retorno à Palestina (Hourani, 2006; Said, 2012). Atualmente muitos interlocutores e intelectuais palestinos falam em uma *Nakbah* contínua, compreendendo-a como um processo de limpeza étnica, e não um evento isolado.

Diáspora aqui, a partir da teoria antropológica e deste trabalho de campo, não é entendida como um enraizamento, mas como um estado temporário, uma situação vivenciada pelas pessoas palestinas devido à impossibilidade de viver na terra que consideram ser seu lar, mesmo que essa situação acabe, com o passar dos anos, tornando-se definitiva, a priori não é caracterizada pelo enraizamento, mas pela motivação e pelo desejo do retorno. Por isso, farei uso do termo palestinos/as *em* diáspora.

Na sessão a seguir, o gênero masculino da imigração será interpelado, de forma a compreender a configuração da diáspora palestina no Brasil e seus atravessamentos na construção de formas de palestinidades.

1.2 A trajetória do mascate: o gênero da migração

> *Aqui os calos da mala. Mala de fibra, cartonado. Isso não existe mais. Bom, aí eu saí, de porta em porta batendo "roupa barata freguês". [Sem falar nada?] Sem falar nada, sem uma palavra só: "roupa barata freguês". E por incrível que pareça eu vendi no primeiro dia. Me pagaram, eu não sei se pagaram certo ou errado, me pagaram, estava marcado. As pessoas diziam entra, passa, não sei o que' me xingavam, e assim foi indo. Entendeu?*[13]

A trajetória do mascate, contada e recontada pelos/as palestinos/as e presente nas bibliografias sobre imigração, é uma narrativa compartilhada pela primeira geração que chegou ao Brasil e ao Chile e pelos seus descendentes. O padrão de chegada se repete em ambos os países: uma imigração masculina, jovem, em sua maioria, em busca de novas oportunidades de trabalho. O contexto na Palestina dificultava a ascensão econômica na própria terra de nascimento, sobretudo em virtude da presença otomana (especificamente para alguns grupos) e, posteriormente, com as tensões acirradas pela ocupação da terra por sionistas. A primeira onda dessa imigração constituiu-se como uma migração por motivação econômica e política. Segundo Truzzi (2007), há que se considerar duas ondas de migração árabe para o Brasil. A "primeira", que não se trata de uma migração física, mas de traços culturais, estaria vinculada à chegada de portugueses e espanhóis à América do Sul e à constituição da língua e dos costumes com reflexos da presença árabe e dominação da Península Ibérica por cerca de oito séculos (p. 360). Já a segunda, foi

---

[13] Entrevista concedida por Antônio Badra em 28 de fevereiro de 2022 – Santana do Livramento, RS.

> [...] a chegada direta de imigrantes, sobretudo sírios, libaneses e palestinos, a partir do final do século XIX. A pretensão inicial era uma imigração temporária, destinada a redimir suas famílias de situações sociais e econômicas difíceis, desfavoráveis. Mas o que pretendia ser provisório acabou se tornando permanente e, em vez de o imigrante retornar, a família é que o acompanhou. Irmão puxando irmãos, filhos, esposas, primos, pais, tios, avós, conterrâneos, conhecidos (Truzzi, 2007, p. 361).

Embora a motivação econômica tenha sido o principal fator de atração, a narrativa construída pelos imigrantes palestinos de fé cristã em torno da imigração foi outra. Contrastando por vezes com a teoria historiográfica, muitos palestinos criaram e reproduziram uma narrativa de fuga e perseguição religiosa que se combinou com a ideia de ascensão econômica (Caramuru Teles, 2017).

> A partir de 1856, cristãos e judeus, até então completamente isentos do serviço militar, passam a dever pagar uma taxa para evitar ser recrutado pelo exército imperial. Em 1909, o governo dos "Jovens Turcos" suprime a possibilidade de isenção e torna obrigatório o recrutamento de indivíduos não-muçulmanos. Muitos cristãos se recusaram a prestar serviço militar, parece que essa recusa foi causa direta da emigração dos palestinos (Cuche, 2015, p. 253).

Essa narrativa foi interpretada e replicada durante os anos de trabalho de campo, sendo identificada como uma narrativa de fuga por perseguição religiosa. Todavia, sabe-se da complexidade destas migrações, e muitos autores apontam a ascensão econômica como principal fator de atração (Missaoui, 2015; Akmir, 2009; Zahdeh, 2012).

As pessoas que atuaram como mascates são escassas na pesquisa devido à idade avançada. São homens, idosos, que têm em torno de 80 a 95 anos. Eles se dividem entre aqueles que foram os primeiros a chegar àquela localidade e os que compuseram a segunda leva de imigrantes, parte de uma rede familiar, afetiva ou laboral de migração. A pluralidade das regiões da Palestina de onde eles saíram é determinante na conformação das comunidades de cada localidade. O Nordeste, pioneiro, compartilhou da mesma migração chilena; palestinos/as cristãos ortodoxos e católicos tiveram Recife como polo de recepção de palestinos vindos principalmente de Belém. Em Manaus, por exemplo, há duas grandes famílias muçulmanas, Manasra e Ayacoub, vindas de determinada cidade, o vilarejo palestino de Bani Naim. Ao Sul, em Uruguaiana, Santana do Livramento ou Santa Maria, inúmeras eram as famílias e localidades de origem. São Paulo e as cidades da região metropolitana foram ponto de chegada e distribuição de palestinos para todo o país. No Brás, houve a maior concentração de palestinos/as da cidade. Santos era o porto de chegada das primeiras gerações, que desembarcaram dos navios. Já a imigração para Brasília desenvolveu-se com a própria cidade. Os mascates espalharam-se de norte a sul do país: desde Tabatinga, no interior do Amazonas, até o extremo sul, no Chuí. Esse tema será explorado nesta seção bem como a trajetória e a narrativa compartilhada dos mascates.

Os mascates eram homens, todos eles, ou pelo menos todos os que tive contato e informação durante os anos de trabalho. A maioria das pessoas com quem tive contato e realizei entrevistas, como já dito, era bastante idosas. Muitos me receberam apenas após intermédio de outros membros da comunidade ou da federação, desconfiados da presença de uma pesquisadora e da própria importância de sua trajetória para a produção cientifica. Após dezenas de entrevistas, comecei a perceber uma narrativa comum, histórias de homens jovens que imigraram em busca de sucesso econômico viajando país adentro como comerciantes. Essa primeira imigração promoveu outra rede de novos imigrantes, em sua maioria parentes, amigos e pessoas do vilarejo trazidas seguindo o mesmo modelo. Saíam do lugar de nascimento na Palestina, cruzavam a fronteira por terra para Damasco, na Síria, ou para Beirute, no Líbano, e de lá saiam pelos portos de navio com destino final na América. A viagem era longa, durava em torno de um mês. A bordo do navio, encontravam compatriotas. Após a chegada, no porto de Santos, a maioria se instalava em pequenos hotéis no bairro do Brás e da Liberdade. Dali seguiam de norte a sul; uns, de trem, iam até o entroncamento ferroviário de Santa Maria e dali se distribuíam adentrando as cidades do interior até as fronteiras com Uruguai e Argentina. Outros iam de ônibus para Norte e Nordeste, adentrado o sertão e a Amazônia brasileira.

> Eu vim com 18 anos de idade, ainda não tinha completado 18 anos. Vim aqui em Santa Maria, diretamente em Santa Maria. Meus parentes aqui, vim direto neles. Vim pra essa cidade aqui mesmo, morei até agora, depois comecei trabalhar, tinha pouco dinheiro, tinha uns parentes aqui, então comecei a trabalhar aqui bem perto de nós sentados. Eu fiquei a trabalhar, morar lá [Hotel Imperial], eu o pai dele morava lá onde era de vocês agora. Era pequeno lá, tinha outro patrício. Eu quis morar lá, ele estava morando quando eu cheguei, chegou um ano antes de mim no Brasil. O Salomão [Suleiman], morava lá onde é vocês agora. Cheguei lá a tardezinha, vim de São Paulo, levamos três dias andando [de trem] até chegar em Santa Maria. Cheguei em Santa Maria ele não tava aqui, tava lá fora [viajando] tem que esperar ele pra

chegar. Ele me reconheceu, porque fazia pouco tempo que tinha vindo pra cá. [...] Ele falou 'teu parente tá chegando, é melhor trabalhar com ele'. Mas ele não aceitou, disse: 'não eu tenho um pouquinho de dinheiro' sabe falar português' - eu não sabia nada ainda, um ano a mais do que eu, sabe falar alguma coisa. 'Eu vou preferir trabalhar sozinho'. Ele não aceitou [...] Eu vou trabalhar por minha conta e meu braço eu disse, ele não aceitou e eu não aceitei. Eu vou trabalhar sozinho, como Deus me deu, assim. [...] Ele me levou pra morar no quarto dele. Era pequeno. [...] Então eu saí trabalhar. Perguntei pra eles 'como é que trabalha?' Eu tinha 12 dolár (sic.), que sobrou do meu dinheiro, não tinha mais nada. Eu vim de São Paulo, o patrício que tava lá disse 'vai indo pra essa cidade, amanhã se vocês querem nós compramos um pouco de mercadoria com o dinheirinho que vocês têm e você sai trabalhar'. Como eu não quis sair trabalhar com ele, nem aceitar trabalhar com ele, tá bom eu saía trabalhar. Cheguei numas casas, eu perguntei pra eles, o que tem que falar? Fala 'quer comprar mercadoria?' Ele trazia mercadoria bastante pra vender pros patrícios, nós comprávamos de noite. E saí [vender] com aquele dinheiro que sobrou comprava mercadoria pra vender. Eu comecei trabalhando assim, sozinho e Deus (Entrevista concedida por Abdel Khader Samara em 4 de março de 2022 – Santa Maria, RS).

Os homens começavam a vida laboral no país de acolhida como caixeiros, mascates (vendedores ambulantes). Viviam os primeiros anos de forma humilde, juntavam o dinheiro das vendas — bastante rentável, uma parte era enviada para a família na Palestina ou usada para auxiliar o financiamento da vinda de algum parente. O sistema de compra era muitas vezes a crédito, como apontava Lesser (2001). Muitos adquiriam a crédito "na palavra" ou "no papel" informal, com a promessa de pagamento e revendiam muitas vezes também a crédito. As redes de parentesco, ou origem comum, propiciavam uma confiança para essa modalidade de venda. *Vinha tudo de São Paulo, de trem, levava dois dias*", disse um interlocutor que mascateou na década de 1960 em Santa Maria.

O Brás, bairro de São Paulo, assim como a Liberdade, mas principalmente o primeiro, foi lugar de recepção dos palestinos chegados pelo porto de Santos e redistribuídos pelo Brasil. "Na 25 de Março ficavam os libaneses, aqui os palestinos" afirmou um interlocutor. A imigração árabe para o Brasil data do século XIX e se estendeu ao longo de todo o século XX, alcançando o século XXI. Uma imigração caracterizada por seu fluxo contínuo, mas que nos permite visualizar alguns momentos de ascensão e descenso. São Paulo caracterizou-se como local da imigração síria e libanesa e foi no centro da cidade, com destaque a rua 25 de Março, que muitos desses árabes comerciantes se estabeleceram após a fase inicial do mascateio (Knowlton, 1955; Hajjar, 1985; Osman, 1998, 2009; Souza, 2002; Koraicho, 2004). No Brás, a rua Oriente desenvolveu-se como a rua dos palestinos, seguindo o modelo de imigração árabe, previamente relatado pelos autores citados. Nessa rua e em seu entorno, instalaram-se diversas lojas de atacado de palestinos que forneciam produtos, inclusive, para os demais palestinos, mascates, recém-chegados. Um interlocutor relatou o estabelecimento da família no Brás:

> *Meu pai chegou em 1953 em Bauru, já tinham palestinos lá. Em 1956 abriu a primeira loja no Brás, na rua Oriente, 300, ele abastecia os mascates. Foi o primeiro palestino em São Paulo na Oriente, ela era a principal rua de comércio. Às vezes compravam na palavra ou no papel. Comprava atacado no Brás e vendia pro Brasil todo, Manaus, pro Sul. Começou comprando num libanês que dava crédito na confiança, aí abriu uma loja ao lado. Aí trouxe um irmão da Palestina que foi um dos primeiros em Livramento.*

Até hoje existem lojas palestinas no bairro Brás, em São Paulo. A rua Oriente, na foto a seguir, foi lugar de estabelecimento e moradia de várias famílias.

Figura 1 – Rua Oriente, Brás – São Paulo

Fonte: acervo pessoal. Fotografia de campo, São Paulo – abril de 2022

Em São Paulo, as organizações palestinas são variadas. Entre as que compuseram esta pesquisa etnográfica, dois grupos principais se destacaram: o primeiro, de lideranças e famílias ligadas à sociedade palestina e à FEPAL, o segundo, ligado à Frente Palestina, bem como ao Movimento Palestina para Todos, criado em 2007 (MOPAT). Um lugar de encontro, sociabilidade e construção da política local, para esse segundo grupo, tem sido o restaurante Al-Janiah. O dono, um dos interlocutores, descendente de palestinos, atuou na ocupação Leila Khaled junto aos palestinos refugiados do conflito sírio, chegados ao Brasil a partir de 2015. O primeiro grupo foi aquele com que trabalhei em torno da sociedade e mesquita Brasil.

Figura 2 – Mesquita Brasil em São Paulo

Fonte: acervo pessoal. Fotografia de campo, São Paulo – abril de 2022

Estabelecidos no Brás, muitos palestinos, chamados dentro da comunidade de patrícios, revendiam os produtos de São Paulo em outras regiões para outros patrícios, mascates. A categoria "patrício" é utilizada no Brasil em referência aos palestinos, porém só a vi presente dentro das comunidades palestinas. No Chile, por sua vez, é comum o uso da categoria "paisana", na mesma forma de uso.

Os mascates faziam um "giro" do dinheiro com a compra de mercadorias e para subsistência. O restante do dinheiro adquirido com as vendas, o lucro, era muitas vezes guardado com o intuito de abrir um comércio. Assim, muitos dos primeiros imigrantes, após alguns anos trabalhando como mascates no interior do país, abriram algum tipo de comércio, de roupas, acessórios em geral para casa, cozinha etc., até mesmo hospedagens. A variedade de áreas de investimento foi ampla; durante este trabalho de campo, encontrei uma concentração de lojas de confecção, roupas. Tanto em Santiago, no Chile, quanto no Chuí, Manaus, Santana do Livramento, Uruguaiana, no Brás em São Paulo, a maioria dos interlocutores era proprietária de pequenos ou grandes comércios de roupas e de calçados.

O Rio Grande do Sul destaca-se há décadas como o lugar de maior concentração palestina no Brasil. Durante quase um mês, percorri diversas cidades do estado, com destaque para aquelas onde essa presença é mais notória: Porto Alegre, Novo Hamburgo, Chuí, Santana do Livramento, Uruguaiana, Santa Maria e Pelotas. Outras cidades riograndenses também estão entre aquelas com maior concentração de palestinos/as, porém não fizeram parte da pesquisa que seguiu as redes dispostas pelas relações estabelecidas no decorrer do próprio trabalho de campo. Esta pesquisa percorreu de norte a sul do Brasil de modo a contemplar as cidades com maior concentração ou historicamente significativas no que tange à presença palestina no Brasil. Em contraste com a migração palestina cristã para o Nordeste, que veremos adiante, as migrações após 1950 tiveram concentração numérica no Sul e Sudeste. Todavia, na região Norte, uma cidade se destaca pela presença de palestinos, Manaus.

O Chuí é uma pequena cidade localizada no extremo sul do Brasil. Fronteira seca com o Uruguai; a concentração de palestinos na cidade foi tema do trabalho de Denise Fagundes Jardim (2000). A cidade, que segundo o censo de 2021 possui 6.832 pessoas (IBGE, 2021), é palco de comércio fronteiriço, principal atividade dos/as palestinos/as da região. Ao longo das últimas décadas, as mulheres tiveram papel central na organização da comunidade palestina dessa cidade, não apenas na área laboral e doméstica, mas também na organização de fundos para a construção da nova mesquita.

Figura 3 – Mesquita do Chuí

Fonte: acervo pessoal. Fotografia de campo, Chuí – fevereiro de 2022

A nova mesquita, um projeto em andamento enquanto estive na cidade, no início de 2022, ocupa lugar central de sociabilidade da comunidade, localizada ao lado da sociedade Palestina do Chuí, que atualmente se configura como espaço de reuniões e prática religiosa.

Figura 4 – Sociedade Palestina do Chuí

Fonte: acervo pessoal. Fotografia de campo, Chuí – fevereiro 2022

Em Uruguaiana, localizada na fronteira entre Brasil, Argentina e Uruguai, com população em torno de 126.766 pessoas (IBGE, 2021), a concentração de palestinos é estimada em algumas centenas de pessoas. A mesquita está localizada na rua central do comércio, no centro da cidade.

Figura 5 – Mesquita de Uruguaiana

Fonte: acervo pessoal. Fotografia de campo, Uruguaiana – março 2022

Santana do Livramento, cidade com população estimada de 75.647 (IBGE, 2021), possui uma mesquita localizada no centro da cidade, que é frequentada por inúmeros muçulmanos, árabes, africanos e brasileiros.

Muitas dessas recepções, quase todas, pelo interior do estado foram feitas por homens, muitos sheiks contribuíram com a apresentação de suas mesquitas, que figuram um espaço central na sociabilidade de muitas comunidades palestinas muçulmanas. Na ausência de clube ou espaço físico da sociedade, é na mesquita que se realizam aulas de língua árabe, religião e festividades que vão além de matrimônios, encontros, almoços e jantares e celebrações de modo geral.

Figura 6 – Mesquita Al Salam

Fonte: acervo pessoal. Fotografia de campo, Santana do Livramento – fevereiro 2022

Em contraste, no outro extremo, ao Norte do Brasil, uma mesquita destacou-se, a de Natal, intitulada "Mesquita Maria a mãe de Jesus". O nome, que logo nos remete a uma ideia de sincretismo, foi justificado pela liderança religiosa local como uma forma de tornar a comunidade mais aceitável aos locais brasileiros não muçulmanos; após os eventos ocorridos em 11 de setembro de 2001, no Estados Unidos, no Brasil a islamofobia teve um aumento considerável. Assim, o nome da mesquita foi "adequado" de forma a diminuir a islamofobia e xenofobia, conforme a liderança entrevistada. Essa mesquita, diferentemente das demais visitadas, é frequentada por um grande contingente de muçulmanas brasileiras, revertidas, tal como pessoas de origem de diversos países africanos.

Figura 7 – Mesquita de Natal

Fonte: acervo pessoal. Fotografia de campo, Natal – abril de 2022

A palavra mesquita, *masjid*, desde os primórdios do Islã, referia-se a um local de culto comum, mas esse local era também lugar de encontro, de assembleia (Hourani, 2006, p. 51). A centralidade das mesquitas, em oposição a muitas sedes das comunidades, colabora para que esse lugar seja central nas dinâmicas cotidianas. As orações (*salat*) de sexta-feira, que possuem conotação bastante significativa na prática islâmica, foram acompanhadas em distintas localidades, em praticamente todas as viagens de campo.

> [...] julgava-se um ato digno de louvor rezar em público com os outros, num oratório ou mesquita (*masjid*). Uma prece em particular devia ser feita em público", a prece do meio-dia na sexta-feira se fazia numa mesquita de um tipo especial (*jami'*), com um púlpito (*minbar*). Após as preces rituais, um pregador (*khatib*) subia no púpito e fazia um sermão (*khutba*), que também segui uma forma mais ou menos regular: louvor a deus, invocação de benção sobre o Profeta, uma homilia moral muitas vezes tratando de assuntos públicos da comunidade como um todo, e finalmente a invocação da benção de Deus para o soberano (Hourani, 2006, p. 201-202).

Nesses sermões, ou "homilia moral", muitas vezes foi invocado o tema da causa palestina: *"Saladino salvou a Palestina"*, afirmou um *sheikh* em um de seus sermões. Em outra situação, após a *salat*, foi recebido um político local (de origem palestina) na mesquita de Florianópolis, quem, em sua fala, relembrou a frase Yasser Arafat na Assembleia da ONU em 1974: *"tenho um ramo de oliveira em uma mão e um fuzil na outra. Não façam com que o ramo de oliveira caia da minha mão"*, fazendo menção ao discurso de Arafat sobre a resistência palestina contra o sionismo. As mesquitas, em várias das cidades visitadas, ocupavam esse lugar central na reunião de pessoas palestinas, trazendo elementos da organização política, bem como outras manifestações culturais e políticas.

Atualmente, não há em Florianópolis, ou nunca existiu, uma comunidade palestina institucionalizada. Como mencionado anteriormente, os/as palestinos/as de Florianópolis estão organizados a partir do Islã e de um pertencimento árabe, como totalidade. A identidade palestina enquanto grupo na cidade é crescente e independente das comunidades de São Paulo e do Rio Grande do Sul. A mesquita local ocupa lugar de centralidade na organização social.

Em Foz do Iguaçu, cidade do Paraná com a maior concentração de árabes muçulmanos do Brasil, a mesquita também ocupa lugar central na sociabilidade, em diversas manifestações a favor da causa palestina; em reuniões da Juventude Sanaúd, a mesquita também se tornou espaço central. Atualmente, o espaço vem sendo palco de projeções a favor da causa palestina e em homenagem a servidores da saúde na pandemia, ao Líbano etc.

Figura 8 – Mesquita Omar Ibn Al-Khattab

Fonte: acervo pessoal. Fotografia de campo, Foz do Iguaçu – janeiro de 2023

Retomando a análise destas imigrações, quanto à especificidade dessa imigração e presença no Brasil, Jeffrey Lesser (2014) analisa a chegada de imigrantes árabes e suas similitudes com os judeus, como "imigrantes inesperados". Por um lado, não estavam entre os tão desejados imigrantes europeus que colaborariam com o processo de embranquecimento da população brasileira. Por outro lado, se diferenciavam pelo modelo de imigração de cunho independente (sem ajuda estatal) e pelo tipo de fixação, normalmente ocupando áreas pouco valorizadas nas cidades e muitas vezes residindo no andar superior a loja (prática comum até hoje entre palestinos de classe média/baixa). As análises de Lesser têm como enfoque a presença síria e libanesa no Brasil, inclusive a presença palestina só aparece a partir de 1924. Um motivo provável para isso é que os palestinos que saíram no período que antecede o marco da Primeira Guerra Mundial o fizeram com passaporte otomano, principalmente pelos portos de Damasco e Beirute.

Eu estava em Santa Maria, em março de 2022, na última cidade das oito que visitei naquele período de trabalho de campo pelo Sul do Brasil, especificamente no estado do Rio Grande do Sul, conhecido por ser o estado com maior presença de palestinos no Brasil, embora a narrativa sobre a presença palestina no Nordeste conteste essa afirmação.

Na cidade de Santa Maria, há uma forte presença de descendentes de imigrantes palestinos e alguns poucos imigrantes de primeira geração ainda vivos, como relatado anteriormente. A cidade ainda possui resquícios de uma presença palestina forte, num passado um pouco distante. Ali fui recebida por Gihad, professor universitário, cuja família é originária de Al-Mazra'a ash--Sharqiya, mas com familiares de Luban Sharkia e Yatman. Há também famílias originárias das cidades de Beit'Anan, Saffa e outras cidades. Hoje, acredita-se que existam cerca de 20 a 30 famílias palestinas vivendo na cidade, algo em torno de 300 pessoas, considerando os de terceira e quarta geração, segundo relatos locais. A cidade possui uma mesquita frequentada por palestinos e algumas zonas de comércio que marcam a presença antiga da comunidade. As avenidas Rio Branco e Manoel Ribas foram as principais ruas de comércio.

Figura 9 – Comércio Palestino em Santa Maria

Fonte: acervo pessoal. Fotografia de campo, Santa Maria – março de 2022

"Eu vou trabalhar por minha conta e meu braço", afirmou um interlocutor. Bastante idoso havia chegado em 1965 a Santa Maria. A cidade, que possuía um entroncamento rodoviário, serviu de local de chegada e distribuição dos palestinos para o sul do Brasil.

Figura 10 – Ferroviária de Santa Maria

Fonte: acervo pessoal. Fotografia de campo, Santa Maria – março de 2022

Figura 11 – Ferroviária de Santa Maria 2

Fonte: acervo pessoal. Fotografia de campo, Santa Maria – março de 2022

No Hotel Imperial (foto a seguir), hospedaram-se dezenas de palestinos e palestinas recém-chegados ao Sul do Brasil. Homens jovens, sozinhos, adentrando o interior do país, de norte a sul, a pé, de carroça, de jumento, de canoa à mercê da sorte, ou como alguns afirmavam, da "proteção divina". Da Amazônia ao Chuí, as histórias se repetiam. No Brasil, ao longo dos primeiros anos do século XX até as décadas de 1970/80, ainda era comum a chegada de mascates.

Figura 12 – Hotel Imperial

Fonte: acervo pessoal. Fotografia de campo, Santa Maria, 2022

No Chile, a narrativa do mascate fazia parte de uma memória coletiva longínqua, temporalmente localizada nas primeiras décadas do século XX. Inicialmente, constatou-se a chegada de homens, em sua maioria solteiros, que, após um prévio estabelecimento, trouxeram seus familiares e futuras esposas para o Chile (Agar; Saffie, 2005, p. 3). Essa é a narrativa central da imigração palestina cristã para o Chile, mas, durante todo o período seguinte, manteve-se quase constante. Algumas ascensões e descensos foram percebidos, principalmente em relação à potencialização dos conflitos árabe-israelenses, como em 1948, na *Nakbah* palestina, e em 1967, na Guerra dos Seis Dias (Caramuru Teles, 2022, p. 18).

Lembro-me de um jantar, na casa de um interlocutor já idoso, em Manaus, em que, a pedido do sobrinho, ele relembrava algumas anedotas. Contou-me sobre um episódio em que cruzou o rio de canoa para chegar a uma feira em Tabatinga, as vezes em que dormiu ao relento na relva, ou que foi acolhido por alguma família pelo caminho. Os homens dessa geração, e das posteriores, contavam e recontavam uma história de resiliência e trabalho que havia possibilitado a ascensão da família, bem como de toda a comunidade.

Neste outro extremo, geográfica e organizacionalmente, está a comunidade de Manaus. Como mencionado, a comunidade palestina ali se desenvolveu quase concomitante ao desenvolvimento da zona franca de Manaus. Em volta do rio Amazonas, primeiramente próximo ao rio, depois adentraram a rua principal. *"Aqui é tudo de palestino, pra onde você olha, ou é loja de palestino ou é alugada e os palestinos são proprietários".* A rua Marechal Deodoro, bastante conhecida de comércio variado, é ocupada por pessoas palestinas. Caminhando por ela, escuta-se árabe misturado com português, há uma mistura de gente e cheiros, tucupi e cardamomo, café e tucumã. Manaus é sede de uma grande comunidade palestina, sunita, cerca de 500 pessoas entre primeira e quarta geração, segundo as estimativas das lideranças locais.

Na década de 1970, foi criada uma sociedade árabe palestina de Manaus, com membros da comunidade árabe síria e libanesa. Essa sede teria sido renovada recentemente. Em janeiro de 1990, tiveram a primeira sede física. Após a morte do pai do senador Omar Aziz, decidiu-se pela criação de um lugar para integrar e reunir os/as palestinos/as da região.

Figura 13 – Mercado Central Manaus

Fonte: acervo pessoal. Fotografia de campo, Manaus – dezembro de 2021

Figura 14 – Mesquita de Manaus

Fonte: acervo pessoal. Fotografia de campo, Manaus – novembro de 2021

Abdel Khader Samara chegou ao Brasil em 1965, pelo porto de Santos, saído de Beirute. Hoje, um senhor de idade, tem alguma dificuldade para interação após ter contraído Covid-19 e ficar bastante debilitado. Mesmo assim, a família insistiu em compartilhar sua trajetória. São poucos os palestinos que atuaram como mascates e ainda estão vivos, como dito na apresentação deste capítulo. Essas pessoas ocupam um lugar simbólico muito significativo dentro da comunidade. Além de serem muitas vezes patriarcas e matriarcas de uma família extensa, são responsáveis tanto pelo início de uma rede de imigração e auxílio quanto pela manutenção da narrativa da imigração palestina para o Brasil. São muitas vezes retratados como "museus vivos" na história diaspórica.

"Trabalham intensamente na loja. A vida não existe para além do trabalho. Sempre na busca de guardar e ter patrimônio. Uma cultura para trabalhar e não faltar", assim um jovem palestino de Corumbá definiu, de forma crítica, a vida de seus pais. Ele assume que, para além da lógica de acumular capital, os pais tiveram uma "vida de muita escassez", afirmavam estar no Brasil para ganhar dinheiro, sacrificando "viver sua cultura". Os pais teriam tentado se estabelecer com uma loja na Palestina, mas não tiveram sucesso, assim vieram para o Brasil. Muitos jovens de segunda e terceira geração traçam críticas negativas à ética de trabalho compartilhada entre os palestinos/as de primeira geração. Há aqui uma diferença geracional evidente entre os imigrantes. Enquanto a primeira geração via o trabalho como elemento de ascensão e dotado de valor moral, os jovens da segunda e terceira geração muitas vezes adotam uma postura dúbia em relação a isso. Tal postura, ao mesmo tempo, que reproduz a narrativa da imigração como bem-sucedida por meio da inserção laboral (comércio), dos primeiros mascates, coloca-se de forma crítica à exacerbada valorização do trabalho.

Não era incomum esses interlocutores afirmarem que *"ajudaram na construção do Brasil". "Nós construímos esse país"*, afirmavam. Exaltação do trabalho e meritocracia muitas vezes apareciam associados à prosperidade de toda uma comunidade. Muitos dos mascates circularam por várias cidades do país. Três momentos da história do Brasil são fundamentais para compreender essa relação dos palestinos com o desenvolvimento econômico do país: a construção de Brasília e da Zona Franca de Manaus, que precederam os anos 1990, e a crise financeira.

Brasília, por volta dos anos 1950, tornou-se polo atrativo de imigração. Com o desenvolvimento do plano piloto e a construção do Distrito Federal, muitos palestinos/as foram atraídos para a região, criando comércios de todo tipo na cidade. Grande parte dos interlocutores chegou entre os anos 1950 e 1980. A cidade recebeu palestinos de Saffa, Deir Ibzie, Kufurmana e Beitunia.

> *Meu avô veio em 1967, veio direto para Brasília. Veio de navio para São Paulo, depois direto para Brasília junto com seus dois melhores amigos. Ambos ainda têm lojas no Gama [cidade satélite de Brasília], lojas de roupa e calçados. Meu avô casou-se no início dos anos 1970. Casou-se com a filha do melhor amigo. Quando ele nasceu foi prometido, ela era 15 anos mais velha. Ele tinha 15 e ela 30 [quando casaram-se], depois ele casou com uma mulher de Taguatinga, ela tinha 15 anos e ele 30. Minha avó tinha "tino para o comércio". A gente pensa que árabe tem tino pro comércio, meu avô era zero. Todos os árabes foram para Taguatinga, trabalhavam como mascates, meu avô e os amigos forma para o Gama. Depois chegou mais gente e se estabeleceu em Taguatinga.[14]*

Até hoje a presença palestina em Gama é bastante forte. Em maio de 2022, estive com algumas famílias estabelecidas na região. Há muitas lojas de comércio de palestinos na grande Brasília, que inclui a capital e as cidades satélites. Encontrei relatos de poucas famílias em Brasília, cerca de sete a oito; em Gama o número salta para nove. Há relatos de palestinos(as) também em Paranoá, Ceilândia e Sobradinho. Há inclusive uma sociedade palestina fundada em 1983.

A comunidade de Manaus é outro grande exemplo dessa relação. Foi uma das que se desenvolveu conjuntamente ao projeto econômico do país. Embora houvesse circulação de palestinos(a) por várias regiões, a criação da Zona Franca de Manaus serviu como um polo de atração para a chegada de novos imigrantes, dentre eles pessoas que já estavam radicadas no país. Criada na década de 1950, ainda durante o governo de Juscelino Kubistchek, mas efetivada apenas durante a ditadura militar pelo Decreto Lei nº 288, no ano de 1967 (Brasil, 1967), a Zona Franca de Manaus, região de livre comércio de importação e exportação com benefícios fiscais, propiciou o estabelecimento de indústrias, bem como de uma zona de comércio.

> *Essa quadra aqui todinha era minha. Primeiro que nós chegamos, chegamos a Brasília, primeiro foi um primo meu, Ali Yacoub, faleceu de coronavírus. Primeiro a chegar aqui fui eu, um amigo meu chamou "vamos a Manaus", primeiro veio eu, chamei meu primo aí depois veio a família todinha, uma chama o outro que chama o outro e deu no que deu. Graças a Deus está bem. Todo mundo bem. Trabalhamos honestamente, tem negócio, uma ou outra coisa que não dá certo. Todos trabalhamos no comércio, pagamos imposto. Tinha aqui 120, 130 funcionários. Agora mudei o ramo porque o comércio caiu um pouquinho. Um outro primo*

---

[14] Entrevista concedida por Maynara Nafe em maio de 2022.

> meu, que veio para o Brasil tem uma indústria grande, indústria de papelão. [...] Viemos em 1961, final de 61 início de 1962. Eu vim de navio, aquele tempo aviões era caro, navio mais barato. Naquele tempo a saída tinha que pegar "visa" em Beirute, no Líbano. Fui de Palestina para Beirute, peguei o visto aí veio (sic.) pra cá, para Santos. Levamos quase um mês pra chegar no Brasil. Trabalhamos um ano um ano e pouco lá, aí final de 62 eu vim pra cá depois chamei ele e ficamos até hoje. Aqui só tinha meia dúzia de palestinos. O Omar Aziz veio depois. Tava aqui um por nome de Ibrahin e Hanna de Belém e outro Farid e Aziz que foi pros EUA. [...] Fui de Palestina pra Líbano, depois voltei pra lá criar meus filhos, casei de lá (sic.) também. Agora atualmente tá morando pra Jordânia, não tenho direito pra voltar pra minha terra Palestina. [...] Até hoje tem filhos aqui, lá, nos EUA. Um filho meu nasceu aqui, sou brasileiro também.

Enfatizar a honestidade e o pagamento de tributos foi algo recorrente entre as narrativas dos interlocutores destes grupos. Há que considerar que muitos imigrantes — e com os palestinos não é diferente –– muitas vezes são alvo de argumentos xenofóbicos de que a presença de imigrantes prejudica empregos locais. Nesse sentido, há um reforço constante da colaboração dos árabes em geral na construção do país. Essa noção de "colaboração" já é algo explorado em estudos que precedem este livro (Lesser, 2001) e essa ideia de árabes como "bons imigrantes" os diferenciou e os colocou hierarquicamente acima de outros grupos, principalmente negros, na sociedade brasileira. Outra questão que colaborou para isso é a transitoriedade dos árabes dentro da sociedade pigmentocrática.

No Brasil, os árabes-palestinos são considerados brancos, de forma majoritária, ou poderíamos dizer que eles possuem uma "passabilidade" que os permitem "passar por" brancos em distintos momentos, sendo por vezes revelados e diferenciados, marcados pela diferença quando identificado por nomes e sobrenomes, local de nascimento do indivíduo ou família ou pela religião, no caso de palestinos/as muçulmanos/as. A diferenciação mais comum se dá no âmbito religioso, muito mais do que étnico, isso principalmente para os/as palestinos/as de fé islâmica.[15]

---

[15] Sobre o uso de "passabilidade", segundo os autores, esse "termo êmico" tem sido utilizado de forma acadêmica, principalmente, em análises sobre pessoas trans e experiências identitárias de gênero (Duque, p. 33) que incorporam noções da interseccionalidade. Utilizo o termo para demonstrar essa transitoriedade dos/as palestinos/as entre identidades raciais/étnicas no Brasil. Para maior discussão, indico os trabalhos: *A epistemologia da passabilidade: dez notas analíticas sobre experiências de (in)visibilidade trans*, de Thiago Duque, e *Cisnormatividade e passabilidade: deslocamentos e diferenças nas narrativas de pessoas trans*, de Júlia Clara de Pontes e Cristiane Gonçalves da Silva.

Os interlocutores acionavam noções de honra e prosperidade ligadas à masculinidade, que é uma categoria importante dessa imigração. Noções de homem, trabalho, prosperidade e honra aparecem interligadas nos relatos dos interlocutores. Um jovem que atravessa o oceano, para terras desconhecidas, viaja o mundo para "fazer a América", trabalha arduamente mesmo desconhecendo a língua, prospera — toda essa romantização é compartilhada entre uma geração de homens imigrantes e seus descentes que atuam na manutenção de uma comunidade fundada no suor do trabalho.

Havia também histórias não contadas. Histórias de fracasso econômico, exploração de mão de obra, servidão por dívida, essas ocupavam um lugar velado. Como em muitas famílias, palestinas ou não, imigrantes ou não, são as histórias de sucesso que permanecem, a dos vencedores. Porém, como disse Walter Benjamin, é preciso "escovar a história a contrapelo".

Essa imigração iniciou-se com um cunho bastante econômico. O lugar em que estavam, devido à presença otomana e, posteriormente, à ocupação israelense, não propiciava a ascensão econômica almejada. Assim, diversos jovens saíram da Palestina em busca de novas oportunidades de trabalho. "Fazer a América" se tornou uma motivação para muitos. Foram estabelecidas as redes de imigração comunitárias e familiares — denominarei "comunitárias" as redes que, por laços de localidade, foram estabelecidas. Trata-se de casos em que uma pessoa da comunidade era utilizada como referência e meio de recepção de outras. Traço aqui uma diferenciação, pois esse tipo de rede podia ser afetiva ou apenas laboral, como no caso de palestinos que vieram por essas redes para trabalhar no Brasil.

Um caso de imigração por rede comunitária, com fins apenas de trabalho, foi o do interlocutor a seguir, que não será identificado por motivos de preservação de sua identidade. Certo dia, em campo no sul do Brasil, estávamos eu e ele sentados almoçando, havíamos passado um bom período juntos e já tínhamos superado a desconfiança que me acompanhava como uma recém-chegada àquela comunidade palestina. Foi ali, durante nosso almoço, que indaguei a ele sobre sua chegada, afinal, já havia compartilhado a de todos os outros menos a sua. Ele afirmava não ser uma boa história. Fechei meu caderno, e o que lembro são poucas memórias de um relato de um homem culto, graduado, que falava mais de cinco línguas e que foi entrevistado em sua cidade natal na Palestina para assumir um cargo burocrático no Brasil. Depois de uma breve estadia na comunidade palestina chilena, ele desembarcou na fronteira brasileira. Ao chegar à cidade do novo estabelecimento, um papel com uma dívida de 2 mil dólares lhe foi entregue:

era o custo de sua viagem. Ali ele trabalharia por dois anos, dormindo no chão de um barracão molhado, como pagamento. Um trabalho qualificado minimamente como superexplorado, realizado por seus conterrâneos.

Os casos de pobreza e insucesso fizeram parte de um rol de histórias à parte, que raramente emergiam nas conversas de forma a ocultar algumas realidades e não manchar a imagem da comunidade. O modelo da imigração perpetuado era aquele em que homens alcançaram o sucesso financeiro e até mesmo o prestígio da comunidade de acolhida: políticos, empresários, intelectuais, assim eram lembrados os primeiros imigrantes. À margem ficaram todos aqueles que não contribuíram para essa narrativa. Certamente, muitos que não tiveram grande sucesso econômico não foram totalmente deixados à parte dessa narrativa de imigração, principalmente no caso dos "camponeses", os palestinos agricultores, que por vezes eram exaltados por sua simbologia com o retrato palestino dos camponeses. *"Somos caipiras, somos de Kufurmana"* afirmou um interlocutor. *"Tudo isso* (casa, plantação) *eu fiz com minhas mãos"*, afirmou outro interlocutor, de Bani N'Aim.

Essa noção de palestinos como camponeses já foi explorada por Rosemary Sayigh (2007) e permanece vívida. Por um lado, dentro de setores que afirmam essa relação e sua ligação direta com a terra; por outro lado, muitos relatam que o reconhecimento como camponês surgiu como uma estratégia para adentrar o Brasil, num período em que foi incentivada a entrada de pessoas estrangeiras no país para colonizar as terras por meio da produção agropecuária. Muitos palestinos com quem estive nesses anos de fato realizam trabalho como pequenos agricultores e pequenos produtores no ramo da pecuária, sobretudo nas regiões de Hebron e Ramallah, inclusive tendo retornado à terra para trabalhar na produção de azeite de oliva e/ou cabras e carneiros.

Por fim, outro elemento dessa relação e do contexto brasileiro que propiciou a presença palestina em determinadas regiões é exemplificado pelo caso das cidades do Sul: Chuí, Uruguaiana e Santana do Livramento. Embora as três tenham contextos distintos, foi o comércio de fronteira que atraiu imigrantes para a região. Não apenas isso, Uruguaiana, por exemplo, teve o comércio impulsionado com a crise financeira dos anos 1990 e a entrada dos argentinos como clientes. A cidade foi também importante zona de comércio, sendo o maior porto seco da América Latina.

Maruf saiu de Cabalan, Nablus, em 1957, pelo porto de Beirute, fazendo uma viagem de três dias de navio. Anteriormente, ele tinha ido ao Kwait trabalhar em um hospital durante quatro anos, mas voltou para realizar o serviço militar e pegar o certificado de reservista. O serviço militar durou 60 dias e foi realizado durante a ocupação. Seu irmão havia chegado ao Brasil em 1954 e, durante muito tempo, ajudou muitos outros jovens homens palestinos na chegada ao país, a se instalarem, a comprarem mercadoria e saírem pelo país. Muitos se hospedaram em um quarto, na Rua Bagé, em São Paulo, e dali se organizavam para continuar a viagem. Muitos iam para o Sul trabalhar como mascates, "*todo mundo me xingava, eu agradecia*", disse ele. "*Enchia duas malas, uma de cada lado, para equilibrar o peso e saía*". Esteve em várias cidades: Passo Fundo, Canoa, Itaquara, Canela, Livramento, Uruguaiana, Santa Maria, Bagé, Novo Hamburgo, entre outras com circulação de palestinos mascateando.

Posteriormente, Maruf se estabeleceu em Uruguaiana e abriu uma loja perto da fronteira em 1979. Inicialmente, a onda de comércio era fraca, segundo os relatos locais, até que houve políticas de abertura para o comércio entre os países. Esses relatos refletem os momentos de transição do país e do bloco sul, políticas de integração fronteiriça, mudanças econômicas e acordos regionais que culminaram na criação do Mercosul, na década de 1990 (Saraiva; Almeida, 1999; Silva; Ribeiro, 2015). Vários são os relatos das relações comerciais entre Brasil, Argentina e Uruguai que fortaleceram o comércio de fronteira. Com esse fortalecimento, muitas migrações internas ocorreram. O Chuí também passou por algo parecido. Não incomum, encontrei pessoas em outras regiões do Brasil com familiares na fronteira ou que haviam passado algum período da vida entre essas cidades trabalhando no comércio.

1.3 A exceção nordestina

O Nordeste, pioneiro na imigração palestina, constituí uma exceção à regra, por se tratar de imigração iniciada entre o final do século XIX e o início do século XX. Relatos afirmam que os primeiros árabes teriam chegado entre 1896 e 1905 e que a ida da primeira família de palestinos cristãos para a região data de 1903. Esses imigrantes fazem parte do triangulo cristão da cidade de Belém, mas também Beit-Jala e Beit Sahur, compartilhando a rota e o impulso migratório dos palestinos do Chile. Não há censo oficial, mas as narrativas locais apontam a existência de aproximadamente 5 mil palestinos, entre imigrantes e seus descendentes, em Recife.

Há uma outra narrativa que afirma a ligação dessa imigração com uma visita realizada pelo imperador Dom Pedro II à Palestina, no ano de 1877. Essa afirmativa é corroborada por algumas produções (Asfora, 2010; Hajjar, 1985; Hazim, 2016).

> Dois fatos relevantes antecederam as viagens de Dom Pedro II ao Oriente Médio e Norte da África e mais do que as viagens do imperador propriamente ditas, eles podem ter sido determinantes para o sucesso de toda imigração árabe para o Brasil: o Tratado de Amizade, Comércio e Navegação que foi firmado entre o Império Brasileiro e o Império Otomano em 1858 e o estabelecimento da uma representação diplomática brasileira no Egito alguns anos depois66. Sem a precedência desses dois fatos as duas viagens de Dom Pedro II provavelmente não teriam acontecido (Hazin, 2016, p. 118).

Para alguns interlocutores, e de acordo com essa bibliografia, houve um fomento à imigração para o Brasil após essas visitas informais e após o Tratado, como aponta Hazin. Ainda segundo o autor, "O artigo 3º, por exemplo, estabelecia que os 'súditos' poderiam viajar e residir em todos os portos, cidades e lugares dos dois impérios. Já o artigo 4º rezava que os súditos dos dois impérios poderiam comercializar livremente" (Hazin, 2016, p. 123).

Algumas pessoas, todavia, afirmam que houve um engano no desembarque e que esses primeiros palestinos buscavam a América do Norte, os Estados Unidos da América, e que por engano, no final do século XIX e início do XX, devido à ausência de informação e domínio da língua, desembarcaram na América do Sul. A "América", nesse período, era lida por muitos como exclusivamente Estados Unidos (Hazin, 2016, p. 119-120). Alguns interlocutores relatam que seus avós teriam desembarcado no porto em Recife e, ao serem informados que ali era América, se estabeleceram na região. Esse é um ponto em aberto dentro das narrativas que presenciei em campo; comumente ouvi a frase em tom de chacota, *"vieram fazer a América, só não sabiam qual"*, seguida de risadas. Outras pessoas afirmam que isso era uma anedota comum, que na chegada ao Brasil seus ascendentes gostaram da região e se estabeleceram voluntariamente. Assim, a maioria teria certeza do desembarque no Brasil, principalmente em virtude da estadia breve de Dom Pedro II no Oriente Médio. No entanto, nos relatos recebidos, o destino "Brasil" foi explicitado de forma literal apenas em relação às imigrações mais recentes, de palestinos muçulmanos após a *Nakbah*. Tanto no Chile quanto no Brasil, os relatos sobre as primeiras levas de imigrantes mencionam uma viagem à "América": "fazer a América" era frase frequente nos relatos de campo.

De fato, muitos/as palestinos/as do Brasil possuem parte da família nos Estados Unidos, fruto de uma imigração similar. Evidências apontam que muitas dessas pessoas tinham a América do Sul e Central como um degrau para a ida aos Estados Unidos, mas, por motivos diversos, sobretudo a negação do visto de entrada, ficaram no Brasil, Chile etc. Há, neste trabalho, uma circulação de pessoas palestinas e famílias inteiras que circulavam entre Bolívia, Peru, Chile e Brasil. Há outros relatos de pessoas que mudaram sua trajetória devido a diversas intercorrências no caminho.

Muitos desses primeiros imigrantes tinham o perfil similar aos demais trabalhados anteriormente e adentraram o interior do país para mascatear. Enquanto Recife foi porto de entrada, a cidade de Parnaíba, no Piauí, e Fortaleza serviram de lugar de acolhida para essa imigração. Recife foi uma cidade com bastante trânsito de palestinos. Houve estabelecimento também em Natal, no Rio Grande do Norte, e há relatos da presença de poucas famílias no Ceará e em outras localidades de Pernambuco. Durante o trabalho de campo, estive em contato com interlocutores de Natal e Recife.

O avô de Hissa, da família Hazin, chegou no ano de 1906 e se fixou em Parnaíba, construindo a primeira empresa de navegação no Rio Parnaíba. Ele comprava produtos do sertão e exportava de navio para a Europa, bem como comprava produtos importados e distribuía pelo rio, sertão adentro. Um comércio lucrativo que permitiu um bom estabelecimento e desenvolvimento da família.

A primeira família a chegar a Recife foi a Asfora, ainda no ano de 1894-6 segundo relatos locais. Há que se considerar que os relatos orais oscilam entre os anos de 1894 até 1903. Essa família teria inicialmente trabalhado com a exploração da borracha de maniçoba, uma concorrente da seringueira, em outra região do Norte. Quando o período de exploração da borracha declinou no país, eles retornaram para Recife.

Os palestinos e palestinas que estão hoje em Recife e que são descendentes desses primeiros imigrantes constituíram um grupo de pessoas economicamente prósperas, de religião católica, grande parte apostólica, tendo em vista a conversão do cristianismo ortodoxo para o apostólico romano com a entrada no país. Essa mudança é relatada muito mais por um pragmatismo do que por qualquer outro fator, afinal a existência de igrejas apostólicas romanas próximas ao local de estabelecimento era comum, e não havia igrejas ortodoxas em Recife.

Os primeiros imigrantes, iniciando o padrão de gênero migratório, eram homens. Em sua maioria, passaram pela fase do mascateio, estabelecendo-se posteriormente como comerciantes locais. O principal local de comércio foi o Mercado de São José, construído em 1875, no centro de Recife.

O mercado de São José era o centro natural afetivo de grande parte dos imigrantes, pelos seus compartimentos, que era como chamavam aquelas pequenas lojas, com aproximadamente 3x3 metros. Ali era o marco inicial de suas vidas comerciais (Asfora, 2002, p. 85).

Muitas famílias palestinas se estabeleceram em torno do mercado, nas ruas da Praia, Santa Rita, Padre Muniz e Nogueira (Asfora, 2002).

As famílias palestinas também tentaram reproduzir em Recife o tipo de habitação tradicional em seu País de origem, capaz de abrigar não a família nuclear, mas toda a grande família composta pelo patriarca, filhos e noras e netos. Na minha infância morei um ano com a minha avó na Rua Porto Carreiro, no Bairro da Boa Vista, que ficou conhecida como a rua dos árabes. Lá existia uma casa grande denominada Villa Helena que pertencia a uma das primeiras famílias palestinas do Recife (Hazin, 2016, p. 59).

Figura 15 – Fotografia do Mercado São José, início do século XX

Fonte: Asfora (2002, p. 84)

Figura 16 – Mercado público São José

Fonte: acervo pessoal. Fotografia de campo, Recife – abril de 2022

A igreja da Penha, chamada popularmente de Igreja Rosa, localizada ao lado do mercado, foi lugar de prática religiosa desses imigrantes. Muitos se converteram ao catolicismo apostólico como forma de integração social e econômica, também por comodidade. Diferentemente da migração após a *Nakbah*, essas primeiras levas de palestinos tinham, e seguem tendo, na religião cristã um diferencial em relação às demais comunidades palestinas brasileiras. É o caso da predominância do lugar de origem no triângulo cristão, na Palestina, que, ao passo que os afasta das comunidades locais, os aproxima das comunidades latino-americanas do período, em especial dos palestinos do Chile, analisado no contraponto desta pesquisa.

Figura 17 – Igreja da Penha

Fonte: acervo pessoal. Fotografia de campo, Recife – abril de 2022

Muitos dos interlocutores, inclusive o autor Hissa Hazin, que contribuiu com o estudo com sua análise e como informante, afirmam que essa comunidade teria sido "assimilada", não restando mais traços de diferenciação entre palestinos/as e brasileiros/as. O uso do termo "assimilação", ao longo das últimas décadas, vem sendo refutado na Antropologia. Ainda assim, muitos interlocutores e analistas do caso palestino nordestino insistem no uso de termos, como "assimilação" e "integração" em relação a essa comunidade. Os imigrantes palestinos do Nordeste passaram por um processo comum que consiste em uma tentativa de inserção laboral e até religiosa da primeira geração. A formação especializada da segunda geração e o domínio da língua local permitiram entrada em várias áreas laborais e uma retomada dos costumes e das tradições pela terceira, quarta geração.

Para Hazin, "assimilação, aculturação e etnicidade não são excludentes". Para o autor, o reconhecimento identitário dessas pessoas foi aquele que "era mais vantajoso", no caso o brasileiro; segundo ele, esses/as palestinos/as "seguiram o caminho da integração, que no caso deles, passava pela assimilação e pela aculturação" (2016, p. 228). Há de se considerar, nesta obra, que o autor é atualmente um dos principais interlocutores e representante da comunidade após o falecimento de João Sales Asfora e Hanna Saffie, ambos acadêmicos e militantes palestinos de notória importância para a comunidade palestina local e, no caso do segundo, internacional. Analiticamente, contesto a análise de Hazin, em virtude da discordância com as teorias de assimilação, mas considero sua interlocução, bem como de outras pessoas entrevistadas, que afirmam que a comunidade foi integrada. O principal fator para essa afirmação é o fato de os/as palestinos/as que vivem na região Nordeste brasileira não serem mais ativos politicamente de forma massiva e a inexistência de instituições palestinas ativas ou práticas cotidianas que reiterem costumes e organização comunitária.

Essa presença de palestinos e palestinas no Nordeste brasileiro foi bastante singular, como veremos no capítulo seguinte, no que tange às esferas de negociações políticas entre grupos e organizações palestinas de norte a sul do país. Atualmente, há uma proposta por parte de instituições políticas palestinas de unificação das comunidades e de retomada de tradições. Foi nesse contexto que fui apresentada por lideranças políticas de entidades palestinas a membros da comunidade palestina de Recife e Natal.

Na sessão a seguir, analisarei as masculinidades palestinas, que emergem no campo, em meio aos processos de construção do lar na diáspora, que envolvem autorreconhecimento, mobilidades e pertencimento.

1.4 Masculinidades palestinas

Após uma semana em campo, eu caminhava com Walid, um inter-locutor, para um compromisso. Ele, entusiasmado, contava-me sobre o casamento de seu irmão e as tradições da festa em seu vilarejo, na Palestina. Os vários dias de comemoração, o dote em ouro, o carneiro na coalhada, a grande festa para dezenas de famílias, cerca de 300 pessoas pelo menos, e como isso era importante e um sinal de fartura. Entre uma curiosidade e outra, afirmei que ele não poderia deixar de me chamar para a festa do seu casamento na Palestina. Ele me interrompeu e ficou um tanto pensativo. Então, indaguei se ele almejava casar-se, embora ainda não tivesse noiva e, se sim, quando isso poderia acontecer. Walid continuou a falar, mas em outra direção, ele começou a me contar sobre seu sentimento e o "peso" de ser um homem árabe. Havia algumas coisas que lhe eram socialmente esperadas, como ser um bom marido e o provedor financeiro do lar. Além disso, me contou sobre sua experiência e o sentimento de vir para outro país para gerar riqueza para a família que ficou "lá", na Palestina.

Foi uma conversa breve, enquanto nos deslocávamos do restaurante à entrada do meu hotel, mas suficiente para o desabafo de um jovem que saiu de casa em uma pequena cidade, a qual eu conheceria menos de um ano depois, para viver em outro país, no intuito de prosperar economica-mente, mesmo que isso lhe custasse a presença da família. Tal como ele, conheci, em Manaus e em outras cidades do Brasil, jovens recém-chegados da Palestina, que ora se aproximavam dos primeiros mascates, ora se distan-ciavam. A maioria chegou por rede familiar ou local e estava ali, tal como os primeiros imigrantes, para ter possibilidade de ascensão econômica, visto que na "terra", Palestina, os jovens enfrentam dificuldades de emprego e mobilidade, como pude experenciar. A diferença fundamental, todavia, é que esses jovens têm maior amparo da comunidade e família, na diáspora. As redes de mobilidade estão mais estruturadas; assim muitos jovens, ao chegarem ao Brasil, ocupam postos de trabalho dentro da comunidade ou, com ajuda dos familiares, abrem pequenos comércios. Em Manaus, bem como em outras localidades do Sul, a predominância ainda é a de comércio atacadista têxtil.

Em nossa conversa, além de contar-me sobre a saudade de casa, da comida, da terra e de sua mãe e família, ele falou sobre as remessas de dinheiro enviadas para casa e como isso era uma renda importante no desenvolvi-mento familiar. De fato, ao visitar a cidade, muitas pessoas me mostraram suas belas casas, construídas com o dinheiro dos anos de trabalho no Brasil. Um primo, Ahmad, recém retornado, me mostrou, na ocasião em que estive em Bani Na'im, a casa construída por ele, financiada pela década de trabalho na diáspora brasileira. Da sacada, na entrada exuberante, apontou no entorno todas as casas de palestinos que vivem no Brasil. Casas de alto padrão, como o apartamento onde fiquei a convite de uma família palestina que conheci em Manaus. Ahmad voltou definitivamente para a "terra", como eles costumam chamar. Voltou para ficar com a família, após anos distante, era pastor de cabras. Estive com ele em algumas ocasiões durante minha estadia em Hebron, conheci suas cabras e ovelhas, bem como sua esposa e seus filhos, o motivo do retorno.

Figura 18 – Ahmad e a criação de cabras

Fonte: acervo pessoal. Fotografia de campo, outubro de 2022 – Bani Na'im, Palestina

Muitos homens vão para se estabelecer, como dito anteriormente, casam-se, retornam com as esposas nascidas na Palestina para o Brasil, mas, quando os filhos atingem os 6, 7 anos, há mulheres que ainda retornam para "criar as crianças nos costumes". Essa era mais uma dessas famílias, mas Ahmad insistiu: *"tive que escolher entre minha família e o dinheiro, vendi todas as lojas e voltei. Agora sou pastor de cabras e ovelhas"*, afirmou o jovem homem, com a pele queimada de sol, esguio e magro, sentado na cadeira de sua casa na Palestina. Conheci Ahmad, em novembro de 2021, em Manaus, quando ele sofria a ausência da família e a indecisão quanto à venda das lojas e a volta para casa. Quase um ano depois, estávamos sentados brincando com as crianças em sua casa na Palestina, e ele lembrava *"eu estava ficando louco, tive que escolher voltar"*.

Muitos homens faziam demonstrações de masculinidades associadas à ideia de honra, prosperidade e trabalho. Entre os mais velhos, aqueles que fizeram parte das primeiras imigrações, não eram incomuns histórias de perseverança e "trabalho árduo" que teriam, nessas narrativas, como consequência a prosperidade econômica. Por um lado, encontrei homens que exaltavam essa masculinidade provedora (de dinheiro e filhos), por outro, homens, tal como Ahmad, que viviam esse duplo peso da masculinidade, mas que optaram por ir na contramão da regra, retornando e vivendo uma vida mais "humilde" que a vida em diáspora possibilitaria.

Não existe "a masculinidade" como um modelo universal, há que se compreender as distintas formas de masculinidades em seus determinados contextos (Viveiros, 2018; Barbosa, 2011, 2013). Nesta pequena seção, não busco esgotar o tema, apenas discorrer brevemente sobre algumas inquietações que emergiram deste trabalho de campo a partir das situações encontradas e dos relatos das experiências dos meus interlocutores. Há de se contextualizar que, embora exista um estereótipo de "masculinidade hegemônica" (branca), esse modelo não deve ser tomado como universal, de forma acrítica. É necessário historicizar essa masculinidade no que tange à América Latina, compreendendo as relações de poder assimétricas impressas nas relações de gênero (Viveiros, 2018, p. 12-15); também é preciso questionar, como propõe Gustavo Barbosa, a transposição do conceito de gênero, como relação de poder, no caso palestino (2011, p. 679).

Aqui, contextualizo essas experiências no campo das masculinidades (árabes)latino-americanas. O contexto latino-americano é fundamental para compreender como essa masculinidade árabe é performada em diáspora. Falo em uma masculinidade diaspórica, pois, para além das diferenças e da pluralidade das masculinidades produzidas no contexto árabe no Oriente Médio, é necessário diferenciar como essa masculinidade se constituí ultramares, relacionando elementos da terra de origem com elementos locais. Diferentemente da análise proposta por Barbosa (2011, 2013) em relação aos jovens palestinos (*shabâb*), que expressam papéis sexuais pela impossibilidade de performar gênero devido à situação político-econômica decorrente do contexto antiEstado do campo de refugiados de Chatila, no

Líbano (p. 679-681). No Brasil, os jovens palestinos performam a masculinidade recorrendo a elementos entendidos como parte de uma masculinidade árabe, conforme desenvolverei na sequência. Há um incômodo entre jovens palestinos, nesta etnografia, que buscavam o inatingível modelo de masculinidade hegemônica que não está passível de ser alcançado pelos homens de cor, azeitonados, do sul global. Embora desfrutem das benesses do patriarcado como sistema, esses jovens são oprimidos e marcados por estereótipos de masculinidade agressiva.

Existem várias masculinidades, temos que tomar isso a priori. Há, no entanto, um modelo de masculinidade branca, heterossexual, que vem do norte global e que se posiciona no topo da hierarquia de poder. Essa é distinta daquela que encontrei entre os palestinos do meu campo no Brasil. Seria impossível contemplar toda uma discussão sobre masculinidade árabe-palestina em diáspora nestas poucas páginas, assim me deterei a duas experiências de campo, que permitem trazer à tona alguma reflexão sobre aqueles que compõem parte fundamental dessa presença palestina no Brasil.

Entre meus interlocutores que se se reconheciam no gênero masculino, uma expressão de masculinidade foi recorrente. Aos jovens homens era imposto pela família e/ou comunidade um modelo de masculinidade provedora. Cabia a eles prover o lar, casar-se e gerar filhos para a comunidade. Voltar para a Palestina para se casar foi algo que encontrei não só nas primeiras gerações de imigrantes, como comumente relata a bibliografia, mas também nas terceiras gerações e entre palestinos recém-chegados. O que se esperava de quem veio, as preocupações que tinham em manter a família nuclear e a estendida, o peso do modelo de masculinidade que lhes era atribuído emergiram como tema entre alguns interlocutores. Para eles, a masculinidade era um tanto desconfortável, para não dizer sufocante.

Fora do núcleo da comunidade palestina em diáspora, no Brasil essa masculinidade era construída de outra forma. Pelo olhar externo, eles eram acusados e rotulados de machistas, abusadores, opressores, terroristas, fundamentalistas. Assim, os homens árabes, o que incluí os palestinos, são duplamente perpassados pelo machismo estrutural. O papel de gênero atribuído aos homens palestinos deste trabalho os colocava no lugar de heterossexual, economicamente bem-sucedido, responsável pelo sustento da família e pela resistência à colonização. Não obstante, na diáspora, as primeiras ondas de imigração eram de homens jovens que vieram "fazer a América". A busca pela prosperidade econômica, pela responsabilidade financeira e pelo casamento é papel atribuído aos homens palestinos, papel esse que contribui para uma noção de masculinidade que impõe um modelo de "homem".

> O enquadramento do "árabe-islâmico" como violento, igno-rante, inferior e essencialmente antimoderno opera como uma ferramenta de dominação política dos Estados, mas também se embrenhou em produtos culturais de massa, como cinema, literatura, novelas, e, sobretudo, a mídia. Um sucesso cultural de tal envergadura é o que permite entender e aproximar contextos nacionais distintos, como o Chile e o Brasil, quando vemos populações de origem árabe reagindo à discursividades orientalistas ou denunciando opressões coloniais (Caramuru Teles; Manfrinato, 2020, p. 346-7).

A masculinidade palestina, neste trabalho, foi abordada por duas vias: uma pelo ponto de vista dos interlocutores homens, e outra pelas mulheres, mães, filhas, esposas dos homens com os quais trabalhei. Devo salientar que, ao longo de anos de pesquisa, a contestação dos atributos da masculinidade apareceu como uma exceção à regra. Das duas centenas de pessoas com quem me relacionei, a maior parte de homens, apenas dois ou três contestaram o papel de gênero a eles atribuído e as noções de masculinidade, e só um o fez de forma totalmente objetiva e consciente.

Nesta seção, apresento algumas inquietações quando à masculinidade palestina e seus atravessamentos por raça, etnia e nação, bem como a noção compartilhada de "homem árabe", que era reproduzida entre muitos grupos de interlocutores, mobilizando noções de honra, força, resiliência, respon-sabilidade e como isso pode afetar homens palestinos. Desenvolvo a seguir as formas de masculinidade entre homens palestinos aqui encontradas e como isso afeta as relações e construções de palestinidades.

"Eu tinha três anos quando voltei com meus pais pra Palestina. As crian-ças palestinas são maldosas, eu era muito inocente. Lá era comum ser agredido fisicamente, sofrer bullying. Existe um contexto de ambiente hostil na infância. Uma masculinidade agressiva, necessariamente de poder, de se impor", afirmou Fawzi, um jovem, cerca de 30 anos, estudante de Psicologia. Ele me contou sobre sua infância e juventude na Palestina. Voltou aos 20 anos, em 2010, já entre homens adultos, nesse segundo momento saía com os primos, era chamado de "estrangeiro". Havia uma dupla dimensão dos lugares e formas de performar a masculinidade, uma como palestino, outra como brasi-leiro. Os brasileiros, na Palestina, mas não só ali, são vistos como pessoas

culturalmente liberais em termos sexuais, "dadas ao sexo". As noções de brasilidade construídas pelos/as interlocutores/as incluem uma sexualidade exacerbada. Essa construção aparecia de forma frequente no trabalho de campo, tanto em relação às construções de homens e mulheres brasileiras, quanto como um risco iminente que deveria ser evitado quando os filhos dos imigrantes eram socializados no Brasil. Muitas famílias relatavam a motivação do retorno para a Palestina para que os/as filhos/as crescessem dentro da cultura local e distante da cultura libertária sexual brasileira.

"Desde criança sabia que ia ter que casar com uma mulher palestina para manter os costumes". Fawzi me contou que se casou religiosamente com uma palestina, mas que o casamento não deu certo, então se separaram. Foi quando seus pais, não aceitando, cortaram relações com ele, que dependia financeiramente de ambos por estar cursando a universidade. Segundo ele, a comunidade palestina de Corumbá era "muito fechada", e a segunda geração de palestinos ainda realizava casamentos endogâmicos de forma a manter os "costumes". Muitos dos casamentos eram "arranjados", e com o tempo os casamentos mistos foram ficando mais frequentes.

> *Hoje me considero brasileiro-palestino, sou mais brasileiro, mas tenho orgulho em ter a cidadania palestina. Antes eu tentava me encaixar nessa moldura dos meus pais. Hoje me identifico com os aspectos ocidentais em relação a casamento, homem e mulher e minha masculinidade. Não me identifico com o papel de homem árabe provedor, hierarquicamente superior à mulher, enraizado pelo islamismo na forma como ele chegou ao país. Passei a ver como me impactava ser palestino e lidar com essa dualidade cultural morando no Brasil. A causa inicial de tudo isso é a dominação israelense na Palestina que causa um impacto individual e estrutural.* [16]

A fala desse interlocutor é bastante complexa. Há distintas formas de ser palestino, e percebemos uma relação entre noções de brasilidade e de palestinidades. Por um prisma, ele se reivindica palestino, fundado principalmente no seu crescimento dentro da comunidade palestina de Corumbá, como filho de imigrantes palestinos, bem como no fato de possuir um documento jurídico que assim o reconhece, a dupla cidadania. Por outro lado, as noções de masculinidade palestina que ele aciona reiteram noções abstratas e orientalistas criticadas, inclusive, por outros tantos interlocutores. Ele associa livremente a masculinidade palestina à violência em primeira instância. Na sequência, de forma crítica, menciona a prática endogâmica

---

[16] Entrevista concedida em dezembro de 2020.

da comunidade, embora ele mesmo afirme que essa tem decaído. Ainda que afirme que a questão está no âmbito da nacionalidade palestina, ele associa tais papéis masculinos de poder e hierarquia à pertença religiosa islâmica. Essa associação negativa entre Islã, violência e práticas de casamentos arranjados é comumente veiculada dentro da sociedade brasileira (Caramuru Teles; Manfrinato, 2020).

Isso não significa que, na prática familiar ou comunitária nas quais esse interlocutor esteve inserido, não houvesse relações machistas ou uma estrutura social patriarcal, até mesmo porque o Brasil está inserido nessa mesma estrutura. O fato é como o interlocutor associa esses elementos de uma masculinidade, que ele mesmo nomeia "tóxica", aos costumes palestinos e às práticas muçulmanas. Em contrapartida, grupos de palestinos e palestinas interlocutoras(es) deste trabalho contrapõem-se criticamente a referidas generalizações e as localizam em determinados contextos culturais que por vezes são mais globais que locais, ou específicos de um grupo. Há de se entender o patriarcado como estrutura dominante e o lugar como a posição que as masculinidades habitam. Deve-se compreender, nesse caso, que

> [...] o gênero enquanto estrutura deve ser abordado considerando as diferenças, mas também as interações entre três tipos de relações: as de poder, as de produção e as de investimento (vínculo emocional) organizadas em torno do desejo sexual (Connell, 2015 *apud* Vigoya, 2018, s/p).

Por fim, no que tange a "aspectos ocidentais em relação a casamento, homem e mulher e masculinidade", Fawzi afirma se posicionar identificando-se com os "aspectos ocidentais". É interessante perceber como há, por trás disso, uma alusão à ideia de liberdade ocidental, um ocidente imaginário, libertário nos costumes e como isso é reproduzido na diáspora.

O termo "homem árabe" tem sido utilizado em associação às noções anteriormente mencionadas. Primeiramente, as narrativas compartilhadas sobre a trajetória dos mascates, quando instituída como narrativa mestra da imigração brasileira, estabelece um modelo de homem palestino na diáspora. Esse modelo almeja também ser branco e é, definitivamente, heterossexual. Em uma sociedade pigmentocrática, "as classes têm cores de pele", e o modelo de homem árabe é também perpassado por ele. Retomando o termo de Mara Viveiros Vigoya:

> Enquanto o sentido estadunidense de raça se caracteriza pela "regra da gota de sangue" que determina que descendentes de mestiçagem estão ligadas(os), por convenção, à raça ancestral

(ou histórica) da/o ascendente que pertence a uma minoria racial (Hirschfeld, 1999, p. 20), na sociedade colombiana, a racialização se manifesta mais através de um jogo pigmentocrático" que atravessa fronteiras de classe, incorporando as diferenças sócio-economicas. As classes têm assim cores de pele, no sentido de que, geralmente, as pessoas e famílias mais dotadas de capitais (social, cultural, escolar, econômico, simbólico, etc.) são mais "claras" e inversamente, as menos dotadas desses capitais são mais "escuras" (Urrea; Viáfara; Viveiros Vigoya, 2014 *apud* Vigoya, 2018, s/p).

No Brasil, homens (e mulheres) árabes transitam entre uma paleta de cores, sendo majoritariamente embranquecidos. Embora aqui tenha existido um projeto de embranquecimento da população, como sugere Lesser, "a ideia de branquidão se tornou assim um componente importante para a inclusão da 'raça' brasileira, mas o significado de branco mudou radicalmente entre 1850 e 1950" (2014, p. 25). Os recém-chegados do Oriente Médio, do leste Europeu e da Ásia conseguiram negociar o projeto de identidade nacional vigente (Lesser, 2014).

O Brasil e o Chile, bem como outros países latinos, estabeleceram um "modelo americano" de homem, a partir da noção colonial. Segundo Mignolo, foi construída uma imagem do "homem, heterossexual, branco, cristão, militar, capitalista, europeu" responsável pela reprodução de "padrões globais já existentes" (2003, p. 57). Esse modelo é inatingível para os homens palestinos, bem como para outras tantas minorias. Recordo aqui os escritos de Frantz Fanon (2008): "da parte mais negra da minha alma, através de uma zona de meias-tintas me vem esse desejo repentino de ser branco" (p. 69). Não há como pensar, no caso específico dos palestinos com quem trabalhei, gênero sem que esteja perpassado por outros marcadores, como raça e classe, pois, como diria Fanon, "a humanidade é branca", o modelo de humanidade é masculino, o homem, e esse homem é o branco europeu. Esse modelo é inatingível quando o homem palestino é desvelado, quando não pela cor, pelo nome, ancestralidade, origem. "No mundo do branco, o homem de cor encontra dificuldades na elaboração do seu esquema corporal. [...] o esquema corporal atacado em vários pontos, desmoronou, cedendo lugar a um esquema epidérmico racial" (Fanon, 2008, p. 104, 105).

Embora palestinos consigam transitar racialmente entre brancos e não brancos, nos distintos Brasis (Norte, Sul, Sudeste, Centro-Oeste), há uma predominância da pessoa palestina lida como branca, dessa forma a performatividade da masculinidade por vezes se insere em uma performance condizente com a de homens brancos, heterossexuais enquadrados em um padrão de masculinidade que se pretende universal. Por outro lado, quando desvelada seu pertencimento familiar, étnico, árabe-palestino, essa noção de homem é deslocada, intra e intercomunidades. Dentro, uma masculinidade provedora, fora uma exotização orientalista que mistura hipersexualidade e violência. Quando desvelados, esses homens são enquadrados como outros, externos à noção de masculinidade dominante. Esses outros são postos para além do modelo hegemônico de masculinidade, mas essa margem não os inibe, enquanto grupo social, de lograr com a dominação masculina a nível estrutural (Vigoya, 2018, p. 16), colocando-os em desvantagem em relação a homens que ocupam um lugar de masculinidade hegemônica e, ao mesmo tempo, em lugar de poder em relação às mulheres do seu grupo.

As mobilidades e os matrimônios são temas da sessão futura. Mulheres que chegam e retornam. Homens que retornam para casar-se e voltam com suas esposas, mulheres que vão para criar filhos/as na terra palestina. Mobilidade e gênero são os temas desta sessão, entrelaçando-se com as análises feitas até aqui.

1.5 Mobilidades e matrimônios

Muitas mulheres chegavam após o casamento e ocupavam um lugar distinto dentro das comunidades. Eram elas que mantinham o cotidiano da comunidade, festividades, eventos religiosos, casamentos, encontros, instituições. Os homens, muitas vezes, estavam à frente da representação política institucional, enquanto elas faziam a política no cotidiano. Ocupavam tanto o espaço laboral quanto o doméstico, principalmente nas primeiras gerações. As mulheres organizavam e perpetuavam toda uma sociedade em diáspora. Como afirmou Osman a respeito do papel das mulheres na imigração árabe ao Brasil, "direta ou indiretamente estiveram envolvidas nas atividades econômicas, na mascateação, no comércio ou em outras atividades, ajudaram e opinaram, trabalharam e acumularam tarefas" (2009, p. 12). Neste subcapítulo apresento a chegada das mulheres: mães, trabalhadoras, esposas, lideranças políticas etc., responsáveis pela feitura do cotidiano, pelas práticas e formas de habitar uma diáspora.

Adoto a categoria "mulher" e "mulheres" em virtude do seu uso pelas interlocutoras, para organização política ou reconhecimento enquanto grupo. Todavia, compreendo que, embora pretendam-se plurais, tanto "mulheres" quanto "palestinas" ou, sob uma categoria ainda mais ampla, "latino-americanas" são categorias que não almejam totalidade. A análise perpassa a compreensão das formas de articulação dessa categoria, bem como o fazer político desses grupos, não um esgotamento teórico de "mulher" enquanto conceito analítico. Tal como propõe Silvia Federici (2019), "'mulheres', aqui, é usada como uma palavra codificada, sem que assuma uma extensão universal e sem a defesa de uma política de exclusão" (p. 14). É, primeiramente, necessário desuniversalizar a categoria "mulher", não apenas colocá-la no plural, de forma a abarcar a diversidade de mulheres. Não existe "a mulher palestina", há inúmeras formas de ser mulher e de ser palestina. Não há uma única forma de ser mulher (Butler, 2003; hooks, 2020; Lorde, 2020).

Por fim, em relação à proposta de Françoise Vergès, esta análise se propõe a

> [...] pensar 'conjuntamente' patriarcado, Estado e capital, justiça reprodutiva, justiça ambiental e crítica da indústria farmacêutica, direito dos/das migrantes, dos/as refugiados/as e fim do feminicídio, luta contra o Antropoceno-Capitaloceno e luta contra a criminalização da solidariedade (2020, p. 47).

Dialogando com a autora e com demais autoras do Feminismo Negro, como bell hooks, Angela Davis, Audre Lorde e Patrícia Hill Collins, permito-me pautar com a metodologia do pensamento multidimensional de forma a "revelar um ecossistema político econômico, cultural e social, para além do método ocidental das ciências sociais" (Vergès, 2020, p. 49).

"Nasce no Brasil, aí vai pra Palestina estudar, aprender a língua, casa com uma árabe, fica tranquilo — casou-se com uma árabe — e aí volta". A regra era clara e simples: os jovens palestinos homens, aqueles de segunda ou terceira geração, que no Brasil nasceram, "voltavam" à Palestina para estudar, ainda crianças ou adolescentes, para "não perder a cultura". Posteriormente, casavam-se com uma jovem palestina e retornavam para trabalhar e "fazer família" no Brasil. Diferentemente, havia os jovens palestinos que migraram para o Brasil em busca de trabalho, vinham numa idade mais avançada que os outros, adolescentes, quase adultos, com a perspectiva de trabalhar e se estabelecer. Posteriormente, voltavam para "buscar a esposa" ou casar-se com uma noiva palestina.

A narrativa era recorrente em diversas comunidades palestinas no Brasil. Há muitas camadas a serem exploradas nessas viagens de "retorno" e laços matrimoniais. Os nascidos no Brasil, segunda e terceira geração, como visto no capítulo 1, tendem a fazer "viagens de retorno". A noção do retorno é elaborada a partir do entendimento de que palestinos/as na diáspora seguem sendo palestinos/as, só não são nascidos de fato na Palestina porquanto impossibilitados pela colonização, expulsão dos/as palestinos/as, o projeto de limpeza étnica.

Assim, suas viagens à Palestina, mais especificamente por estudo, moradia, até férias, não são de ida, mas de retorno. Portanto, é comum que palestinos/as em diáspora afirmem: "quando retornei", "no retorno", "eu já retornei à terra", de modo a reiterar essas viagens como retorno à terra de origem. As identidades palestino-brasileiro, palestino-chileno são negociadas, em determinadas situações, tempo e lugar. O retorno nesta pesquisa, ocupa um lugar simbólico nas comunidades diaspóricas.

O "retorno" como forma de preservação dos costumes foi uma prática comum entre os jovens. Todavia, o retorno para o matrimônio esteve mais presente entre a primeira geração. Os imigrantes palestinos, em sua maioria homens jovens, ao se estabelecerem no país de acolhida, retornavam à terra para casar-se. Diferentemente da imagem de um retorno para manter a comunidade étnica, um dos motivos mais relatados para o matrimônio era a dificuldade da primeira geração em integrar-se à comunidade de acolhida. Assim, muitos jovens retornaram para casar-se com noivas que ficaram à espera deles, no momento da imigração, ou mesmo por arranjos matrimoniais familiares. Uma minoria contraiu matrimônio no país de acolhida com mulheres brasileiras ou chilenas. A manutenção de uma comunidade étnica palestina está certamente entre um dos fatores que impulsiona essas viagens de retorno para matrimônio, bem como a manutenção da comunidade religiosa. Ter filhos dentro de um matrimônio homogêneo, em termos étnicos e religiosos, era algo bem-vindo, tal como mostra a recorrência encontrada em distintas cidades em ambos os países.

"Quando a menina não casa com um árabe baixa a cabeça do pai em uma sociedade". Essa frase, dita por uma interlocutora, era repetida por seu pai. Os arranjos de casamentos eram mais comuns nas duas primeiras gerações. Muitas vezes as interlocutoras lembraram situações comunitárias, em que terceiros foram casados por arranjos familiares matrimoniais. Em algumas comunidades no Brasil, embora os arranjos se localizem no passado, principalmente entre os primeiros imigrantes, ainda ocorre um incentivo à endogamia. Assim, tanto homens quanto mulheres são incentivados a irem à Palestina para "conhecer a cultura", bem como para casar-se com alguém da "mesma origem". Essas mobilidades, com finalidade matrimonial, têm gerado um trânsito específico de noivas e noivos, um dos elementos que contribui para a permanência de recém-chegados no Brasil.

A perspectiva das mulheres recém-chegadas pelo matrimônio é outra: *"Não fomos nós que viemos para ficar com eles, eles foram lá atrás de nós"*, lembra uma das interlocutoras. As mulheres nascidas na Palestina e palestinas nascidas na Jordânia cresciam, estudavam, muitas vezes tal como os homens, iam para grandes centros cursar a universidade e depois voltavam para a cidade de origem. Umas se apaixonaram e casaram-se, outras não. Na tradição islâmica, não há namoro; seguindo essa premissa, muitas mulheres relatam que se apaixonaram, por vezes, pelos primos em diáspora, casaram-se e vieram para o Brasil, onde nasciam a maioria dos filhos, quando os tinham.

Uma questão ainda não explorada sobre esses matrimônios e retornos é que, uma vez que as mulheres vinham por matrimônio ou não para o Brasil — há que se considerar as filhas que imigraram com a família e a segunda geração —, elas também retornavam com os filhos, para ficar meses, anos e até décadas, encarregadas do cuidado e da manutenção dos costumes, língua e religião. Assim, há um retorno específico de mulheres e crianças que está ligado à produção de *uma* palestinidade.

Entre as mulheres palestinas que encontrei, primeira e segunda geração, algumas retornaram à Palestina com os filhos pequenos para "criá-los nos costumes", próximo a família, para aprender a língua. Assim, um trânsito específico de mulheres e crianças palestinas ocorria, enquanto os homens ficavam em diáspora trabalhando para dar sustento à família. Várias dessas mulheres não voltaram para o Brasil definitivamente. A dificuldade com a língua foi um fator relatado por diversas das interlocutoras e seus filhos. Um segundo fator comumente relatado, no caso brasileiro, era a diferença da sociedade e a islamofobia presente. Muitas mulheres muçulmanas que faziam uso do véu não se sentiam confortáveis com a diferença de vestimentas no Brasil, pois, ao usar o véu no Brasil pareciam estar sob a luz de um holofote, sempre em evidência e reiteradas vezes alvos de violência.

Nesse trânsito específico, muitas crianças nascidas no Brasil passavam anos de forma ilegal no país. Um dos interlocutores contou que ficou cerca de uma década na Palestina, retornando apenas para cursar a universidade, pois para isso teria que se desloca da pequena cidade onde residia e necessitaria de documentação para circular na grande cidade, Birzeit e Ramallah. Como veremos nos capítulos subsequentes, o controle de circulação dentro da Palestina foi intensificado na década de 1980, principalmente após a Primeira Intifada, em 1987. Em um território sob ocupação, as leis civis viam-se mais porosas, a fiscalização do visto para permanência não ocorre de forma reiterada nas escolas palestinas; isso decorre dos problemas de documentação enfrentados por grande parte das pessoas palestinas por causa da ocupação israelense, que promove mecanismos de controle para impedir a entrada e, sobretudo, a permanência de palestinos/as em diáspora na terra palestina.

O Estado, como instituição, não detém todo o poder; o poder é difuso e lhe escapa (Foucault, 2010). Na contramão da capilarização do poder, nas instituições cotidianas, o poder colonial, nesse caso, não intervém, nem se prolonga. Esse interlocutor, como várias outras crianças, escapou da capilaridade do poder colonial e das distintas e múltiplas relações de poder que se estabeleciam na instituição escolar. Ultrapassando as regras do Estado ocupante, à margem do direito, essas crianças cresceram na Palestina, elas e suas mães permaneceram lá, bem como traçaram diversas mobilidades internacionais que incluem o Brasil como lugar de morada.

Jardim (2000) demonstra como as viagens à Palestina faziam parte das iniciativas dos imigrantes para "educar os filhos nos 'costumes' árabes" (p. 277). Essas viagens começam como uma iniciativa particular de cada família, passam a ser estruturadas como "iniciativa coletiva" e fazer parte dos "mecanismos de produção da etnicidade". Presentes no Chuí desde a década de 1980, "a oportunidade era fornecida as novas gerações, e este padrão até hoje é bastante comum na relação entre pais e filhos, vistos pelas duas partes como uma ampliação dos horizontes profissionais e existenciais" (Jardim, 2000, p. 277).

Atualmente, entre as comunidades pesquisadas, poucas famílias praticam o retorno como nas primeiras décadas da diáspora. Muitas mulheres e crianças permanecem indo com o mesmo objetivo, porém as viagens atuais são viagens de férias, mais curtas. Normalmente as crianças ficam dois ou três meses, nas férias de final de ano, acompanhada dos cuidadores, pai, mãe ou demais parentes. Muitas mães palestinas afirmam que, nessa nova geração, as mulheres não estão retornando sozinhas com os filhos, pois o cuidado e o trabalho da reprodução de palestinidades deve ser compartilhado entre mulheres e homens. Embora a maior parte do trabalho de cuidado e de reprodução da vida esteja a cargo das mulheres, mulheres palestinas, neste campo de pesquisa, têm adotado uma postura de enfrentamento à lógica patriarcal do cuidado. Ao ficar e não fazer o retorno para a Palestina, elas estão pautando a coletivização e desmaternalização do cuidado, refazendo a divisão do trabalho reprodutivo.

Enquanto para essas mulheres a mobilidade é um ato possível, refugiados são enquadrados tanto pelas comunidades de acolhida quanto pelas categorias de Estado, que os vulnerabiliza, marginaliza e lhes restringe a mobilidade. O refúgio é o tema da sessão seguinte, subsequentemente o retorno será um tema novamente abordado.

1.6 "Uns chegaram, outros não" – o refúgio

> A maioria dos meus amigos saiu. Teve quem chegou e quem morreu. Não conseguiu. Uns chegam, outros não.[17]

Eu estava em Santana do Livramento, em março de 2022. Após dois dias andando de loja em loja, em mesquitas e casas em busca de conhecer a comunidade palestina local, me atravessaram pela fronteira. A verdade é que na fronteira seca era só cruzar a rua, mas saber o que, quem e onde buscar me faltava. Foi no último dia dessa viagem rápida, quando já havia conversado com as famílias "mais importantes", que me indicaram um contato, um jovem que poderia me acolher numa última entrevista. Levaram-me até a sede da comunidade, desativada. Entrei no carro novamente, e cruzamos a fronteira. Diferentemente de todos os relatos encontrados anteriormente, havia ali talvez uma dezena de comerciantes palestinos, homens, proprietários de lojas de roupas, em sua maioria. Paramos na frente de uma das lojas para conhecer um primo, "refugiado".

Havia algum tempo que eu procurava saber dos poucos refugiados palestinos do conflito sírio que se tinham se estabelecido no Sul do Brasil. Entre 2010 e 2016, os dados do governo são de 3.460 pedidos de refúgio e 2.298 refugiados. Apenas em 2016, 326 sírios e 57 palestinos/as do conflito sírio tiveram seus pedidos de refúgio aceitos (Souza; Manfrinato, 2020, p. 119). Por coincidência ou ironia, eu não conseguia localizar ninguém, apenas histórias evasivas de pessoas que por ali passaram, mas que foram embora quase sem deixar rastros. Para onde, também não se sabia. Foi assim, quase por acaso, que encontrei Abu, que me levou à loja desse primo.

As ruas do "lado de lá" da fronteira, no Uruguai, eram pouco mais precárias que do "lado de cá", no Brasil. Também havia lojas e comércios. Ali, na cidade de Riveira, no lado uruguaio da fronteira, em uma pequena loja, trabalhava Amjad, um palestino refugiado do conflito sírio. Conversamos por algum tempo; inicialmente ele não entendia meu interesse em saber

---

[17] Notas de campo, Uruguai, fronteira com Brasil (Santana do Livramento), março de 2022.

sobre sua história. Com um pouco de desconfiança, contou-me que, tal como ele, todos seus amigos e conhecidos fugiram da Síria. Poucos conseguiram participar de um programa do governo brasileiro que teria selecionado 10 mil pessoas por meio de entrevistas, enquanto o governo uruguaio e o chileno teriam distribuído cerca de uma centena de vistos humanitários. "*A maioria entrou pelo mar para a Europa. Uns chegam, outros não*", ele afirmou. Segundo Manfrinato (2016), sobre esses fluxos de saída de pessoas da Síria e seus destinos: "Essa população aflui principalmente para os países vizinhos à Síria, como Turquia, Líbano e Jordânia, que já receberam até 2015, respectivamente, 2 milhões, 1 milhão, e 600 mil pessoas" (p. 4, 23).

Amjad nasceu no Kwait, no ano de 1967, sua família é originalmente de Kufurmana, região próxima a Ramallah. Seu pai, engenheiro petroquímico, foi para o Kwait a trabalho, assim como muitos/as outros/as palestinos/as que saíram após a *Nakbah*, devido à escassez de trabalho e à situação da colonização do território palestino. Foi assim que Amjad nasceu no Kwait, um país que não concede nacionalidade por nascimento, apenas por sangue. Palestinos/as nascidos no Kwait seguem palestinos/as nos documentos. Amjad, assim como os demais, não possuí documentos do Kwait. Posteriormente, tal qual outros tantos outros, foi estudar fora da terra, na Bulgária. Estava lá quando o pai faleceu, e a família foi expulsa do país. A mãe, com os irmãos mais novos, foi para a Jordânia; de lá, após um irmão casar-se, retornaram à Palestina. Fazia 12 anos que ele não via sua mãe. Retomo aqui a história de Amjad para elucidar um trânsito comum entre muitos palestinos e palestinas, refugiados/as ou não.

Durante o trabalho de campo, encontrei muitas pessoas em trânsito. Muitos saem da Palestina na juventude em busca de estudos e trabalho, devido às condições locais, ao controle militar, à perseguição aos ativistas ou simplesmente em busca de novas possibilidades. Constantemente, encontrei pessoas que participaram, sobretudo nas décadas de 1970/80, das políticas de cooperação entre países socialistas e a Palestina. Muitos estudaram nos países que compunham a antiga União das Repúblicas Socialistas Soviéticas, URSS, ou em Cuba. Outro elemento comumente encontrado, compartilhado entre palestinos/as, é a separação familiar. Pessoas de uma mesma família vivendo em diferentes países, muitas vezes em continentes distintos. Essa mobilidade é recorrente, como explorarei nos capítulos a seguir. Viver a fé no retorno, em busca de "voltar ao lar", a "terra", é uma narrativa comum, principalmente entre aqueles com quem trabalhei nos últimos anos.

O deslocamento da Síria para o restante do mundo, todavia, ficou marcado por imagens de tragédia e desespero, uma imagem construída sobre as pessoas refugiadas. Como aponta Helena Manfrinato (2016):

> O enquadramento da vulnerabilidade do refúgio não se limita à cobertura midiática, mas se estende também à ajuda oferecida aos refugiados. Ela é posta, de modo mais ou menos explícito, em termos assimétricos, entre aqueles que têm uma vida digna e aqueles que não a têm, e de quem se espera retribuição em forma de gratidão; uma gratidão que evoca a condição assimétrica em que a relação é estabelecida. Ouvindo muitos voluntários, pude perceber irritação pela falta de gratidão de alguns refugiados aos quais era oferecida ajuda ou, então, uma sensação de satisfação pela gratidão expressa, pois entendiam estar fazendo o bem a quem precisava (p. 426).

A história de vida das pessoas que chegam sob o guarda-chuva "refugiado" é sempre apagada e reduzida a uma história de vulnerabilidade econômica, social e sofrimento. Claro que devemos considerar os impactos da ocupação e perseguição política, mas a forma como são "enquadradas" em uma imagem de sofrimento se sobressai, muitas vezes, às dinâmicas e modos de resistência e de vida para além dessa moldura, para seguir com os termos de Manfrinato.

Enquanto esses enquadramentos são produzidos e as pessoas passam a ser "tuteladas" e objeto de "ajuda e acolhimento" da sociedade receptora (Manfrinato, 2016), as instituições e organizações políticas têm posições ambíguas na recepção dessas pessoas, seja no Brasil (Hamid, 2012; Manfrinato, 2016) ou no Chile (Baeza, 2015; Caramuru Teles, 2022). Entre o ensino da língua, ajuda com documentos e a assistência para moradia e trabalho, a relação de muitos dos meus interlocutores com as comunidades palestinas locais não vai além de encontros nas mesquitas, no caso brasileiro, ou de cruzamentos de passagem no bairro comercial, no caso chileno.

No Brasil, em Manaus, alguns palestinos recém-chegados relataram um problema recorrente, a documentação. A intermediação da documentação, trabalho exercido por um membro da comunidade, e o custo correspondente foram relatados por um interlocutor. Ele mesmo teve que assumir a solicitação dos documentos após longo atraso no andamento da documentação de permanência como imigrante no Brasil. No Rio Grande do Sul, encontrei outras pessoas refugiadas com problemas de documentação para visto e naturalização. Em ambos os casos, o domínio da língua e o acesso a órgãos do governo, bem como a morosidade do processo por parte da Polícia Federal (PF), são questões comumente relatadas.

Esses relatos se contrapõem à narrativa das instituições de aco-lhimento e assessoria. Quando procurava saber dos/as refugiados/as palestinos/as vindos da Síria ou do Iraque para o Brasil, para além da ausência de informação, narrativas sobre a falta de presença deles à comu-nidade por uma "diferença cultural" eram evidentes. Tal como no Chile, um interlocutor palestino da comunidade estabelecida (cristã) afirmou que *"os iraquis são outro país"*, *"não representam a comunidade palestina"*, no Brasil. O ex-presidente da FEPAL afirmou que as 117 famílias que chegaram em 2007 do Iraque no programa de recepção da ACNUR eram "culturalmente limitadas". *"Não eram mais palestinos/as, eram iraquianos, como já somos brasileiros"*, ele afirmou. Segundo essa liderança, havia um assistencialismo grande no Iraque e esses palestinos/as "viveram a vida de assistência". "É difícil fazer com que as pessoas mudem, fazê-las trabalhar, diferentemente dos da Síria que eram mais graduados, elevados, os do Iraque eram diferentes", complementou.

Hamid aponta como a ideia de "integração" das organizações recep-toras dos/as refugiados/as palestinos/as vindos do campo Ruwesheid no Iraque previa uma "assimilação" à sociedade local, utilizando como estra-tégia o espalhamento dessas pessoas pelo país para não se isolarem em "guetos" árabes. Essa proposta contava com a colaboração da comunidade árabe/muçulmana local no processo de "integração". Havia ali uma inte-gração como um projeto "assimilacionista" (Hamid, 2012, p. 138). Todavia, como sugere a autora, a "diferença cultural" desses refugiados, a partir de sua nacionalidade, era dada como o marcador de diferença em relação à comunidade árabe local. De forma análoga, os grupos trabalhados aqui eram referenciados como "culturalmente diferentes" demais para serem "integrados" não somente à sociedade de acolhida, como analisa Hamid, mas também à própria comunidade palestina local. A ideia de integração, desde seu gérmen, está ligada a um projeto nacionalista e racista de pátria nacional. A nacionalidade, nesse caso, era um marcador presente na forma como a pessoa era enquadrada. *"Os iraquis não representam os palestinos"* ou *"os iraquianos não gostam de trabalhar, estavam acostumados com Saddam dando coisa, já os sírios são diferentes, trabalham"*. Essas frases foram reproduzidas por interlocutores de origem palestina chilena e brasileira. Muitas vezes, quando se referiam aos refugiados, acionavam suas nacionalidades como marcadores de diferença. A nacionalidade aqui, aparece de forma análoga à proposta de Navia, Hamid, Munem e Gomes, como uma substância.

> A ideia de nacionalidade como uma substância que, a depender das circunstâncias, pode ser potenciada, diminuída, entregada, rejeitada ou negociada para se aproximar ou se afastar de outros grupos (nacionais ou estrangeiros), ou para tecer relações afetivas e burocráticas que afetarão o futuro tanto jurídico quanto existencial, das pessoas nos processos de "integração" em outras comunidades nacionais ou na sua própria (Navia; Hamid; Munem; Gomes, 2019, p. 20).

A nacionalidade, tal como a categoria refúgio, construía-se nas relações. A nacionalidade estava numa relação de atribuição pelo outro. Em geral era o outro que nomeava os grupos de pessoas como "refugiados iraquianos" ou "refugiados sírios", enquanto, no que tange ao autorreconhecimento identitário, em geral, as pessoas costumavam apenas reconhecer-se como "palestinas". A categoria refúgio ocupava um lugar distinto; assumir-se refugiado era algo negociado usado muitas vezes em determinados contextos, como o jurídico ou na relação burocrática com agentes do Estado. Uma forma pouco comum, mas que esteve presente, foi o uso generalizado do termo refugiado atribuído a palestinos/as no geral. "Somos todos refugiados" apareceu durante o trabalho de campo como uma espécie de entendimento político que presumia que todas as pessoas que se deslocaram em virtude da ocupação israelense eram refugiadas. Entretanto, na maioria das vezes, o que prevalecia era uma distinção hierarquizante entre as categorias construídas de "palestinos imigrantes" e "palestinos refugiados", estando a primeira associada à prosperidade e a segunda, à vulnerabilidade.

Ao longo deste trabalho de campo, o refugiado sempre se encontrava nesse lugar de liminaridade, como sugere Malkki (1992): palestino para iraquiano, iraquiano para palestino em diáspora. Uma posição comumente relatada também por palestinos/as em diáspora no Brasil e Chile: "brasileiro demais para um palestino, palestino demais para um brasileiro", e assim por diante.

O deslocamento e a limpeza étnica têm fomentado fluxos contínuos de palestinos/as na diáspora. Muitas famílias que possuem redes de migração seguem enviando/recebendo membros no Brasil e Chile, bem como em demais países da América Latina. Para além das redes contínuas de migração, na diáspora, a luta palestina se acirra a cada ofensiva israelense. Manifestações nas ruas e redes sociais estão amplamente presentes, denunciando a ocupação. A série de eventos que decorre desde o massacre de Deir Yassin, que precede a Catástrofe em 1948, é narrada como uma "*Nakbah* contínua".

A expressão "*Nakbah* contínua" circula amplamente na diáspora palestina brasileira. A diferença das imigrações entre Brasil e Chile é evidenciada nos usos dessa noção. No Brasil, como vimos anteriormente, há uma potencialização significativa da imigração de palestinos/as após o evento. A comunidade palestina do Nordeste faz parte de uma imigração que precedeu a *Nakbah*. Essas famílias, em sua grande maioria, emigraram no período da presença otomana na região, principalmente, em virtude de uma ascensão socioeconômica. Uma migração compartilhada com palestinos/as do Chile, caracterizada também por ser constituída de uma maioria cristã ortodoxa. Embora pequena e localizada praticamente com exclusividade na região Nordeste do Brasil, com ênfase em Recife e Natal, hoje esses palestinos/as e seus descendentes somam quantidade significativa de pessoas. Contrastivamente, após a *Nakbah*, predominou a imigração de palestinos/as de religião muçulmana e para as demais regiões do país. Foi entre essas pessoas que percebi maior circulação do termo "*Nakbah* contínua", em referência aos eventos. Essa noção, como já explorado, evoca uma continuidade da catástrofe, de 1948 até os dias atuais. No caso chileno, entre os/as interlocutores/as deste livro, o termo praticamente não aparece.

Há diferentes tipos de violência nas produções de palestinidades, a "*Nakbah* continua", experiência cotidiana e reiterada do colonialismo, produz palestinidades marcadas. As distintas experiências daqueles que saem pré, durante e pós esse evento e dos que ficam produzem distintas formas de palestinidades, perpassadas por violências distintas. No terceiro capítulo, pensaremos como os/as palestinos/as têm construído formas de articulação e resistência diante da violência colonial. Na sessão a seguir, trago à luz a criação e as disputas do lar, onde o refúgio e a *Nakbah* seguem presentes.

1.7 Criando e disputando um lar

Há uma grande diferença econômica entre palestinos/as dos bairros de Las Condes e Recoleta, especialmente os que residem em Patronato, região menos valorizada economicamente na cidade de Santiago do Chile. Parte dessa diferença está no estabelecimento dessas pessoas em virtude das distintas imigrações, havendo muitos refugiados recém-chegados em Patronato — não apenas palestinos/as, mas também sírios e outros imigrantes vulneráveis: bolivianos, peruanos etc.

Se os/as palestinos/as no Chile, no início do século XX, ocuparam a zona de comércio, hoje estão estabelecidos, em sua maioria, como proprietários de indústrias e lojas. Os refugiados palestinos vindos do Iraque, por sua vez, integram-se ao comércio local de forma secundária, como trabalhadores ambulantes. Essa relação entre estabelecidos e recém-chegados se assemelha à análise sobre "estabelecidos e outsiders" (Elias; Scotson, 2000) e à análise sobre a chegada de refugiados/as palestinos/as também vindos do Iraque no Brasil, em que há uma "pedagogia da ascensão social" segundo a qual árabes libaneses já estabelecidos atuavam junto aos refugiados no processo de integração na lógica do mercado local (Hamid, 2012).

A poucas quadras da Igreja de São Jorge, residiam alguns jovens palestinos, refugiados do Iraque. Esse pequeno grupo, além de viver na região, trabalhava na rua Santa Filomena (mesma da Igreja) como ambulantes, vendendo doces árabes. Hoje em dia, apenas um dos refugiados com quem trabalhei durante o mestrado encontra-se exercendo o trabalho de vendedor ambulante na mesma esquina. Os demais migraram para a Turquia. Duas docerias foram abertas no bairro pelos refugiados: a Al-Mustafa, que se encontra em atividade quase desde o mesmo período da chegada deles ao Chile, e a recém-aberta doceria Al-Amim, ambas situadas na Calle Rio de Janeiro.

Em 2008, o Chile recebeu, durante o governo de Michelle Bachelet do Partido Socialista do Chile, por meio da do Alto Comissariado das Nações Unidas para Refugiados (ACNUR)[18], um grupo de refugiados palestinos vindos do Iraque. Segundo Baeza, "a convivência entre as antigas gerações de imigrantes palestinos e os 'novos' refugiados provenientes do Iraque tem sido mais complexa" (2015, p. 315).

Todavia, os refugiados do conflito iraquiano com os quais venho trabalhando desde 2015, encontram-se, segundo eles mesmos, mais "integrados" à comunidade palestina e chilena. Um dos fatores de extrema relevância foi a aquisição de nacionalidade chilena. Após cinco anos do reassentamento

---

[18] A ACNUR é a agência de refugiados da ONU. Segundo informações da própria agência, em 1999, com o início do Programa de reassentamento no Chile, centenas de palestinos, afegãos, iugoslavos e colombianos foram assentados no país. Disponível em: http://www.acnur.org/t3/donde-trabaja/america/chile/. Acesso em: 20 jun. 2016. Existe uma diferença na proposta da ACNUR e da UNRWA. A ACNUR, é responsável pelos refugiados em geral, ao passo que UNRWA, nasce da necessidade de diferenciação dos refugiados palestinos e de políticas de assistência, mas não de proteção, o que os mantém diferenciados dos demais refugiados, identificando-os (Feldman, 2007, p. 93-94).

dos refugidos pela ACNUR, o governo chileno concedeu nacionalidade chilena e passaporte (esse extremamente importante) para os refugiados palestinos vindos do campo Al-Tanaf, Iraque, reassentados em 2008.

Um pouco sobre a trajetória desses refugiados, a qual tive acesso durante o campo recente. Muhammed saiu do Iraque, no ano 2006, e foi para o campo de refugiados na fronteira da Síria, o acampamento Al-Tanaf. Ele foi, em janeiro de 2005, sozinho para o campo; um ano depois, sua família foi ao seu encontro. Segundo ele, o motivo da saída de muitos/as palestinos/as (sunitas) foram os problemas com os xiitas locais, além da presença dos norte-americanos. Muhammede sua família viveram um ano e dez meses no campo. Em dezembro de 2007, a ONU iniciou o processo de reassentamento e os trâmites para o visto.

Das famílias reassentadas, 28, aproximadamente 132 pessoas, dividiram-se em três grupos de reassentados no Chile: o primeiro na cidade de La Callera, em 2008, o segundo em San Felipe, em abril de 2008, e o último na capital, Santiago. O maior grupo foi o de San Felipe. Muitos, ao conseguirem a nacionalidade e o passaporte chileno, saem para reencontrar suas famílias na Europa. Essa mobilidade está cada vez mais presente entre os refugiados palestinos, criando um trânsito entre América Latina, América do Norte, Europa e Oriente Médio. Dessas 28 famílias que chegaram no Chile, após cinco anos e ao adquirirem direito à nacionalidade e passaporte chileno, seis foram para a capital da Suécia, Estocolmo, cinco para o Canadá, uma para a Finlândia, e outras pessoas isoladamente para a Turquia.

Dessa forma, há hoje um trânsito "familiar" daqueles que vão visitar seus parentes, principalmente, no Canadá, na Turquia, na Suécia e no Iraque. Há também novas migrações permanentes. Um dos fatores principais, segundo Muhammed e outros interlocutores, foi o reassentamento de membros da família naqueles países. Para ele, ter a família fora é um dos motivos principais dessa emigração, além de a Europa ser considerada um polo de atração em virtude do desenvolvimento econômico e de o acolhimento aos refugiados ter sido mais benéfico, considerando o auxílio financeiro fornecido pelo governo sueco.

Segundo os dados coletados no campo em janeiro de 2020, há muitos refugiados que, mesmo após conseguirem nacionalidade chilena, têm migrado, individualmente ou em pequenos grupos familiares, para esses países. Muitos dos que ficam não escondem o desejo da mudança, inclusive devido à crise atual vivida no Chile, no governo de Sebástian Piñera. Vale salientar que os refugiados expressam muita satisfação com o antigo governo, da ex-presidenta Michelle Bachellet, do Partido Socialista do Chile (Mandatos presidenciais: 2006-2010/2014-2018). Um dos momentos mais lembrados por todos os interlocutores foi a celebração do "Dia do Refugiado", em junho de 2016, quando, em solenidade pública, a presidenta concedeu, em caráter especial, nacionalidade aos filhos dos refugiados menores de 18 anos. Essa é uma exceção aplicada aos refugiados palestinos de 2008, tendo em vista que, em regra, a nacionalidade chilena concedida deve ser por direito de escolha individual, afirmado no ato da maioridade penal/civil, aos 18 anos.

Muhammed relata que viaja com alguma frequência para visitar a família na Suécia. Seu filho, em entrevista conjunta, não hesitou em mostrar seu interesse em sair do Chile, agora que adquiriu o passaporte, para possivelmente se estabelecer em um novo país onde possa ter mais prosperidade financeira.

Há uma notória diferenciação de classe entre os dois grupos de palestinos/as no Chile, aqueles estabelecidos e os recém-chegados. Enquanto a comunidade é bem estruturada, envolvida na política e na economia local, os refugiados seguem vendendo doces nas ruas, no máximo como donos de pequenas portinhas (comércios em Patronato), ou fazendo novas migrações em busca de um estabelecimento econômico. Além disso, o projeto de reestruturação das organizações locais exclui novamente os refugiados.

Nesta seção, problematizei algumas formas como o marcador de classe perpassa o reconhecimento e pertencimento identitário de cada grupo, bem como as disputas em torno do lar e das formas de habitar o lar perpassadas por classe, etnia e religião.

Em relação a esse abismo social, deve-se considerar os diferentes processos de migrações de palestinos/as para o Chile. Os palestinos/as cristãos estabelecidos na comunidade chilena, em sua maioria, reivindicam para si a narrativa mestra da imigração palestina ao Chile em reconhecimento e continuidade com os primeiros imigrantes que chegaram "fugidos da perseguição otomana". Essa imigração é compartilhada por palestinos/as do Nordeste brasileiro, também cristãos. Em diferença, no Chile, o grupo de refugiados assentados em 2008, além de vindos do Iraque, e muitos nascidos lá, configurava-se por ser de palestinos/as de fé islâmica. No Brasil, essa diferença foi menos contrastante na chegada dos grupos de refugiados, do Iraque em 2007 e da Síria em 2011, devido ao fato de a comunidade palestina ser majoritariamente muçulmana.

O destino moral, como espaço imaterial e lugar de reconhecimento, é um lugar em disputa, construído pelo conflito. As diferentes formas de habitar a diáspora na América Latina perpassam as distintas formas de chegada dos/as palestinos/as. Similarmente, há diferenciação religiosa presente tanto nas redes e períodos de imigração, quanto nas formas de estabelecimento.

Essa situação etnográfica segue com o tema central dos processos de *home-making* elucidados mediante o autorreconhecimento identitário relacional. Alternativamente, discorre sobre a temática com os/as palestinos/as refugiados/as da guerra do Iraque reassentados/as no Chile e a comunidade palestina-chilena já estabelecida. Para tal análise, abordarei os processos de chegada ao Chile para compreender como distintos grupos elaboram e disputam noções de autorreconhecimento palestino na diáspora.

O início da imigração palestina no Chile data do século XIX (Agar; Saffie, 2005, p. 5-6). Vários estudos apontam para o fator econômico como principal motivo da imigração para o país — embora exista uma narrativa mestra da imigração desse período de "fuga do império" por motivos de "perseguição religiosa" aos cristãos (Missaoui, 2015; Akmir, 2009; Zahdeh, 2012). Os/as palestinos/as do Chile são majoritariamente cristãos ortodoxos, apenas cerca de 30% são muçulmanos. Estão inseridos em praticamente todas as áreas da sociedade, com destaque na economia e política. A chegada de palestinos/as muçulmanos, tanto no Chile como no Brasil, foi potencializada, em meados do século XX, devido aos conflitos locais após a legitimação da ocupação de Israel. Todavia, a migração palestina é um fator de difícil precisão devido à ausência de dados e à continuidade dessa imigração ao longo das décadas. Constitui-se, portanto, uma imigração particular (Jardim, 2006, p. 171).

Há uma distinção religiosa entre palestinos estabelecidos no início do século XX, majoritariamente cristãos, e aqueles que migram após a *Nakbah*, de maioria muçulmana. Ademais, há uma grande diferença econômica entre palestinos de Las Condes e de Recoleta, especialmente os que residem em Patronato.

Marcadas por essas distinções, os bairros Las Condes e Patronato concentram residências palestinas e suas instituições. Patronato, localizado na comuna Recoleta, é conhecido como um bairro palestino. É a maior zona de comércio da cidade, com um número significativo de lojas e de comércio ambulante. É também espaço de prática religiosa. Nele, encontram-se as duas principais igrejas palestinas, a Igreja Ortodoxa San Jorge e a Igreja Santa Filomena.

Embora boa parte dos/as palestinos/as concentre-se nessas regiões, há alguns dispersos pela cidade. Em Nuñoa há uma ampla comunidade muçulmana, da qual palestinos/as fazem parte. A Mesquita Al Salam, localizada nessa região, é uma das principais de Santiago. Foi a primeira mesquita da cidade, construída em 1988-1989. Segundo o Censo de 2002, no período havia no Chile 2.884 pessoas muçulmanas (IBGE, 2002, p. 26). A mesquita é frequentada por muçulmanos de diversas origens.

Há muitos refugiados palestinos, de religião muçulmana, recém--chegados em Patronato. Parte da diferença entres os grupos consiste na prática confessional, no modelo de estabelecimento em virtude das distintas imigrações e na distinção de classe social.

Os/as palestinos/as imigrantes do início do século XX ocuparam-se inicialmente do comércio ambulante, como mascates. Hoje a maioria é proprietária de indústrias, lojas etc., devido ao contexto chileno e à política neoliberalista durante a ditadura de Pinochet. Refugiados/as palestinos/as vindos do Iraque, por sua vez, integram-se ao comércio local de forma secundária, são trabalhadores ambulantes, com pouco ou nenhum espaço de ascensão econômica.

Uma relação de distinção e tensão ocorreu entre os estabelecidos e os recém-chegados. Há uma tensão nos processos de reconhecimento identitário entre os/as palestinos/as refugiados/as e os/as imigrantes que contrapõe diferentes narrativas, considerando as múltiplas formas de "ser palestino". Essas formas distintas relacionam-se aos marcadores de imigração, religião, classe e geração. Sônia Hamid (2015) analisou processo análogo a partir da acolhida de refugiados/as palestinos/as vindos do Iraque pelo governo brasileiro. Vejamos:

> [...] a presunção de que os refugiados contariam, por um lado, com o amplo auxílio da comunidade árabe para se 'integrar' localmente e que, por outro, por serem também árabes, terminariam por trilhar os caminhos percorridos pela comunidade árabe brasileira, exaltada como economicamente exitosa e culturalmente integrada (Hamid, 2012 *apud* Hamid, 2015, s/p).

Como sugere a autora, alguns fatores de diferenciação e tensões estão presentes nas relações entre os estabelecidos e os recém-chegados. Diferenças de classe, de inserção laboral e de origem geraram relações complexas entre a comunidade estabelecida e os novos integrantes. Isso culminou na "pedagogia da ascensão social". Árabes libaneses já estabelecidos atuavam junto aos refugiados no processo de integração na lógica do mercado local (Hamid, 2015, p. 449-483).

O processo de acolhimento dos refugiados na comunidade estabelecida resultou em uma relação mais complexa, ocorrendo um processo de "identidades narrativas em competição" (Baeza, 2015). Foi possível visualizar uma disputa por autenticidade por meio da elaboração e instrumentalização de categorias de palestinidades (Caramuru Teles, 2022). Nesse complexo processo, refugiados/as palestinos/as muitas vezes eram nomeados/as por alguns palestino-chilenos como "fora do lugar". Essa perspectiva tomava a comunidade palestina do Chile como um lugar, um lar por excelência, enquanto os refugiados eram referidos como de "outro país". Elaborou-se uma noção de diferenciação perpassada por marcadores nacionais e religiosos.

Assim, uma parte dos estabelecidos referia-se aos refugiados como deslocados, representando-os, em determinados momentos, como vítimas, à luz de um enquadramento de vulnerabilidade, e enquadrando-os a partir de uma ótica de problema e vulnerabilidade (Manfrinato, 2016). Em outros momentos, essas pessoas eram nomeadas como "fora de lugar", constituíam um grupo à parte da comunidade palestina chilena, pois não compartilhavam de sua palestinidade.

Malkki (1992), em diálogo com Turner, sugere que essas pessoas se encontram numa posição definida como "betwixt and between". Nessa situação de margem, não são nem uma coisa nem outra. Assim, foi a partir desse lugar de liminaridade e incompletude que muitos refugiados palestinos vindos do Iraque passaram a ser vistos pelos palestinos estabelecidos.

Pensando as relações de poder presentes na relação entre os "estabelecidos e outsiders" (Elias; Scotson, 2000), problematizo a tensão que envolve a narrativa identitária na qual foi criada uma categoria: "iraquis", utilizada pelos/as palestinos/as cristãos para designar o grupo de refugiados/as palestinos/as muçulmanos/as. Tal categoria reflete a diferenciação de classe e religião que envolve o grupo de refugiados e a comunidade palestina local pré-estabelecida.[19]

---

[19] Em contraste a essa análise, cabe esclarecer que comunidade estudada pelos autores Elias e Scotson, Winston Parva, constituía-se de uma mesma classe de trabalhadores, ou seja, economicamente equiparáveis, tendo por grande ponto de diferenciação que os estabelecidos constituíam um grupo de estabelecidos de longa data, coeso em contraste com recém-chegados, que além de não estarem integrados ainda se encontravam estranhos entre si. (Elias, 1994, p. 22).

A estigmatização em relação aos outsiders, como apontada por Elias e Scotson, era parte de um processo de atribuir a si mesmo uma virtude humana superior e ao outro (outsiders) sua ausência. Diferentemente, a categoria "iraqui" expressa a ausência de uma "identidade palestina" equiparável à dos palestino-chilenos. Afirmavam, por vezes, que os "palestino-*iraquis* não seriam palestinos/as de verdade". Isso decorre de uma noção construída de "verdade" e de identidade palestina autêntica, reconhecida como aquela que se pratica. Por sua vez, palestinos/as refugiados/as expressavam a autenticidade de sua palestinidade por meio de narrativas de exílio e sofrimento.

No decorrer do trabalho de campo, alguns dos interlocutores afirmaram que "*os* iraquis não eram reflexo da identidade palestina no Chile". Isso se deve a alguns fatores, o primeiro é a chegada recente desses "outros palestinos", o segundo é a instabilidade que poderiam gerar para a imagem da comunidade palestina perante a sociedade chilena devido ao pertencimento religioso. Os/as palestinos/as que chegaram refugiados, em contraste, eram muçulmanos. Os principais marcadores de diferenciação desse grupo, presentes nas narrativas locais, são a condição de chegada, o local de nascimento e o pertencimento religioso.

> Os iraquianos são outro país. Você tem que ir ao bairro do Patronato, entrar em restaurantes, conversar com as pessoas. Você vai ver que tem muita gente nova que chegou no Chile, muita gente nova de 20, 22 ou 25 anos. No ano passado, muitos palestinos vieram. Muita gente tem restaurante aberto, vende *shawarma*, falafel e faz o que for.[20]

Os refugiados palestinos recém-chegados, na narrativa dos interlocutores estabelecidos, não tinham uma inserção na sociedade chilena para estabelecer uma relação palestino-chilena. Diferiam-se no processo dos demais membros da comunidade que, nascidos no Chile, construíram o lar na diáspora latino-americana a partir de diferentes mecanismos sociais fomentados pela comunidade.

Segundo Paulo Hilu Pinto (2011), no âmbito da religião, os grupos de praticantes religiosos (no caso de sua pesquisa, muçulmanos) são vistos pela comunidade externa como homogêneos. São "definidos por características fixas e generalizáveis", ao passo que internamente existe uma "fronteira

---

[20] Original: "Los iraquis son otro país. Tiene que ir en lo barrio Patronato, entra en los restaurantes, converse con la gente. Vai mirar que hay mucha gente nueva que llegó a Chile, mucha gente nueva de 20, 22 25 años. En lo ultimo un año, llegó mucha gente de palestina. Mucha gente hay abierto restaurante, vendem shawarma, falafel y trabajan cualquier cosa." Entrevista concedida por um dos membros da comunidade palestina cristã ortodoxa.

confessional" (Pinto, 2011, p. 194). Há, certamente, uma fronteira confessional que separa palestinos cristãos e muçulmanos, tal como entre os praticantes do Islã nas suas várias ramificações, e essa fronteira tem sido marcada na diáspora.

Há negociação e disputa em torno das formas de habitar o lar na diáspora, sendo o reconhecimento, enquanto unidade religiosa, uma visão conflituosa, sobretudo após a chegada dos refugiados vindos do Iraque. A tensão que separa palestinos em "palestinos cristãos" e "palestinos muçulmanos" cria uma arena de disputa interna à comunidade, acerca de formas de autenticidade e pertencimento. Evoca múltiplas formas de ser que por vezes não se reconhecem, mas que se constroem pela própria tensão interna às palestinidades (Caramuru Teles, 2022).

O processo de *home-making* dos distintos grupos palestinos evidenciou-se nesta situação etnográfica nas concepções múltiplas de palestinidades, disputas de narrativas de autorreconhecimento identitário, concepção de lar e autenticidade. Para uns, a autenticidade está no estabelecimento de uma comunidade centenária e em suas práticas exclusivas que relacionam a Palestina com a diáspora. Para outros, está na própria mobilidade, como veremos na sessão a seguir.

1.8 A fé no retorno

> Qualquer que seja a fé de um homem ela é sustentada por formas simbólicas e arranjos sociais, incorpora imagens e metáforas que seus seguidores usam para caracterizar o real (Geertz, 2004, p. 16).

> [...] *não posso esquecer meu país, minha terra. Eu nasci no Iraque, vivi toda minha vida, mas assim como ele nasceu na Síria. [fala do amigo, também refugiado. Meu pai me ensinou e eu ensino ao meu filho que vai ensinar ao seu filho. Assim eternamente: Um dia vou voltar à Palestina* (Tradução livre).

O lar para o refugiado é um espaço difícil de habitar. O retorno é um elemento central nas expressões políticas palestinas. Como tenho argumentado, entre gerações de palestinos/as estabelecidos/as e recém-chegados/as, novas mobilidades têm sido traçadas na diáspora. Após aquisição de passaporte chileno, refugiados/as palestinos/as vindos/as do Iraque têm traçado redes de mobilidade em busca de melhores condições de vida, de reunião familiar ou de retorno a países do Oriente Médio.

Neste subcapítulo busco demonstrar como as noções e construções de lar e fé articuladas por palestinos/as compõem o processo de *home-making*. A fé no retorno, como parte do processo de *home-making*, aparece aqui por meio da mobilidade e de deslocamentos na diáspora. Pautados/as na fé no retorno, palestinos/as refugiados/as têm traçado redes de trânsito familiar, construindo e habitando, de forma distinta, a casa na diáspora.

O recorte desta vinheta é o pequeno grupo de palestinos/as muçulmanos/as, que vivia a poucas quadras da Igreja de São Jorge, no bairro Patronato. Além de viver na região, trabalhavam na rua Santa Filomena como ambulantes, vendendo doces árabes. Há também uma pequena parcela vinda do campo de Ruwished. Muitos desses interlocutores, vindos de Al-Tanaf, têm traçado novos deslocamentos.

Muhammad compartilhou sua trajetória a fim de elucidar tais trânsitos. Ao sair do Iraque, no ano 2006, deslocou-se para o campo de refugiados na fronteira da Síria, o acampamento Al-Tanaf, em janeiro de 2005, sozinho. Sua família foi ao seu encontro após um ano. Muhammad e sua família viveram um ano e dez meses no campo. Em dezembro de 2007, a ONU iniciou o processo de reassentamento e os trâmites para o visto.

Para esse grupo em específico, há uma transitoriedade em jogo. Nenhum lar é o seu lar: *"Eu nasci no Iraque, mas sou Palestino"*. Embora muitos tenham construído um pertencimento com o Iraque, a fé no retorno não permite uma integração, no sentido de assimilação (Malkki, 1995). De forma peculiar, também acionam a identidade chilena. Isso ocorre principalmente na utilização do passaporte chileno para deslocamentos internacionais, por sua vez, interligados a uma rede de mobilidade em busca de reunião familiar, prosperidade econômica e, sobretudo, do retorno — mesmo que constitua um retorno temporário, considerada a impossibilidade de se habitar a terra de origem. Dessa forma, como sugere Malkki,

> O lar não é tanto uma entidade territorial como um destino moral. E o regresso coletivo e idealizado à pátria não é uma mera questão de viajar. O verdadeiro regresso só pode vir no culminar das provações e tribulações no exílio[21] (1992, p. 35-36, tradução livre).

---

[21] Original: "The homeland here is not so much a territorial entity as a moral destination. And the collective, idealized return to the homeland is not a mere matter of traveling. The real return can come only at the culmination of the trials and tribulations in exile" (Malkki, 1992, p. 35-36).

Em contraste aos/às palestinos/as refugiados/as, para muitos estabelecidos no Chile, é notória a existência do *Direito ao Retorno* como narrativa política. Segundo essa narrativa, há de se reivindicar o direito de retornar à Palestina, assegurado pela Resolução n.º 194 da Organização Nações Unidas (ONU). Essa reivindicação opera no plano moral e, sobretudo, no campo da política para muitos/as palestinos/as. Devido a décadas de estabelecimento e sucesso econômico, embora reivindiquem o direito por retorno, não o almejam para si, de fato. Muitos dos entrevistados falavam do sentimento em relação a sua terra e da necessidade política de poder retornar, da "fé" em retornar, mas muitas vezes isso estava no plano simbólico. Em algumas famílias, havia uma divisão entre os que almejavam retornar fisicamente e os que queriam o retorno como direito político para visitar sua terra. Entre todos, um sentimento comum era a fé em retornar para "morrer em sua terra".

A noção de retorno como idealização coletiva, como fé compartilhada, permite pensar, à luz da análise de Mallki, a noção de "destino moral". Aproxima-se por vezes da análise de Malkki no campo de refugiados hutus, que não se assimilam, nem se enraízam, mas vivem em uma comunidade no exílio (Malkki, 1992, p. 36). O retorno, aqui, aparece de forma imaterial, tal como a noção de "destino moral". É possível pensar em habitar esse lugar, não necessariamente de forma empírica, mas da capacidade de retornar, seja física, geográfica ou moralmente, de forma a reconhecer sua existência.

Acerca dos hutus, Malkki analisou que:

> Os refugiados do campo viram-se como uma nação no exílio, e definiram o exílio, por sua vez, como uma trajetória moral de provações e tribulações que, em última análise, lhes daria poder para reclamar (ou criar de novo) a "Pátria" [ou lar - trad. minha] no Burundi[22] (Malkki, 1992, p. 35, tradução livre).

Sugiro que, tal como ocorre no caso dos hutus, palestinos/as no Chile têm, ao longo dos anos, existido como refugiados, permanecendo e reivindicando tal condição. Buscam voltar à terra palestina, utilizando-se da nacionalidade chilena como facilitador de mobilidades. Habitam um lugar de impermanência e incompletude, permanecem em mobilidade e habitam espaços temporários, seja o campo de refugiado ou o país de acolhida.

---

[22] Original: "The camp refugees saw themselves as a nation in exile, and defined exile, in turn, as a moral trajectory of trials and tribulations that would ultimately empower them to reclaim (or create anew) the "Homeland" in Burundi" (Malkki, 1992, p. 35).

Na contramão, para os interlocutores que na diáspora encontraram uma possibilidade de enriquecimento e prosperidade financeira, o retorno é moral. É uma reivindicação política e jurídica e, finalmente, um pacto entre palestinos/as em diáspora. A fé no retorno é um elemento compartilhado dos modos de palestinidades, mas a forma experienciada pelos palestinos na diáspora varia entre estabelecidos e recém-chegados. A maneira de construir e manter a fé no retorno, nos processos de *home-making*, tem variado também conforme o lugar que ocupam na sociedade chilena.

A materialidade do retorno é uma outra maneira restrita, que não está acessível a todos. Na próxima sessão, analiso a materialidade e as mobilidades de retorno, bem como as comunidades de palestinos/as brasileiros/as retornados/as.

1.9 O retorno

Neste subcapítulo, a partir da experiência de campo tanto na diáspora quanto in loco na Palestina, analisarei as narrativas do retorno dos/as palestinos/as para a terra, bem como os processos de autorreconhecimento ao retornarem brasileiros/as-palestinos/as e como as categorias se constroem mutuamente e se inter-relacionam.

Setembro de 2022, cheguei à Palestina pelo Egito. O caminho destoava de todos os relatos anteriormente recebidos em campo pelos meus interlocutores. Um caminho nada familiar para todos/as eles/as devido à ocupação israelense da terra e às restrições de mobilidade. Pessoas portadoras de identidade palestina e descendentes possuem restrição de mobilidade nas áreas de "48", território palestino ocupado (Oliveira, 2020). Eu cruzei a fronteira pelo Sul, após ter descido do Cairo até Taba, cruzando o Sinai e o Canal do Suez. Ao entrar, tive que cruzar a parte ocupada durante um longo trajeto até chegar a Jerusalém, onde um colega antropólogo me recebeu e me auxiliou na entrada em Ramallah. Foi preciso um antropólogo brasileiro, pois meus interlocutores têm restrição de entrada em Jerusalém, devido ao passaporte verde, identidade Palestina.

A entrada em si é uma mobilidade relativamente difícil para um estrangeiro. Os ônibus para cruzar o *chekpoint* e adentrar Ramallah (Cisjordânia) são distintos daqueles operados por israelenses nas áreas ocupadas. A exceção são alguns poucos que se encontram no terminal central, com destinos que ligam a cidades de turismo cristão, como Betlehem, Beit Jala e Beit Sahur, bem como a possibilidade de ônibus para Jericó, todas cidades "oficialmente" palestinas segundo a ocupação.[23]

Chegando a Ramallah, cidade administrativa sede da Autoridade Palestina, encontrei com uma interlocutora de longa data, Nur, irmã do então presidente da Federação Árabe Palestina do Brasil. Ela me recebeu em sua casa por alguns dias; posteriormente, sua casa me serviu de base onde, quando necessário, me abriguei em outros momentos, inclusive previamente ao meu retorno ao Cairo. A casa fica localizada em Kobar, uma pequena cidade na região de Ramallah, próxima a Birzeit, um dos mais importantes centros universitários da Palestina. Ali, passei alguns dias com uma família palestina que dominava completamente a língua portuguesa.

A senhora, matriarca da família, nascera na Palestina, porém migrou para o Brasil na década de 1960, vivendo no país por muitas décadas, entre idas e vindas para a Palestina. Após perder sua documentação palestina, vive hoje no interior do Paraná, como cidadã do Estado brasileiro. Palestinos/as sem documentos nacionais do país de origem foram bastante frequentes nesta pesquisa. Tal como essa senhora, muitas pessoas vivem hoje com nacionalidade brasileira realizando viagens para sua terra de nascimento como turistas estrangeiros, tendo assim direito ao visto de três meses.

Muitas foram as famílias em situações similares a essa. Em São Paulo, tive acesso a documentos de pessoas na mesma situação. "*Saía sem passaporte, para facilitar a saída dos palestinos emitiam um documento provisório, de saída. Um documento com validade de dois anos. Espalharam que se não retornasse em dois anos perdia o direito. Podia renovar, mas não sabia. Agora o tio vai para lá como brasileiro, turista. Com direito a dois, três meses. Se passar de três meses é deportado e nunca mais volta*" afirmou Mohammmed, sobre a situação do tio Ismail, saído da Palestina em 1967. "*Agora eu volto como brasileiro*", essa foi uma das afirmações mais recorrentes em campo, sobre as mobilidades de retorno a Palestina e a impossibilidade de fixação permanente na terra de nascimento. Uma geração inteira de pessoas que saíram da Palestina com um "bilhete amarelo", o "laissez-passer" (deixar passar, em francês), documento que permitia a saída do país, mas não o retorno.

---

[23] Seria impossível abordar todas essas temáticas de mobilidade e nomenclaturas, ocupação e administração em um subcapítulo, tema que espero desenvolver num trabalho futuro. O oficialmente e o uso das aspas nesse caso referem-se a cidades reconhecidas pela ocupação e pelos acordos internacionais como território palestino, diferentemente de outras áreas ocupadas em 1948 e 1967.

Assim como as duas senhoras interlocutoras desta obra, muitas foram as famílias que assim saíram da Palestina e nunca mais puderam retornar como cidadãos palestinos. A seguir, o passaporte jordaniano, origem em El-Bireh, Palestina

Figura 19 – Passaporte palestino

Fonte: acervo pessoal da Família Shuqair. Fotografia de campo, São Paulo – abril de 2022

Figura 20 – Interior do passaporte

Fonte: acervo pessoal da Família Shuqair. Fotografia de campo, São Paulo – abril de 2022

Figura 21 – Passaporte

Fonte: acervo pessoal da Família Shuqair. Fotografia de campo, São Paulo – abril de 2022

De volta à família com a qual fiquei hospedada na Palestina, Nur nascera no Brasil, no interior do Paraná assim como seus irmãos, todavia em 2004 "retornou" para viver na Palestina, onde teve seus três filhos. Os outros membros da família, o marido e os filhos, são nascidos nas regiões da Cisjordânia, porém, devido a condição da diáspora familiar, dominam a língua portuguesa.

Assim como outras centenas de famílias, essa retornou à Palestina com o intuito de viver na terra, de se estabelecer. Muitas mulheres entrevistadas foram para estudar e conhecer a terra e os costumes locais, mas, após contrair matrimônio, ficaram definitivamente. Essa relação entre o matrimônio e o nascimento dos filhos e a documentação de permanência foi outro tema bastante relatado pelas interlocutoras, pois muitas passam anos, até décadas, ilegais para estar perto da família. Deve-se esclarecer que, embora exista a Autoridade Palestina e outros órgãos administrativos, é o Estado de Israel quem delibera sobre os vistos de entrada e saída, permanência e documentos palestinos. Ou seja, é necessária a autorização da potência ocupante para que essas pessoas realizem reunião familiar. Segundo dados da embaixada brasileira na Palestina, hoje, apenas na Cisjordânia existem cerca de 5 mil brasileiros (palestinos ou não) residindo. Desses, a maioria, milhares de pessoas, é palestina nascida no Brasil, que retornou em determinado momento e lá se estabeleceu em definitivo.

Uma questão importante a ser observada sobre esses trânsitos é que, na diáspora no Brasil e Chile, os termos acionados para autorreconhecimento foram: "palestino/a-brasileiro/a" e "palestino/a-chileno/a". Por outro lado, no contexto dos interlocutores, a nomenclatura prevalente foi "brasileiro/a-palestino/a", uma inversão do termo habitualmente utilizado na diáspora. Muitas vezes, ao contrastar costumes locais brasileiros e palestinos, as mulheres retornadas, afirmavam que "são brasileiras" e, por terem sido socializadas na infância e/ou adolescência no Brasil, tinham alguns posicionamentos distintos das práticas locais. Essa referência se dava, em maior parte, em relação ao papel da mulher dentro da religião e do matrimônio.

O gênero da imigração foi predominantemente masculino; em sua maioria, as mulheres chegaram ao Brasil como filhas ou esposas. A mobilidade delas incluiu o retorno como forma de conhecer a cultura Palestina. Hoje, das pessoas palestinas brasileiras retornadas, a maioria encontra-se vivendo, principalmente, nas cidades de Betunja e Masra Sharkia (ambas na região de Ramallah). Muitos dos interlocutores homens, pais, afirmaram retornar quando a filha já tinha idade próxima à pré-adolescência, pois, em suas palavras, "é *mais difícil criar as meninas no Brasil*". O desejo de retornar com as filhas para que elas não se "abrasileirassem" foi uma motivação de algumas famílias, bem como o desejo de ter os filhos na Palestina, para que fossem inseridos nos costumes locais e na religião muçulmana de forma mais fluida.

Também por motivos políticos (após os acordos de Oslo-1993), muitas mulheres retornaram à terra para estudar e conhecer a cultura. Muitas vezes voltaram ao Brasil casadas, uma intenção declarada por muitas famílias que não se restringiu apenas a mulheres palestinas, mas aos homens também. Umas voltaram ao país de nascimento, outras não. Algumas das mulheres com quem estive nesse período, que lá permaneceram, relataram uma diferença de costumes bastante significativa. Diferenças entre arabicidade e brasilidade e entre costumes locais religiosos, que incluía o uso do *hijab*, foram apontadas como fatores de diferenciação importantes no retorno e na adaptação. Por outro lado, outras mencionaram o uso do *hijab*, para além da prática religiosa que já era exercida no Brasil, como uma forma de integrar-se à comunidade local. Numa terceira via, algumas mulheres insistiam no não uso do véu, com a prerrogativa de que, "afinal também somos brasileiras", apontando que no Brasil o não uso do artefato religioso é mais comum que na Palestina.

As noções de brasilidade e arabicidade se misturam-se com gênero, papéis atribuídos ao feminino e práticas religiosas. Muitas das interlocutoras, que cumprem um papel fundamental nessa sociedade, ao retornar, relataram uma sensação de diferença. A Palestina idealizada no retorno se tornara um lugar de fato, e habitar esse lugar já não era tão simples. O Brasil, construído pelas lembranças e experiências individuais, aparece na fala dos/as interlocutores/as como um país de mistura étnica, propício à imigração, ao mesmo tempo relataram inúmeros episódios de racismo, xenofobia e islamofobia. Todavia, foi um local que permitiu a "camuflagem" dos palestinos e demais árabes, dentro da paleta diversificada de cores da sociedade.

No que tange aos corpos e às mobilidades, de forma similar meu corpo foi lido nos lugares onde transitei. Ocupei distintos espaços que eram acessados conforme minha vestimenta. As poucas vezes em que fiz uso do *hijab*, associado a roupas modestas (que incluem a cobertura dos braços, colo e pernas), consegui transitar sem ser percebida (pela diferença) em áreas palestinas muçulmanas, que inclui partes de Jerusalém, onde fiquei hospedada. Meu corpo, nessas situações, foi lido tanto por palestinos/as quanto pela ocupação como um corpo palestino. Nessas situações, senti algo similar ao que era relatado pelas/os interlocutoras/es sobre uma "passabilidade" no Brasil, sendo denunciados, tal como eu, no momento da fala. Desenvolverei mais esse tema no capítulo seguinte.

A construção de brasilidade se apresentou de duas formas mais evidentes: por um lado, os/as brasileiros/as são relatados como acolhedores, alegres, por outro como libertários no âmbito sexual. Essa segunda característica era apontada como um fator de diferença bastante marcado em contraste com a modéstia, considerando que a maioria dos/as palestinos/ que migrou para o Brasil era muçulmana. Essa palestinidade, nessas situações, era associada a práticas e normas de conduta muçulmanas, quase desaparecendo as narrativas constantes sobre os palestinos cristãos que presenciei durante o período de estadia. Etnia e religião, mais uma vez, se misturavam naquilo que as pessoas construíam como *uma* noção de palestinidade em contraste com a brasilidade; o fato de o país ser majoritariamente católico também desaparecia nas práticas cotidianas relatadas pelos observadores externos (imigrantes) e internos (nascidos no Brasil).

Notas de conclusão

A diáspora palestina para a América Latina passou por duas fases significativas: pré-*Nakbah* e pós-*Nakbah*. A primeira foi marcada por um movimento migratório predominantemente composto por palestinos/as cristãos/ãs, que saíram em busca de novas possibilidades de empreendimento econômico, ainda no período de dominação otomana da Palestina. A segunda fase se constituiu de palestino/as muçulmanos/as em sua maioria, bem como a continuidade dos cristãos que já migravam em fluxos contínuos por meio de redes familiares. A motivação, nesse segundo período e nas mobilidades subsequentes, foi a presença da ocupação israelense no território, bem como a expulsão e perseguição em massa na região, somada, ainda, à possibilidade de ascensão econômica, cada vez mais restrita com a ocupação da Palestina.

A predominância de pessoas jovens do gênero masculino, nas primeiras levas de imigração, fez com que essa diáspora fosse marcada por questões de gênero que se entrelaçaram com raça, etnia, classe e nacionalidade. Dessa forma, pensar a constituição dessa diáspora e de suas mobilidades, a partir do marco analítico da interseccionalidade, faz-se produtivo para pensar não apenas a presença palestina no Brasil e Chile, mas também as dinâmicas de mobilidade e retorno.

"As mulheres voam com seus maridos", afirmou Jardim (2009), sobre as mulheres que chegavam mediante o matrimonio. Essas mulheres, que constituem uma imigração distinta, relacional, chegam como filhas e esposas e transformam o lar em um espaço de pertencimento, reprodução dos costumes e construção de palestinidades.

Criar espaços de pertencimento, lugares, narrativas de autorreconhecimento identitário, bem como performar palestinidades construídas na diáspora, faz parte dos processos de *home-making* de palestinos/as na diáspora no Brasil e no Chile, e, talvez na América Latina de modo geral.

Na esteira do autorreconhecimento, os/as refugiados/as vindos do Iraque para o Chile em 2008 permanecem criando redes de mobilidade, ocupando distintos espaços, na América Latina, na Europa ou no Oriente Médio, tangenciais à Palestina. A fé no retorno é evidenciada nesse processo, em que a mobilidade permanece constante até a volta à terra de origem.

Paralelamente, significativa parcela proveniente da migração anterior à *Nakbah*, estabelecida em Santiago, tem feito da diáspora um lar por excelência, em que se habita e criam-se afetos e até raízes. Muitas dessas pessoas, inclusive, vão elaborar noções de palestinidades perpassadas por chilenidades, se autorreconhecendo pela categoria palestinos/as-chilenos.[24] Nesse contexto, o retorno é acionado pela causa palestina, como elemento político. Aqui, é evidenciado o destino moral, imaterial. Em um contexto distinto, o caso brasileiro, o retorno é, para além de destino moral, um destino material, acessado por palestinos/as nascidos/as em diáspora, "palestinos-brasileiros/as", que retornam para fazer o lar na terra que um dia foi apenas de desejo.

Habitar, criar um lar, na diáspora tem sido uma parte das formas de construir as palestinidades, em que "a terra natal não é uma entidade territorial, mas um destino moral" (Malkki, 1992, p. 35-36), compartilhado entre os/as palestinos/as no Brasil e no Chile. Ser, sentir, fazer Palestina na diáspora, a partir de inúmeros atravessamentos, seja pelo lugar de estabelecimento, seja pela forma de (i)mobilidade, refúgio, migração, compõe os processos de *home-making*, que são evidenciados nas experiências e formas de habitar das pessoas, grupos políticos e instituições palestinas na América Latina.

Na diáspora, palestinos/as constroem o lar não apenas como lugar de pertencimento, mas também de reconhecimento. Essa arena pública das palestinidades não está reduzida a uma forma homogênea de ser palestino (Schiocchet, 2021b). O lar, nesse sentido, não é apenas um local de pertencimento confortável, mas está sempre em necessidade de manutenção, sendo construído, elaborado, reelaborado a todo momento. Ou seja, é construído em uma arena moral e política permeada de negociações, disputas, reivindicações, negações, obrigações etc., elucidadas nesses processos.

No capítulo seguinte, analisarei como palestinos/as têm habitado a diáspora, construindo noções de autorreconhecimento identitário que se entrelaçam a formas de prática política. "Tornar-se palestino", no cenário conturbado subcontinental e no contexto de disputas e reorganização das instituições políticas palestinas na América Latina, será o tema da próxima parte deste trabalho.

---

[24] Palestino-chileno e meio-palestino são categorias similares, enquanto evidentemente palestino chileno é aquele nascido no Chile, mas que tem por primeira identidade ser palestino, meio-palestino serve tanto para a questão do local de nascimento quanto genealogia, remetendo a *meio* por não serem "homogeneamente" palestinos, sendo em muitos casos palestinos/as apenas pelo lado materno ou paterno, tendo em vista que podem possuir pais ou avós de outras nacionalidades e etnias (Caramuru Teles, 2022).

CAPÍTULO II

HABITANDO A DIÁSPORA

As instituições são "mecanismos de produção identitária" (Jardim, 2000), mas o que acontece quando elas estão em disputa? A América Latina vive um período conturbado de reorganização política. Poderíamos afirmar, inclusive, que "o estado de exceção é a regra" (Agamben, 2004). Em meio a regimes de cunho fascista, ascensão da extrema direita, tentativas de implementação do neoliberalismo, no caso brasileiro, e aprofundamento/ enfrentamento, no caso chileno, comunidades palestinas na diáspora vivem uma (re)estruturação política.

No Brasil, em algumas regiões, como o caso de Florianópolis, a atuação na política ainda se apresenta, por meio dos árabes, como uma etnia unificada. Todavia, a "causa palestina", como reivindicação política, está presente entre árabes e palestinos/as, nos discursos, na pregação na mesquita, nas conversas informais, no interior das comunidades. A *Nakbah* continua sendo um dos maiores significantes da causa palestina na diáspora brasileira, enquanto, no contexto inicial desse campo, o ex-presidente Jair Bolsonaro se aproximava politicamente de Israel, fazendo declarações polêmicas sobre o reconhecimento de Jerusalém como sua capital e traçando planos políticos para a região. A causa palestina como elemento unificador está ativamente no discurso dos interlocutores palestinos com quem venho trabalhando ao longo dos últimos cinco anos de pesquisa no Brasil.

Há de se considerar que as/os interlocutoras/es em questão, em sua maioria, fazem parte de redes informadas, grupos políticos e instituições palestinas na diáspora. Neste capítulo, como estratégia de campo, as comunidades foram acessadas, quase em sua totalidade, por intermédio de representantes da FEPAL. A partir dessa entrada, tracei redes que escapam ao guarda-chuva político da federação, mas reconheço a contribuição significativa das instituições, mesmo que a instituição em si não seja meu objeto central de análise.

O Chile, diferentemente do Brasil, passou por longo um processo de reestruturação política, insurgência da população e instabilidade governamental que culminou em protestos nas ruas em busca de uma nova constituinte para o país. "Piñera renuncia!" era um dos principais gritos de protesto contra o governo de Sebastian Piñera nos anos de 2019 e 2020; o neoliberalismo não era mais aceito por grande parcela da população como a solução para a economia política do país. Palestinos/as de organizações políticas, declaradamente de esquerda e direita, encontraram-se nas ruas, nos protestos, manifestando-se por direitos sociais, por reformas no sistema de aposentadoria, saúde e educação. Na contramão, uma pequena parcela (em ambos os países) apoiava uma retomada de governos autoritários. Gabriel Boric assumiu o poder, em 11 de março de 2022, com apoio, inclusive, de membros da comunidade palestina. Esta etnografia teve como contexto a pandemia da Covid-19, bem como os processos políticos de instauração de governos de cunho fascista com tentativas neoliberais (no caso brasileiro), ou governos neoliberais, com tentativa de fascismos (no caso chileno). Ela foi construída também em meio a movimentos populares pela democracia e mudança de governo, tanto no Brasil como no Chile, constituídos de formas singulares e distintas, mas que se conectam em determinados momentos, dentro e fora das comunidades palestinas.

Pensar as organizações políticas no escopo da construção identitária palestina e o seu encontro com o contexto local na América Latina permite problematizar a mobilização de palestinidades em diferentes localidades, a partir de diferentes elementos.

Neste capítulo, no contexto das organizações e instituições políticas, busco analisar as formas de habitar, pertencer e criar um lar na diáspora, bem como a disputa em torno das formas do fazer político que envolve o estabelecimento de organizações palestinas no Brasil e no Chile (principalmente no Brasil) e as narrativas em disputa por formas de representação da palestinidades, que envolvem distintos marcadores sociais.

2.1 O processo de (re)organização dos/as palestinos/as na América Latina

Um processo de reorganização dos/as palestinos/as na América Latina iniciou-se em meados do ano 2017. Em âmbito internacional, no subcontinente latino, muitos têm se reorganizado. Os encontros "Taqalid"[25],

---

[25] O termo Taqalid, traduzido do árabe para o português, significa "tradições", enquanto Taqid equivale à tradição, no singular. O uso do termo no plural faz menção a práticas, feituras e costumes palestinos incorporados como tradições, são eles: música, culinária, dança (Dabke), esporte. Interessante ressaltar como o futebol adquire um aspecto tradicional nesse caso, quando na verdade faz-se referência ao time de futebol chileno de nome "Palestino", formado por uma equipe de jogadores palestinos-chilenos.

traduzido do árabe para "tradições", foram um dos marcos desse processo. O evento denominado "Taqalid" foi criado como uma tentativa de "retomada das tradições" para palestinos/as na América Latina, principalmente por parte de grupos palestinos do Chile. Essa ideia de retomada de tradições acompanha um movimento de trazer os jovens para dentro da comunidade palestina, a qual, segundo muitos interlocutores, tem passado por um processo de perda das tradições, por tratar-se de uma comunidade atualmente constituída por segunda, terceira e até quarta geração de palestinos/as. *"Os palestinos do Chile são muito chilenos"*, afirmou uma interlocutora. Essa noção de perda de tradição acompanha as instituições políticas e sociais palestinas, que veem nos jovens a possibilidade de um resgate da "cultura" e manutenção da comunidade.

A ideia de tradições, para muitos/as interlocutores/as, parte de uma compreensão de que as tradições na Palestina se modificaram, "modernizaram", enquanto na diáspora segue-se com a mesma tradição do período de emigração. *"O matrimonio, funeral, batismo são iguais no Chile como no início do século XX"*, embora houvesse uma festa maior nessa ocasião. *"Os rituais religiosos seguem pela tradição"*, afirmou um interlocutor quando interrogado sobre o *Taqalid* e a motivação para o encontro. Em outras situações, escutei que os pais viviam como se *"estivessem na Palestina do início do século XX"* e, devido a isso, cobravam das meninas costumes, como arrumar as camas e servir à mesa. Podemos perceber como, a todo momento, neste trabalho de campo, costumes e tradições aparecem muitas vezes como análogos. Há também uma ideia compartilhada de que as tradições no Chile, ou seja, as formas de fazer e viver, de prática religiosa e dos rituais, se manteriam exatamente iguais àquelas do início do século XX, enquanto na Palestina teriam alcançado um "desenvolvimento". Nessa compreensão, as tradições na diáspora estariam cristalizadas, principalmente as que regem os códigos de honra e moral. Essas ideias se confrontam, na medida em que, por um lado, tem-se uma postura majoritariamente de mulheres que contestam especialmente algumas práticas sociais e, de outro, instituições que, por receio de uma chilenização da comunidade, promovem evento de "retomada das tradições". Os rituais permanecem inquestionados.

Afinal, o que constituiu esse evento? Um encontro "cultural, esportivo e gastronômico" de jovens palestinos latino-americanos em busca de reunião, organização política e representatividade frente às instâncias maiores. O outro aspecto que me interessa é como esse evento colocou Brasil e Chile em disputa pela representação política da OLP e dos palestinos em diáspora na América Latina.

> *A identidade palestina no Chile se desenvolveu paralelamente à da Palestina. Os palestinos do Chile são muito chilenos. Em geral, os palestinos/as organizados nas Damas, Comunidade e escola, essa gente tem alguma cultura que não é a cultura que está na Palestina. Se adaptou ao Chile, ademais há outros que não cresceram debaixo deste aparato da comunidade. Geralmente, quando são mais de esquerda tem uma união com a Palestina por um ponto de vista político. Há, ainda, aqueles que não tem nenhum contato, inclusive, têm uma visão orientalista.*

Nadia Silhi, interlocutora desta análise e acadêmica da área de direito humanitário, fez essa afirmação. Ela traçou uma crítica quanto às formas diferenciadas de construção da identidade étnica palestina no Chile.

Nesta seção, primeiramente, desenvolverei uma apresentação sobre os processos de reorganização das instituições palestinas na diáspora no contexto da reorganização das instituições e organizações palestinas a partir de um "chamado da OLP". Como desdobramento, veremos a disputa histórica e continuada entre as comunidades palestinas do Brasil e do Chile pela centralidade e liderança do processo de reorganização política na América Latina e como as pessoas, em suas práticas cotidianas, domésticas e/ou institucionais, se relacionam nesse contexto institucional macro, criando formas de pertencer e de fazer política que estão para além dos muros institucionais.

As instituições trabalhadas

O histórico das instituições palestinas no Chile é amplo. De forma geral e resumida, na década de 1970, foi criada a Federação de Entidades Americano Árabes, FEARAB, no Chile, e, dentro dessa, uma União Juvenil com ênfase na causa palestina. Já em meados da década de 1970, passou por um processo de fragmentação, devido à divisão entre libaneses/as, sírios/as e palestinos/as. Houve a criação de novas instituições palestinas no país, nas décadas de 1970 e 1980, quando a OLP começou a organizar outras comunidades palestinas na América Latina. Em 1982/3, foi criada a UGEP, a partir de uma dissidência jovem da oficina palestina (da OLP). A Federação Palestina do Chile foi criada na mesma época, exercendo representatividade diante da Autoridade Nacional Palestina (ANP). Os anos 1980 foram um período intenso de política palestina no Chile, em virtude das negociações de Yasser Arafat, líder da Autoridade Palestina, em relação ao Congresso de 1988, que decidiu os rumos que levaram aos Acordos de Oslo. Durante esse período, houve várias edições do Congresso Palestino Latino-americano e Caribenho (COPLAC), alinhadas à política de Arafat, que posteriormente ficaram "congelados", na percepção das organizações chilenas. Na percepção da Federação do Brasil, essa desestabilização ocorreu anteriormente a Oslo, com o Setembro Negro e a conjuntura no Líbano em 1982.

No ano de 2017, um novo "chamado" da OLP para as comunidades se organizarem na América Latina aconteceu, e o COPLAC foi "ressuscitado", nas palavras dos interlocutores. A "comunidade" palestina do Chile, como nomeiam os interlocutores, passou por um longo processo de secularização, associado, por muitos/as interlocutores/as, a uma "perda da tradição". Desde 2018, a comunidade palestina chilena está imersa em um processo de reestruturação. As instituições políticas — UGEP, Diretório Juvenil, Federação Palestina, Clube Palestino, Damas Palestinas, entre outras — agora estão reunidas em uma nova instituição, "A Comunidade Palestina". Segundo Diego, presidente do Clube Social no ano de 2020 e ex-presidente do Diretório, *"A Palestina está acima das diferenças locais"*, e *"a Comunidade é um arco-íris político"*. Reorganizar a comunidade em torno de um elemento unificador, a causa palestina, foi uma proposta iniciada no Chile e no Brasil. *"O que mantém o amor por nossa pátria é o inimigo"*, afirmou um interlocutor: "é o retorno impossível". Todavia, as especificidades locais e as cisões dentro das organizações dificultam a ideia de que a causa palestina estaria acima das diferenças de pertencimento político socialista ou neoliberal.

No Chile, a tentativa de conciliar as organizações políticas palestinas locais, agrupando uma direita neoliberal, uma direita pinochetista, militantes de esquerda, feministas, em nome de uma causa maior que não se mescle à política local, tem sido o motor do debate político. No Brasil, simultaneamente, o "chamado da OLP" para reorganizar a diáspora também produziu efeitos significativos. No país, historicamente a causa palestina foi uma pauta presente no campo das esquerdas (ou de algumas esquerdas), pelo menos numa forma genérica de situar. Ao adentrar as comunidades, foi possível perceber a complexidade desses pertencimentos: comunidades compostas de membros do Hamas, Frente Palestina, Frente Democrática e Fatah ora se aproximam, ora se afastam, tanto na política feita no seio da comunidade quanto nas alianças externas.

A FEPAL foi criada no ano de 1980, ainda durante o período de ditadura militar no Brasil. Na década de 1970, a OLP ganhou visibilidade no país e, em 1979, abriu um escritório em Brasília. Foi a partir de um congresso de palestinos/as organizado entre 1978/79 que nasceu a Federação.

A FEPAL foi criada em 9 de novembro de 1980 com o incentivo do *Escritório da Organização pela Libertação da Palestina* – OLP, cujo representante chegou a Brasília em 1976, fixando-se inicialmente na sede da *Liga dos Estados Árabes*. Na década de 1980 o escritório da OLP teve, no Brasil, um importante papel no incentivo à formação de *Sociedades Palestinas* (principal forma institucional de organização dos palestinos no Brasil) na divulgação local de informações sobre a Palestina, na articulação com políticos locais, na promoção de viagens à Palestina e na formação dos filhos dos palestinos nascidos no Brasil por meio de um projeto intitulado Sanaúd. De acordo com informações concedidas em 2010, pelo representante da FEPAL, atualmente há 36 *Sociedades Palestinas* registradas no país, das quais 12 estão no Rio Grande do Sul (Hamid, 2015, p. 484).

A FEPAL, desde sua origem, tinha ligações estreitas entre seus membros e os líderes da OLP (Oliveira, 2017). Na imagem a seguir, vemos Souheil Sayegh, Yasser Arafat e Fawzi El-Mashini, que veio a ser um interlocutor desta pesquisa.

Figura 22 – Lideranças da FEPAL e OLP

Fonte: Luciana Oliveira Garcia, 2017

Isso não significa que os/as palestinos/as só tenham começado a se organizar no Brasil nesse período ou em torno da OLP. Segundo o presidente da Federação, Ualid Rabah, em uma das conversas realizadas em trabalho de campo no ano de 2020, na década de 1920, em São Paulo, foi criada a Sociedade

Palestina Islâmica de São Paulo, que, depois de alguns anos e da adesão de libaneses, renomeou-se apenas como Sociedade Islâmica. Essa instituição teria sido a responsável pela criação da Mesquita Brasil. Em 1960, no Rio Grande do Sul, foi criada a primeira Sociedade Árabe Palestina do estado. Florianópolis, por sua vez, segue sem uma instituição palestina; atualmente está em construção uma nova Mesquita e escola muçulmana, no bairro Coqueiros, na parte continental do município. A estimativa numérica é que existam hoje de 50 a 70 mil palestinos/as no Brasil, dos quais apenas 200 estariam em Florianópolis.

> No ano 1984, a FEPAL e a juventude *Sanaúd*, juntamente com o clube palestino do Chile, organizaram o primeiro grande congresso de repercussão na América Latina e Caribe. O Congresso teve como sede a cidade de São Paulo e todos os trabalhos apresentados resultaram na criação da Confederação das Comunidades Palestinas da América Latina e do Caribe (COPLAC). Onze representantes latino-americanos haviam sido selecionados como delegados do Comitê Nacional Palestino, os quais deveriam deter ligação direta com a OLP. O III Congresso da Confederação das Comunidades Palestinas da América Latina e do Caribe (COPLAC) ainda instou a segunda geração da diáspora palestina, a juventude, a se integrarem à Associação Cultural *Sanaúd* (Oliveira, 2017, p. 49).

A relação política entre palestinos/as do Chile e palestinos/as do Brasil estreitou-se mais uma vez recentemente, no período de 2016/7, quando o Diretório Palestino chileno convocou os palestinos/as da América Latina para o *Taqalid*, "um encontro da diáspora palestina". O evento foi sediado em Santiago, no ano de 2017. Algumas entidades, para além da comunidade palestina chilena, entenderam o protagonismo das instituições palestino-chilenas como uma tentativa de encabeçar o chamado da OLP na reestruturação da COPLAC. O termo "cultura", referido pelos integrantes da organização do evento, aparece relacionado a música, dança (*Dabke*) e artes visuais.

A FEPAL também iniciou um processo de diálogo com as comunidades locais para trabalhar na reestruturação da COPLAC. É notório o protagonismo de ambas as instituições na representatividade das organizações palestinas na América Latina, seja localmente, seja diante da ANP da OLP.

No ano do *Taqalid*, o cenário de disputa política interna estava vigente, ao passo que ambas as instituições centrais neste estudo, Comunidade Palestina do Chile e FEPAL Brasil, unem-se à OLP contra o inimigo comum: o sionismo e as políticas recentes que expõem as facetas do sionismo, como o recém-publicado "Acordo do Século" e as sucessivas políticas de agressão aos/às palestinos/as efetuadas pelo Estado de Israel. Embora nas questões locais exista uma disputa pela representatividade latino-americana e caribenha, o discurso oficial das instituições, externalizado por seus membros, é o de união pela causa palestina. A ideia de "inimigo comum" encontra-se bastante presente entre as lideranças e em seus discursos.

No ano de 2020, no Brasil, alguns eventos políticos foram centrais para a elaboração de um discurso sobre a necessidade de mobilização palestina e da retomada das organizações políticas locais. Em um deles, o ex-presidente Jair Bolsonaro declarou seu apoio aos Estados Unidos e às medidas intervencionistas na Palestina. Em janeiro de 2020, o governo lançou uma nota oficial, via Itamaraty, Ministério das Relações Exteriores, em apoio ao "Plano de Paz" ou "Acordo do Século" estabelecido entre o ex-presidente dos Estados Unidos, Donald Trump, e o ex-primeiro-ministro israelense Benjamin Netanyahu. Em nota, o Itamaraty afirmou:

> O governo brasileiro saúda o plano de paz e prosperidade, apresentado ontem pelo Presidente dos Estados Unidos Donald Trump, que configura uma visão promissora para, após mais de sete décadas de esforços infrutíferos, retomar o caminho rumo à tão desejada solução do conflito israelense-palestino.
>
> A proposta, que visa à convivência pacífica e viável, tanto do ponto de vista de segurança quanto territorial e econômico, do Estado de Israel e de um Estado palestino, constitui um documento realista e ao mesmo tempo ambicioso. Trata-se de iniciativa valiosa que, com a boa-vontade de todos os envolvidos, permite vislumbrar a esperança de uma paz sólida para israelenses e palestinos, árabes e judeus, e para toda a região. Com efeito, a visão ali detalhada contempla aspirações tanto de palestinos quanto de israelenses, incluindo aspectos fundamentais como a erradicação do terrorismo, a existência do Estado de Israel com segurança para sua população, o estabelecimento de um Estado palestino democrático e comprometido com a paz, a viabilidade territorial, e a criação das condições econômicas indispensáveis para uma grande elevação do bem-estar do povo palestino.
>
> O governo brasileiro exorta tanto israelenses quanto palestinos a considerar o plano com toda a seriedade e a iniciar negociações partindo das bases ali expostas.
>
> O plano se afigura compatível com os princípios constitucionais que regem a atuação externa do Brasil, notadamente a defesa da paz, o repúdio ao terrorismo e a auto-determinação

dos povos. Desse modo, o Brasil estará pronto a contribuir com o processo de construção da paz, das maneiras que se afigurarem mais adequadas (Itamaraty, 2020, s/p).

A nota no Ministério das Relações Exteriores chancelava o movimento do ex-presidente Bolsonaro e de sua cúpula em apoio ao Estado de Israel e às organizações judaicas brasileiras. Interessante perceber que manifestantes cristãos empunharam a bandeira israelense em atos nacionalistas brasileiros em favor da candidatura do presidente e, posteriormente, durante seu governo. A própria confusão entre a religião judaica e as políticas do Estado de Israel sob o governo de Netanyahu foram alvo de críticas de entidades judaicas, inclusive acusando pessoas de matriz evangélica de apropriação e uso equivocado de símbolos do judaísmo para suas causas políticas. Do início ao fim do governo de Bolsonaro, elementos judaicos foram utilizados em campanha política. Devo mencionar a icônica aparição da ex-primeira-dama Michelle Bolsonaro vestida com uma camiseta com estampa da bandeira de Israel, fato ocorrido durante a votação do segundo turno das eleições presidenciais no país.

Por outro lado, devo relembrar que alguns movimentos de esquerda brasileiros solidários aos/às palestinos/as e outras organizações de Direitos Humanos se pronunciaram contra o posicionamento do governo brasileiro, bem como do Itamaraty. Em nota, o Conselho Nacional de Direitos Humanos apresentou sua posição, em 12 de fevereiro de 2020, dizendo que o Plano de Paz não contemplava os palestinos, bem como reconhecia Jerusalém como capital de Israel, oficializando os assentamento e anexação do vale do rio Jordão e negando aos palestinos o direito de retorno.[26] Outras

---

[26] Nota na íntegra: "O Plano de Paz, não contempla igualmente aspirações de palestinos e israelenses, solucionando em favor de Israel os principais pontos do conflito a indivisibilidade e a permanência de Jerusalém como capital de Israel; a abolição do direito de retorno de refugiados; o reconhecimento dos assentamentos em território palestino como áreas israelenses; a anexação do Vale do Jordão ao território de Israel e; a limitação da soberania palestina em territórios desmilitarizados e sob controle israelense. A posição do Itamaraty contraria o parecer consultivo emanado pela Corte Internacional de Justiça, em 09 de julho de 2004, sobre as consequências jurídicas da construção de um muro no território Palestino ocupado, bem como diversas resoluções do Conselho de Segurança das Nações Unidas, incluindo a Resolução 2334, de 23 de dezembro de 2016, que condenou todas as medidas destinadas a alterar a composição demográfica do território da Palestina — ocupado desde 1967, incluindo Jerusalém Ocidental —, como a construção e expansão de assentamentos ilegais, a transferência de colonos israelenses, o confisco de terra, a demolição de moradias e o deslocamento de civis palestinos, os atos de violência e terrorismo contra a população civil. Ao reconhecer as práticas como flagrantes violações ao Direito Internacional dos Direitos Humanos e um grande obstáculo para o alcance de uma solução pacífica para o conflito, o Conselho de Segurança instou o Estado israelense a cessar imediatamente as atividades de assentamentos, considerados ilegais, destacando que não haverá o reconhecimento das alterações na composição demográfica do território Palestino após 04 de junho de 1967, exceto aquelas que forem negociadas e pactuadas. Também instou a todos os Estados que levem em consideração os termos da resolução em suas relações e acordos estabelecidos com Israel e Palestina" (CNDH, 2020, s/p).

entidades também se pronunciaram contra o apoio do governo brasileiro à proposta, desde organizações políticas palestinas, como a FEPAL, Sanaúd, Frente Palestina, a partidos políticos, entre eles o PSOL.

Em contraste à situação no Brasil, o Senado e a Câmara chilenos, que contavam com maioria palestina, juntamente ao ex-presidente Piñera, haviam visitado a Palestina em reconhecimento ao seu apoio ao país. Todavia, as tensões no Chile remontam à ditadura militar de Pinochet e seu apoio à Causa Palestina em virtude de um interesse na economia e apoio dos empresários palestinos locais.

Nos protestos que ficaram conhecidos como *"Estallido Social"*, na capital chilena, palestinos/as de direita e esquerda tomaram as ruas com os chilenos, reivindicando direitos sociais. Uma das pautas levantadas de forma bastante enfática foi a paridade de gênero, além de outras, como a violência contra a mulher e o feminicídio. As questões levantadas aproximaram mulheres palestinas-chilenas, chilenas e indígenas, principalmente da comunidade mapuche. A direita palestina, mais moderada, não reivindicou a mudança do sistema, mas uma reforma no modelo, que deveria ser mais "humanizado", nas palavras de um dos interlocutores. A chegada de Gabriel Boric, mais uma vez, reorganiza e desestabiliza os distintos grupos políticos. Dentro da comunidade, o novo presidente teve relativa aceitação em virtude de seu apoio à Palestina.

Das instituições que contribuíram na interlocução deste capítulo, por intermédio de seus membros, estão, no Chile: Comunidade Palestina, Federación Palestina de Chile, FEARAB CHILE, UGEP, Club Palestino e Diretório. No Brasil: FEPAL, FPLP e Juventude Sanaúd. Em âmbito subcontinental, latino-americano: FEARAB e COPLAC. Neste subcapítulo, analiso os processos de virtualização das instituições, devido às trocas geracionais nas respectivas direções e uma tomada da juventude à frente dos processos de "midiatização" institucional, bem como a contribuição da virtualização durante a pandemia da Covid-19 e as formas do fazer político para além da instituição.

Pensando a juventude, o ativismo e o reconhecimento, na sessão seguinte, analiso processos de "tornar-se palestinos", sua multiplicidade e complexidade e como são perpassados por distintos marcadores.

2.2 "Tornar-se palestino": juventude e autorreconhecimento

Meus pais vieram com 37 anos. Minha mãe morou em Corumbá, meu avô e avó vieram para trabalhar no comércio. Voltaram quando meu avô morreu. Minha mãe casou-se e vieram para o

Brasil. Minha mãe falava português por isso ficava na loja e meu pai com as crianças. A pretensão era ir para os EUA, Chicago, mas tiveram filhos e não deu certo o visto. Em Corumbá havia uma rede de ajuda financeira dos palestinos, emprestavam dinheiro para vir para o Brasil. Depois de dez anos no Brasil, meus pais quiseram voltar pois queriam que os filhos tivessem os mesmos costumes. Ficamos um ano e oito meses todos [os pais, ele e os irmãos] na casa do meu avô. Em 2010 voltamos para o Brasil para "recomeçar". Foi quando fiz minha cidadania palestina, me tornei palestino.[27]

Muitos dos interlocutores deste livro são jovens, alguns adolescentes, inclusive, aos quais tive acesso no cotidiano das próprias famílias, entre uma entrevista e outra, ou pontualmente em eventos, espaços religiosos, na mesquita. Essa seção concentra-se em um grupo específico, jovens entre 18 e 30 anos, em sua maioria estudantes universitários ou ativistas da causa palestina. Tive contato com muitos deles mediante redes sociais e mídias digitais, também nos encontramos em cursos, *lives*, eventos on-line, que foram intensificados em meio à pandemia de Covid-19, sobretudo em função das atividades da organização Juventude Sanaúd[28].

O autorreconhecimento identitário palestino tem sido, ao longo da história diaspórica, perpassado por outros pertencimentos identitários. Dos mais relevantes, o pertencimento enquanto árabes, categoria étnica macro, é recorrente em diversos grupos distintos. A justaposição árabe-palestino/a foi encontrada ao longo dos últimos cinco/sete anos deste trabalho de campo, entre palestinos/as do Chile e do Brasil. Alguns fatores são relevantes para compreender esse movimento. O primeiro é a identificação dos/as palestinos/as como parte integrante do grupo étnico árabe. Inclusive, na história da Palestina, comumente os palestinos são referenciados genericamente como árabes, embora, já nas primeiras décadas do século XX, o autorreconhecimento enquanto palestinos estivesse presente entre pessoas oriundas ou nascidas na terra palestina (Masalha, 2021).

A retomada dessas denominações é feita no intuito de demonstrar que a etnia árabe engloba palestinos/as, libaneses/as, sauditas, iraquianos/as etc. Há de se considerar que, nas mobilidades recentes, há frequente alienação do termo e omissão da identidade palestina como meio de facilitação de

---

[27] Entrevista concedida em 28 de dezembro de 2020.

[28] A Juventude Sanaúd, em árabe "retornaremos", foi fundada na década de 1980, por jovens palestinos ativistas da causa palestina. Hoje a instituição passou e passa por uma reconfiguração, que inclui debates e práticas de equidade de gênero e reconfigurações no modelo representativo étnico, como veremos no subcapítulo "Causa Palestina".

deslocamentos. Assumir uma nacionalidade chilena ou brasileira facilita trânsitos internacionais, inclusive nas viagens de retorno à terra palestina. Esses movimentos, que ora aproximam, ora afastam e contrapõem, são objeto deste subcapítulo.

Rafat, um dos primeiros interlocutores com quem tive contato em 2019, contou-me a história das várias *Nakbahs* (no plural) que sua família viveu, tanto as que ocorreram em 1948 e 1967[29] quanto as "pequenas *Nakbahs* locais", como a que seu avô presenciou quando foi obrigado a realizar um "êxodo" interno devido à tomada do vilarejo em que morava e expulsão da população por parte do Estado de Israel. Para Rafat, a *Nakbah* não terminou, tendo em vista os conflitos existentes ainda hoje nas "regiões de 48", nas "regiões de 67" e do "apartheid" vivido pelos/as palestinos/as, considerando as diferentes legislações que regem as distintas regiões e a cidade de Jerusalém, bem como as altas tributações utilizadas como "incentivo" à saída do território, somadas ao "terrorismo psicológico" praticado por Israel.

Rafat é, segundo ele, um *"palestino de primeiro grau"*. Seus pais nasceram na Palestina. Seu pai de lá saiu após o conflito em 1967, a mãe foi na sequência; ela vivia em um vilarejo em torno de Beit-Jala; o lugarejo de seu pai não existe mais. Sua mãe tem o "direito de retorno", pois seu vilarejo de origem ainda subsiste. Um fator interessante de perceber na fala do interlocutor é que, independentemente da situação atual de seus vilarejos, palestinos/as acionam o direito de retorno. Seu avô vivia no Brasil, pois teria vindo inicialmente visitar um amigo. Quando se iniciou a instabilidade política na Palestina, após a criação de Israel, ele migrou definitivamente, instalando-se no Brasil devido às políticas governamentais de incentivo à entrada de imigrantes para trabalho no campo e "colonização" do interior do país. Segundo Rafat, hoje ele é palestino "aqui" [Brasil] e brasileiro "lá" [Palestina]. É palestino-brasileiro, vivendo esse constante "jogo de pertencimento" até que um dia possa retornar à "terra de seu pai".

A narrativa desse interlocutor é uma entre tantas outras. Trouxe aqui sua trajetória buscando elencar alguns pontos a serem problematizados nas análises futuras deste subcapítulo. Dentre elas, ressalto o contexto da imigração palestina no Brasil ou, como eles preferem nomear, da "diáspora palestina", ou uma das *Nakbahs*. A conceituação de "várias *Nakbahs*", "*Nakbah* local", "*Nakbah* continua" e diáspora palestina também é fundamental nos

---

[29] Guerra de 1967 ou dos Seis dias.

debates teórico-antropológicos acerca das palestinidades, assim como o autorreconhecimento "palestino-brasileiro" e "palestino-chileno" são de suma importância para o problema proposto neste projeto.

Outro objeto em questão relaciona-se aos jovens palestinos que seguem afirmando existir algo maior que a ideia de nação, algo que englobaria os países árabes. Um elemento fundamental é a presença do elemento da catástrofe, da *Nakbah*, da tragédia palestina, na memória dos três grupos. Devemos considerar nas falas desses interlocutores a premissa de Walter Benjamin (1987) de que o passado se constrói a partir do presente.

O processo de "tornar-se palestino/a" era evidente entre jovens de segunda, terceira e quarta geração, tanto no Brasil quanto no Chile, os quais tomam ciência da ocupação da Palestina, de suas bandeiras e da agenda política da causa palestina. Muitos conhecem a causa estando na Palestina nas "viagens de retorno" ou por meio de associações, como a Juventude Sanaúd.

"A minha casa é a menos militante que eu já vi na minha vida", afirmou uma interlocutora. Foi numa ida à Palestina para visitar a família, aos 10 anos de idade, que ela se *"descobriu palestina"*. Ela enfatizou:

> *Quando você ouve falar e você vê é diferente. Eu voltei louca. Queria ser muçulmana, casar* (sic.)*, essas coisas. No Brasil não tem ancestralidade. Na Palestina a família é uma instituição estabelecida. Durante várias gerações a minha família tinha uma mesma profissão, colher azeitonas.*

Muitos/as dos/as jovens que colaboraram nesta pesquisa realizaram as "viagens de retorno", durante as quais se perceberam como palestinos/as, uns pelo encontro com a realidade local e a indignação com a presença da ocupação na vida cotidiana, outros pelo encontro com a família e as "origens". O "tornar-se palestino/a" é uma experiência vivenciada por muitos jovens na diáspora, que, mesmo tendo sido socializados no seio das comunidades palestinas, encontraram na experiência do retorno o momento de concretude de sua autoafirmação identitária. Para alguns, esse momento se iniciou com a aquisição dos documentos cívicos, da identidade palestina e da oficialização da nacionalidade adquirida burocraticamente.

Outro aspecto que me interessa nesta seção é o sangue como substância, como elemento de *uma* palestinidade, e a presença ou ausência dele no processo de palestinização, bem como a palestinização dos ativistas que acessa noções de ancestralidade e sangue como componente racial.

O sangue tomou alguma centralidade nos discursos palestinos sobre identidade. "*O sangue árabe é o mais forte*", afirmou um interlocutor durante um encontro com a juventude palestina em Manaus. Essa afirmação, tal como outras similares, buscava uma legitimidade para o autorreconhecimento identitário. Essa discussão se apresentou de forma muito mais incisiva no Chile do que no Brasil. Embora de forma clássica a sociedade palestina seja patrilinear, principalmente na transferência do nome; no Chile, palestinos/as costumam nomear-se como meio-palestinos, ou palestino-palestino, em referência aos progenitores, de origem palestina ou não. O sangue é um elemento de força e etnicidade, essa palestinidade como identidade étnica é também passada por sangue.

O sangue tem outro espaço simbólico no imaginário palestino, o de resistência e dos mártires que morreram pela causa palestina, assassinados pelas forças e milícias ocupantes. Representa força e resistência. Dessa forma, diversas vezes, o sangue apareceu como esse elemento que constitui uma essência daquilo que se reconhece como palestino.

Manfrinato (2022), em seu campo com refugiados palestinos da Síria em uma ocupação urbana em São Paulo, defrontou-se com elaborações sobre a força do *sangue* palestino, em oposição às noções de fraqueza e vulnerabilidade associados ao refúgio que lhes foram impostas por um regime humanitário. A força é uma qualidade do sangue palestino, ao mesmo tempo, acionada e modelada pela vida nos campos de refugiados e pela ativação da memória dos antepassados conectando-os à terra de origem.

E os corpos não palestinos? Poderiam eles vir a ser palestinos/as? Essa questão esteve presente como pano de fundo desde que, em janeiro de 2016, um interlocutor palestino nascido no Chile escreveu em meu caderno de campo "Bárbara es palestina". A frase, escrita em árabe, de forma a demonstrar autenticidade, me intrigou por muito tempo. Estávamos na sala de uma casa de pessoas palestinas, em meio a um *after*, após o show da banda 47SOUL. Essa noite viria a compor um dos capítulos centrais do meu livro anterior sobre o autorreconhecimento identitário palestino-chileno. Nesse dia, calorosamente os/as jovens palestinos/as discutiam quem ali, naquela roda de *arguile*, era palestino-palestino, evocando tradição e sangue. Aquele mesmo interlocutor que começou a falar em árabe, para demonstrar seu conhecimento da língua como forma de autenticidade de sua identidade palestina, mais tarde escreveu em meu caderno em árabe, assim como proferiu na língua a frase que marcou meus trabalhos anteriores

"*La tierra palestina es más cara que el oro*". Essa mesma pessoa, que evocou inúmeros elementos para garantir sua autenticidade, cedeu lugar dentro dessa identidade para uma antropóloga, latina, de ascendência indígena brasileira, africana e ibérica.

Ao longo dos anos, foram recorrentes eventos similares, mas com um elemento comum: eu recebia a identidade palestina, ela me era doada, às vezes com promessas de cidadania, inclusive, no dia em que o Estado da Palestina fosse consolidado. Com o tempo, deixei de estranhar e passei a ver com carinho essa inclusão. Faço alusão ao termo, pois a palestinidade, como reconhecimento identitário — esse é o segundo uso do termo (seu uso local feito pelos/as interlocutores) — foi lograda como reconhecimento pelo meu trabalho acadêmico e político.

Ainda assim, havia outra forma de pertencer, percebida apenas após anos de trabalho de campo e inserção nas comunidades, em minha estadia na Palestina. Estava relacionada à leitura que faziam do meu corpo, pautada na minha conformação fenotípica e na minha origem. Para desenvolver essa reflexão, preciso retomar algumas coisas que apresentei na introdução. Sou uma antropóloga que se reconhece como mulher latina, mestiça, devido à minha ancestralidade preta e indígena, mesmo que ela tenha sido marcada pela colonização, inclusive fenotipicamente, mediante a violência de homens brancos europeus. Eu fui socializada em um lar mestiço, um pai de cor (descendente de indígenas, espanhóis e portugueses) e uma mãe branca (descendente de africanos e portugueses), irmã de cor, irmão branco e eu. Sou mestiça, assim entendo meu corpo. Um corpo que no Brasil transita livremente devido à pigmentocracia, enquanto no Chile é branco demais para ser brasileiro (na concepção externa que é feita do Brasil como país exclusivamente de pele retinta) e na Palestina é um corpo não branco demais, ou azeitonado demais, para não ser palestino. Foi assim, com esse corpo "camaleônico", que transitei de um lado ao outro da Palestina, ocupada ou não. Nessa experiência, após tentar entrar na mesquita Al-Aqsa, em Jerusalém, várias vezes e ser barrada pelas forças israelenses, percebi que a vestimenta poderia me incluir ou excluir, e o *hijab* veio a ser um grande aliado. Essa última situação, o campo na Palestina, permitiu-me ver a adequação do corpo pela vestimenta. Eu conhecia a vestimenta da modéstia islâmica, e assim que consegui transitar desapercebidamente quando me era conveniente, como para adentrar a Al-Aqsa, burlando o controle israelense, na sexta-feira de oração. Um episódio ímpar que merece a atenção maior que lhe será conferida no último capítulo.

O uso do termo "pessoas de cor" busca, em diálogo com Rafia Zakaria (2021), romper com a lógica predominante da branquitude, que tem o branco como referencial de humanidade e os não brancos como "outros" relacionais. Busco retirar do centro a branquitude, "construída como ponto de referência a partir do qual todas/os as/os "Outras/os" raciais diferem" (Kilomba, 2019). Assim, utilizo do termo "pessoas de cor", em consonância com Zakaria, para pessoas "de diferentes raças e etnias que não branca". Aqui utilizo essa nomeação como um conceito que se relaciona e abrange a categoria "marrom", que se refere às pessoas do sudeste asiático, do Oriente Médio e da América Latina (Zakaria, 2021, p. 8-9). Faço um segundo uso, o da nomeação "pessoa marrom", "homem/mulher marrom", como categoria nativa, elaborada pelas interlocutoras desta etnografia. Portanto, farei uso de uma terminologia ampla, que engloba palestinas/os no geral, sejam eles/as amarelos/as, pardos/as, marrons, azeitonados/as, olivados/as, trigo ou negros/as.

Retomando corpo, cor e palestinidades, durante os anos de campo, sempre fui indagada, normalmente no primeiro contato, sobre minha ascendência. Na negativa acerca da minha pertença árabe, ou melhor, árabe-palestina, algumas pessoas buscavam, em minhas raízes genealógicas, no sangue, algum elemento que me conferisse alguma arabicidade e, por consequência, autenticidade. Isso ocorria com uma frequência por mim indesejada, pois lhes era demasiadamente estranho, sobretudo para as pessoas mais idosas, sem contato com universidades e pesquisas acadêmicas, uma antropóloga/historiadora não árabe pesquisar com eles.

Com o tempo me acostumei com um grupo de pessoas, sempre no primeiro contato, indagando sobre meus nomes, família, cidade, ancestralidade. Às vezes eu sorria e brincava que era uma troca, do tipo "já que eu quero saber dos meus/minhas interlocutores é justo que também me questionem". Seguia contando sobre meu lado materno em que minha tataravó africana, que foi sequestrada de seu país por mim desconhecido, e depois, possivelmente mediante um ou vários estupros, teve um filho com o barão português que a tinha como propriedade. A criança, de "pele mais clara" como narravam meus avós, foi doada a outra família nobre do Rio de Janeiro. Do lado paterno, minha bisavó, indígena, provavelmente da etnia Puri de Minas Gerais, foi sequestrada "no laço", literalmente, por um colonizador português. Morreu sem falar a língua nem do colonizador espanhol, nem dos portugueses, e sem usar o banheiro, como contavam meus avós e tios. Somado a isso, vinha uma mistura de espanhóis colonizadores com o que meus tios paternos apenas nomeavam "brasileiros". Eu finalizava a repetida história com a frase "sou fruto da colonização, da violência contra mulheres negras e indígenas, por isso não me reconheço com os colonizadores brancos". Mesmo que classificasse tais homens colonizadores como "brancos", esse era o elo utilizado para que me proclamassem árabe por meio do sangue e da ancestralidade. Era a presença moura na Península Ibérica por séculos que me conferia a possibilidade do sangue árabe, o que era confirmado pela minha "pele não branca", "azeitonada". *Tem cara de árabe*, me diziam, *tem cara de palestina*. Eu sempre aceitava todas as especulações, mesmo acreditando que a possibilidade era ínfima. Aceitava como forma de reconhecimento, pela minha presença em campo e pelo esforço e, por vezes, risco daquele trabalho.

Foi na Palestina que esse fenótipo me permitiu trânsito nem sempre identificado, nas cidades cristãs, Belém, Beit-Jala e Beit-Sahur, e nas áreas ocupadas, sem *hijab*. Nas muçulmanas Ramallah, Nablus, Hebron (Khalil), Jericó, Betunia, entre outras, o *hijab* por vezes serviu como elemento de integração. Há de se considerar a variedade fenotípica dos/as palestinos/as. No Brasil, como dito por Lesser (2001), árabes conseguiam acessar a brancura, mas há na Palestina uma grande variedade fenotípica, embora por fatores ambientais, inclusive, uma pele "latina" adquira alguma passabilidade na Palestina, que foi o meu caso. Tornar-se palestino/a estava aberto para os jovens que chegavam e, em situações muito específicas, para a antropóloga em campo.

As experiências de tornar-se palestino/a são distintas e variam conforme gerações, nascimento, nacionalidade (documentação); as palestinidades são perpassadas constantemente por esses marcadores. Os processos de autorreconhecimento na diáspora não poderiam ser pensados, pelas experiências deste campo, em outro recorte metodológico que não a interseccionalidade. Na próxima sessão, abordarei um pouco mais sobre a experiência de autorreconhecimento identitário de mulheres palestinas enquanto mulheres não brancas de pele azeitonada, e a construção desse lugar de pertencimento na diáspora.

2.3 "Sou latino-arabiana"[30]: mulheres não brancas

Há formas múltiplas de ser palestino. A arena de disputa em torno das palestinidades tem ocasionado, dentre outras coisas, a possibilidade de elaboração de um lugar de pertencimento na diáspora. Esta sessão nos permite

---

[30] O termo "latino-arabiana" é de autoria de Aycha Sleiman. Foi acessado em entrevista concedida durante trabalho de campo. Também está disponível em: https://www.instagram.com/tv/CJzVJw2np7n/. Debate crítico sobre o livro Sherazade: confissões de uma árabe enfurecida. Acesso em: 6 jun. 2021.

pensar a construção de uma noção de lar que envolva processos políticos de autorreconhecimento, formas de pertencer a esse lugar e a criação de um lugar na diáspora. Nessa primeira situação etnográfica, em específico, trabalharei o processo de autorreconhecimento identitário relacional a partir da produção de categorias de reconhecimento por mulheres árabes palestinas.

O autorreconhecimento identitário palestino, ao longo da história diaspórica, foi perpassado por outros pertencimentos identitários. Dos mais relevantes, o pertencimento enquanto árabes, como categoria étnica unificadora, é recorrente em diversos grupos.

Existem duas contiguidades entre arabicidades e palestinidades. A primeira, de matriz histórica; a segunda, ainda mais relevante, é a contiguidade simbólica. Ela tem sido reivindicada e mobilizada pelos interlocutores ao justaporem as categorias árabe e palestino, considerando a identificação dos/as palestinos/as enquanto etnicamente árabes. Encontrei essa justaposição ao longo dos últimos cinco anos deste trabalho de campo, entre palestinos/as do Chile e do Brasil. Contudo, ainda nas primeiras décadas do século XX, o autorreconhecimento enquanto palestinos/as já estava presente entre pessoas árabes oriundas da/nascidas na terra palestina (Schiocchet, 2011). Dessa forma, saliento que, embora exista uma associação comum e uma sobreposição entre os termos de identificação árabe e palestino, o autorreconhecimento dos palestinos enquanto grupo nacional já se fazia presente no início do século XX.

Desse modo, palestinos/as, no Brasil e no Chile, bem como em diversas outras regiões da América Latina, muitas vezes reconhecem-se como árabes, quando indagados sobre seu pertencimento identitário. O reconhecimento decorre de costumes comuns, região de origem, língua, culinária e outras características.

Durante meu campo, trabalhei com grupos diversos de jovens mulheres árabes muçulmanas, praticantes, nascidas no Brasil e de origem palestina e libanesa. Muitas são feministas e operacionalizaram a categoria "brown woman" (mulher marrom) e "latino-arabianas". O agrupamento analítico dessas mulheres, nesta seção, baseou-se na operacionalização de tais categorias. Assim como minhas interlocutoras, utilizo essas categorias retiradas da literatura norte-americana sobre gênero e raça. Uma contribuição desta seção é demonstrar a instrumentalização dessa categoria de alteridade e a elaboração da categoria latino-arabiana como forma de pertencimento, que, por sua vez, é um dos eixos do processo de construção do lar de meus e minhas interlocutores/as palestinos/as.

Ao mostrar as diferenças de tradição, culinária, dialetos linguísticos, vestimentas etc., o ativismo político dessas mulheres desmistifica as noções ocidentalizadas e orientalistas que generalizam os povos de língua árabe (Said, 2007). Nesse sentido, o termo "mulher marrom" tem sido utilizado por árabes muçulmanas, no Brasil e em demais países das Américas, na busca por criar pertencimento e autorreconhecimento na diáspora. "Pele de oliva", "azeitonada" e "amarela" são termos utilizados com frequência pelas interlocutoras na disputa política por criar uma categoria de autor-reconhecimento em oposição à categoria mulher "branca".

No Brasil e em demais países do continente americano, mulheres árabes têm se reconhecido como mulheres "marrons", "amarelas", ou simplesmente não brancas, construindo e reivindicando essa identidade. Há no Brasil, a exemplo, a ausência de uma conotação específica para esses grupos. Na própria categorização das "categorias étnico-raciais" da população brasileira do Instituto Brasileiro de Geografia e Estatística (IBGE), encontram-se: pretos, pardos, amarelos, indígenas e brancos.[31]

A categoria "mulher marrom", ou "pele oliva", foi construída em contraste com outras categorias da classificação racial brasileira. O termo foi operacionalizado por meus interlocutores como categoria de alteridade e autorreconhecimento. Alteridade, porque se distingue do termo "marrom", classificatório distinto de "pardo". No Brasil, "negro" é uma categoria política que engloba "preto" e "pardo". No IBGE não há uma classificação precisa para "pardo", por ser uma categoria autodeterminada. O polêmico termo "pardo", por sua vez, muitas vezes se refere aos brasileiros negros e brancos, negros e indígenas ou indígenas e brancos, mestiços. Por fim, "brown" (marrom) aparece como distinto tanto de pardo quanto de amarelo, referindo-se à etnia árabe.

---

[31] Disponível em: https://biblioteca.ibge.gov.br/visualizacao/livros/liv63405.pdf. Acesso em: 27 fev. 2021. Vale citar que a categoria amarela, citada pelo IBGE, é comumente utilizada para referir-se a pessoas de origem do leste asiático: japoneses, chineses, taiwaneses, coreanos, tibetanos, mongóis etc. O "mito das três raças" (europeus brancos, africanos negros e populações indígenas autóctones) predominava no Brasil do século XX, e os árabes estavam notavelmente ausentes dele. Durante o período da imigração árabe para o Brasil, entre os séculos 19 e 20, houve "tentativas de tornar os árabes etnicamente inofensivos por meio do 'branqueamento', pois "sua fisionomia permitia que eles se transformassem instantaneamente em brasileiros com uma simples mudança de nome" (Lesser, 2001, p. 134). Lesser (2015) sugeriu como os ideais de "branquitude" se transformam no Brasil com a chegada e inserção de centenas de milhares de pessoas do Oriente Médio, mudando o paradigma da identidade nacional. No Brasil, assim como em outros países da América Latina, a expressão popular mais utilizada para se referir aos árabes era "turco", devido à noção orientalista que unia os povos vindos da região em uma categoria genérica, identificando-os com os turcos, Império Otomano, pois os passaportes de muitos imigrantes árabes, no final do século XIX e início do século XX, eram do período do Império Otomano. Essa associação, além de generalizante, é extremamente contraditória, considerando que árabes e turcos são dois grupos étnicos distintos. Ainda assim, não há um termo específico utilizado pelo IBGE para reconhecimento destas pessoas.

Em contraste com uma identidade latino-americana, uma interlocutora afirmou: *"sou latino-arabiana"*. Nascida no Brasil, descendente de libaneses muçulmanos, ela chegou a este trabalho por meio do diálogo desta pesquisa com os movimentos de mulheres muçulmanas antiorientalismo, antimachismo e anti-islamofobia. Em diversas situações, mulheres palestinas questionaram esse lugar de descendentes de imigrantes palestinos, nascidas na América Latina. Um lugar de *ausência* para muitas. *"Na Palestina eu sou brasileira, no Brasil eu sou palestina"*, *"no Chile eu sou palestina, na Palestina eu sou chilena, latina"* — esse não lugar, essa sensação de não pertencer a nenhum lugar em sua totalidade, é uma narrativa recorrente na diáspora palestina na região.

A noção de liminariedade permite-nos retomar a análise de Mallki (1995) dos refugiados hutus enquanto pessoas que estão "betwixt and between", ou seja, na situação de margem; não são nem uma coisa nem outra. De forma similar, palestinos/as na América Latina, refugiados/as ou não, têm relatado um sentimento de "não pertencimento". Todavia, há, como contrapartida, a construção de um lugar para habitar na diáspora, que emerge da construção política do lar.

A categoria "latino-arabiana" se aproxima da noção proposta por Lélia Gonzalez, em "amefricanidade", que nos permite pensar uma América Árabe, tal como Lélia pensou a América Africana, questionando a matriz de pensamento racista que cunhou o Brasil como um país de formação europeia e branca (Gonzales, 2020, p. 127). Em diálogo com a autora, meu trabalho questiona "o véu ideológico do branqueamento, reprimido por classificações eurocêntricas como 'cultura popular', 'folclore nacional', etc. que minimizam a importância da contribuição negra" (Gonzalez, 2020, p. 128), e eu adiciono árabe, nesse caso. Deve ficar claro que não se trata de priorizar o papel da contribuição negra ou árabe na construção das Américas, mas de trazê-lo à luz. Como afirma Audre Lorde, "não há hierarquia de opressão", e "a opressão e a intolerância ao diferente existem em diferentes formas, tamanhos, cores, sexualidades" (2020, p. 235).

> O racismo latino-americano é suficientemente sofisticado para manter negros e índios na condição de segmentos subordinados no interior das classes mais exploradas, graças a sua forma ideológica mais eficaz: a ideologia do branqueamento. Veiculada pelos meios de comunicação de massa e pelos aparelhos ideológicos tradicionais, ela reproduz e perpetua a crença de que as classificações e os valores do Ocidente

branco são os únicos verdadeiros e universais. Uma vez estabelecido, o mito da superioridade branca demonstra sua eficácia pelos efeitos do estilhaçamento, de fragmentação da identidade racial que ele produz: o efeito do embranquecer (de "limpar o sangue", como se diz no Brasil) é internalizado, com a simultânea negação da própria raça, da própria cultura. (Gonzalez, 2020, p. 131-132).

Mulheres árabes não brancas, mulheres árabes negras e mulheres brasileiras negras são atingidas pelo racismo de forma distinta. São diferentes opressões e construções históricas. Os árabes chegam ao Brasil, em sua maioria, como imigrantes, refugiados, expatriados, viajantes, não como escravizados. Isso é marcadamente distinto e vai implicar toda uma construção social e política acerca da presença árabe no país, que, embora não tenha sido almejada em sua origem, passa a ser aceita tanto pelo alargamento da definição de brancura quando pelo sucesso econômico desses imigrantes (Lesser, 2001). Em contraste com um grande contingente de africanos, os árabes entraram como proprietários de coisas postas à venda, e não como objeto de venda. A chegada do mascate, comerciante, vai disputar a noção enobrecida do "bom imigrante", que colabora com o desenvolvimento (e povoamento) do país. É consabido que esse acolhimento positivo oferecido aos imigrantes foi primordialmente aos de origem europeia, no intuito de embranquecimento da população brasileira. Embora o imigrante de origem árabe não tenha gozado dessa recepção, sua trajetória de mascate foi enaltecida a partir do desenvolvimento comercial em certas regiões, vide a presença sírio-libanesa na cidade de São Paulo e seu reconhecimento por parte dos governantes, políticos etc.

A imigração árabe para o Brasil teve significativa relevância na conformação do país. Há de se considerar que seu modelo predominante de imigração árabe[32] possibilitou ascensão social, principalmente daqueles que chegaram nas primeiras ondas de imigração no século XX. Outro

---

[32] Segundo Espinola (2005), os árabes chegaram ao Brasil no final do século XIX e início do século 20, principalmente os sírios e os libaneses, em sua maioria cristãos. Entre 1908 e 1941, os muçulmanos árabes constituíam 15% da população imigrante sírio-libanesa (Lesser, 2001, p. 97). Houve uma segunda onda de imigração na década de 1960 com a chegada dos árabes muçulmanos. Em relação à imigração palestina, Lesser (2001) aponta a chegada de 677 pessoas entre 1884 e 1939. Essa imigração se intensificou após a ocupação sionista da Palestina. É difícil quantificar o número de palestinos/as, dado que, no período anterior à Primeira Guerra Mundial, palestinos/as-árabes viajavam com passaportes otomanos, portanto eram descritos como "turcos" (Lesser, 2001). Atualmente, os palestinos estão espalhados pelo país com concentração no sul do país nas cidades do Rio Grande do Sul: Chuí, Uruguaiana, Pelotas, Santa Maria, Santana do Livramento e Porto Alegre, bem como na Tríplice Fronteira (com Paraguai e Argentina), na cidade de Foz do Iguaçu. No Centro-Oeste, estão em Corumbá e Brasília. Ao Norte, em Manaus e Belém. No Nordeste, em Recife — a comunidade mais antiga do país.

fator relevante é a diferença da recepção dos imigrantes árabes cristãos e dos árabes muçulmanos, que configuram uma imigração mais recente. Por fim, reitero a assertiva presente nas análises anteriores (Espinola, 2005; Hamid, 2012; Abu-Lughod, 2002) de que foi após o atentado nos Estados Unidos, em 11 de setembro de 2001, que os árabes muçulmanos e as mulheres muçulmanas, descobertas pelo véu (Espinola, 2005), foram potencializadas como alvo de xenofobia e islamofobia extrema. Portanto, essa diferenciação no modelo de chegada ao país afasta a conformação do tipo de inserção social, política e econômica possibilitada a pessoas negras e árabes no Brasil. Enquanto na origem da constituição demográfica do país, a maioria das pessoas negras, especialmente até finais do século XIX, foi sequestrada e escravizada (Williams, 2012), a maioria dos árabes entrou no país como imigrantes (Lesser, 2001).

Por outro prisma, o ponto de contato que nos interessa emerge nas formas de invisibilidade, discriminação, preconceito, racismo, sofrido por essas pessoas. Entendendo o racismo como uma lógica estruturante, pautada em uma estrutura de dominação que tem como ideologia o branqueamento, percebemos como a narrativa de branquitude afeta diretamente homens e mulheres árabes-palestinas. No que tange à especificidade do modelo de colonização latino-americano,

> No caso das sociedades de origem latina, temos o racismo disfarçado ou, como eu classifico, o *racismo por denegação*. Aqui, prevalecem as "teorias" da miscigenação, da assimilação e da "democracia racial". A chamada América Latina, que, na verdade, é muito mais ameríndia e amefricana do que outra coisa, apresenta-se como o melhor exemplo de racismo por denegação. Sobretudo nos países de colonização luso-espanhola, onde as pouquíssimas exceções (como a Nicarágua e o seu *Estatuto de Autonomia de las Regiones de la Costa Atlaántica*) confirmam a regra. (Gonzalez, 2020, p. 130).

A cunhagem do conceito do "racismo por denegação", apresentado por Lélia Gonzalez, permite-nos compreender as formas sórdidas e obscuras pelas quais o racismo à brasileira e latino-americano se apresentam desde sua constituição até os dias atuais. O disfarce da "democracia racial" oculta a estrutura de dominação, violência e invisibilização dos corpos não brancos.

Em relatos, mulheres palestinas questionam o padrão de beleza branco imposto no país e na América. *"Minha sobrancelha, meu bigode, minhas olheiras não são contempladas pelo modelo branco, nem negro".* O modelo estético imposto pela branquitude segue ditando o padrão de beleza, que atinge diretamente mulheres árabes-palestinas. Muitas interlocutoras, tal como essa proposta do livro, apoiam-se em teorias produzidas por autoras do afro-feminismo no intuito de posicionar-se diante do discurso hegemônico que impõe às mulheres o modelo de corpo feminino branco, altamente excludente, seja na forma como, por diversas vezes, atribui à noção de mulher a condição biológica, seja no padrão estético do corpo branco-europeu: pele clara, olhos claros, cabelos lisos ou levemente ondulados etc. Mulheres marrons, amarelas, não brancas têm se levantado aliadas às feministas negras, mas reconhecendo a especificidade de seus corpos e origens, bem como a necessidade de construção de um feminismo decolonial latino-arabiano.

Esta forma de racismo que exclui determinadas mulheres está diretamente vinculada aos estereótipos de mulheres árabes-palestinas, arraigados no orientalismo exposto por Said (2007). Dessa forma, mulheres árabes-latino-americanas, ou melhor, mulheres "latino-arabianas", têm se reconhecido e se organizado em torno de uma identidade comum. Enquanto "latino-arabianas" representa uma categoria unificadora, as palestinas com quem trabalhei têm organizado distintas formas de identificação local que se conectam ou não com a forma unificadora. São elas: palestino-chilenas, palestino-brasileiras, brasileiras-palestinas (Caramuru Teles, 2017).

Pontos de convergência entre a teoria de Gonzalez e minhas observações etnográficas existem nas formas de invisibilidade, discriminação, preconceito e racismo sofridos por essas pessoas. Inspirada na autora, entendo o racismo como um problema estrutural dentro da lógica de dominação que atinge diretamente mulheres e homens árabes-palestinos. Noções descolonizadas de amefricanidade e categorias como amefricanas ou latino-árabes questionam o disfarce de "democracia racial" que esconde a estrutura de dominação, violência e invisibilidade dos corpos não brancos. Nesse sentido, Gonzalez define a América Latina como "muito mais ameríndia e Améfrica do que qualquer outra coisa" (2020, p. 130).

Há identificação relacionada ao reconhecimento a partir da cor da pele e de outras características físicas, pontuadas pelas interlocutoras. Mulheres brasileiras com ascendência árabe (libanesa e palestina) e paquistanesa têm utilizado o termo "marrom", ou até mesmo "amarela", remetendo à noção de "pele de oliva", azeitonadas, para reconhecimento na diáspora. Vejamos:

> *Não seria bem me ver amarela, eu vejo como amarelo também pessoas da China. Mas, se eu for me olhar no espelho, eu não sou branca, eu não sou marrom, a gente fala 'pele de oliva', tem*

gente que fala 'azeite de oliva', mas se eu fosse escolher uma seria amarela antes de marrom, fenotipicamente falando. Não sei se faz muito sentido, mas é muito mais fácil você ver uma pessoa palestina se identificar como árabe que qualquer outra coisa mas se você for ver separações maiores eu sou asiática. Mas a gente associa muito asiático a China, Vietnã, etc. É muito confuso se tu parar pra ver, até pra mim, é uma crise de identidade (Notas de campo, fevereiro de 2021).

As alianças entre essas mulheres, bem como a construção política desse lugar para habitar, nos demonstra como o lar na diáspora é um espaço plural, habitado de distintas formas, inclusive políticas, por palestinos/as heterogêneos/as. Tais formas de habitá-la por vezes reivindicam idealmente um lar palestino. A disputa numa arena compartilhada permite a essas mulheres árabes e palestinas, ou árabes-palestinas, muçulmanas, criar uma identidade "latino-arabiana".

Mesmo com índices significativos da presença árabe e palestina no Brasil, esses imigrantes são muitas vezes invisibilizados. Vítimas de xenofobia, mulheres árabes-muçulmanas relatam situações diversas em que são abordadas nas ruas e pessoas as "mandam voltar para seu país". Muitas delas são descendentes de árabes nascidas no Brasil, ou seja, brasileiras.

Um ponto importante a ser salientado é que há uma recorrente confusão entre mulheres árabes e mulheres muçulmanas. "O Islã não é um país", mas uma religião. Por mais claro que pareça ser para um leitor acadêmico, da área dos estudos de religião, no senso comum essa informação se confunde. As pessoas atribuem a mulheres de religião islâmica o pertencimento árabe, e a mulheres árabes, a religião islâmica. Ao passo que o Islã, como religião universal, pode ser praticado por pessoas de distintas nacionalidades ou etnias. No mesmo sentido, ser árabe ou palestina não significa ser necessariamente muçulmana, como demonstra a comunidade palestina do Chile, majoritariamente cristã. Estimativas apontam um total aproximado de 70% de cristãos numa população de 400 a 500 mil palestinos-chilenos (Caramuru Teles, 2017).

Alianças entre mulheres têm se estabelecido no processo de *home-making*: seja enquanto feministas aliadas a movimentos políticos palestinos ou não (vide a participação de mulheres palestinas nas manifestações contra o governo de Sebastian Piñera no Chile), seja articulando e mobilizando "mulher" como uma categoria de pertencimento e militância que reúne mulheres palestinas, mapuches, indígenas brasileiras, negras.

As mulheres palestinas criaram lugares de pertencimento para rejeitar o orientalismo e negociar sua presença cultural nas sociedades brasileira e chilena. Elas criam narrativas que contrastam com os estereótipos decorrentes da imigração árabe no Brasil e no Chile. Eram narrativas de imigração predominantemente masculinas; de jovens mascates (caixeiros-viajantes) que vieram "fazer sucesso na América", negociando identidades e integrando-se economicamente à sociedade de forma positiva (Lesser, 2001). As mulheres palestinas cristãs no Chile falaram de uma "dupla opressão", por meio da qual são oprimidas interseccionalmente em uma sociedade cis-heteropatriarcal, bem como etnicamente, como árabes-palestinas. Minha experiência de trabalho de campo sugere que o marcador da religião também cruza significativamente os de gênero e raça na experiência dos/as árabes brasileiros/as, palestinos/as ou não.

Em seus processos de construção do lar, essas mulheres criam alianças políticas e apreendem elementos de reconhecimento de ambas as identidades, latina e árabe-palestina, a fim de produzir um lugar para si, um lar ressignificado, em constante necessidade de manutenção e desenvolvimento, onde é possível habitar e reconhecer-se. No próximo relato etnográfico, desenvolvo minha discussão sobre os modos de habitar a diáspora e disputar o lar entre meus interlocutores. Em contraste com o primeiro contexto etnográfico, o segundo demonstra as maneiras pelas quais se discute o autorreconhecimento identitário entre refugiados/as palestinos/as e sua comunidade sediada no Chile.

2.4 Causa palestina: entre classe e etnicidade

"A luta palestina é uma luta de classes, uma luta da esquerda. Não tem como libertar a Palestina se não for assim", afirmou um interlocutor durante uma conversa em um bar palestino na capital de São Paulo. Embora a cidade possua poucas famílias organizadas ativamente na FEPAL, a pluralidade de organizações palestinas nesse cenário se tornou um pouco mais evidente que em outros lugares do trabalho de campo. Ademais, disputas internas pela representatividade em esfera nacional e internacional aqui estavam latentes. Enquanto a FEPAL passava por um processo de reorganização e ressignificação de seu papel histórico, outras frentes se colocam em disputa, em verdade, em contestação a uma narrativa homogênea e unificada sobre os/as palestinos/as no Brasil e na América Latina.

Como já mencionado, o Brasil enquanto país no subcontinente sul-americano, ocupa lugar significativo na representação palestina junto à OLP. Essa representação é disputada na medida em que há uma tentativa de discurso homogêneo, de causa palestina e de *uma* palestinidade a partir da convergência de elementos comuns compartilhados entre essas pessoas, bem como de uma agenda política "pragmática". Não *uma*, mas *várias* narrativas de divergência, tanto sobre a presença da comunidade no Brasil, quanto em relação às estratégias para a libertação da Palestina. Nesse escopo, as disputas em torno da imagem e da narrativa sobre o líder palestino Yasser Arafat, sobre a resolução de um ou dois Estados, debate sobre a conformação das instituições pelo critério da etnia, humanitarismo ou classe, se tornam mais evidentes no interior do processo de construção de palestinidades em diáspora.

No contraponto, a Comunidade Palestina do Chile, após o processo de reestruturação, no ano de 2017, agrupou diversas organizações políticas sob o guarda-chuva da causa palestina e, sobretudo, do reconhecimento étnico. Atualmente, fala-se oficialmente em uma "comunidade palestina integrada" tanto no plano da política local, atuante na bancada de deputados e governo, quanto no plano do social. Essa noção de unidade está presente nos discursos políticos oficiais, na prática os grupos políticos palestinos locais seguem seus jogos de poder e representatividade. A "integração" dita pelos interlocutores se refere ao fato de os palestinos do Chile estarem abertos a matrimônios exógamos e às relações entre a sociedade de acolhida e a comunidade de imigrantes palestinos, hoje terceira e quarta geração nascidas no Chile. Tal fato não se difere tanto do Brasil, senão pela ocupação significativa dos lugares de poder político na sociedade de acolhida e economia local.

O processo de reestruturação da comunidade palestina no Chile buscou a "retomada da tradição árabe-palestina no Chile" e nas organizações políticas e sociais palestinas na América Latina. Os interlocutores comumente falam do processo de perda da coletividade palestina e de secularização da comunidade no decorrer das gerações nascidas na diáspora. Dessa forma, via-se a necessidade de (re)organização da comunidade palestina chilena e uma "retomada da tradição". A tradição aqui passa por um processo de construção e reconstrução no presente.

O diálogo com a tradição e sua manutenção poderia ser lido, segundo Hall, como a produção de algo novo: "[...] não se trata do que as tradições fazem de nós, mas do que nós fazemos das tradições. [...] A cultura não é uma questão de ontologia, de ser, mas de se tornar" (2013, p. 49). Contudo, em vez de pensar nessa "coisa nova" como híbrida, prefiro conceitualizá-la como parte de um processo de construção; não se trata apenas de "retomada" ou "manutenção", mas sim de uma produção que nos leva a pensar, nas palavras de Hall, sobre o que "fazemos das tradições". Na diáspora, essa relação com a terra, com o "regresso à terra palestina", o "regresso às raízes", é fundamental na formação da identidade palestina e na cotidianidade das formas de fazer e de pertencer. A construção prática de formas autênticas de fazer as coisas ganha um lugar especial de valorização, criando uma ressignificação de práticas consideradas "culturalmente árabes".

Retomando a criação de uma instituição denominada "Comunidade Palestina", essa se fundamentou na busca por uma reunião de valores comuns e, principalmente, no marcador étnico. Hoje, a instituição da Comunidade reúne membros de distintas organizações e filiações políticas, no que tange à multiplicidade da esquerda e direita. No ano de 2021, a Comunidade Palestina definia-se como *"Una gran família"* e *"la comunidade más grande fuera de Médio Oriente"*. Nas páginas de internet, a Comunidade afirma esta posição: "[...] promovemos el progreso y el desarollode todos los membros de nuestra gran família árabe y de todas las instituiciones palestinas de Chile" (Comunidad Palestina, 2021).[33] Há nesse movimento uma instrumentalização da identidade étnica, do grupo étnico nos termos de Barth (2000), para a constituição de grupos políticos e, nesse caso, para a reunião de grupos políticos palestinos, dividindo a sociedade entre nós (palestinos) e eles (chilenos), mediante a narrativa do risco da aculturação.[34]

A questão central posta nesta sessão é a reunião desses grupos e organizações políticas abaixo do guarda-chuva da causa palestina e do elemento étnico e/ou grupo social. O ponto comum na narrativa de todos os interlocutores que colaboraram com esta pesquisa era a causa palestina

---

[33] Sua constituição política contempla as instituições: Colégio Chileno árabe de Chiguayante, Unión General de Mujeres Palestinas, Corporación de Beneficiencia Damas Palestinas de Chile, Colectividad Árabe Palestina de La Serena, Club Centro Árabe de San Felipe, Sociedad de Damas Árabes (Viña del Mar), Unión Árabe por Palestina de Temuco, Centro Árabe de Conceoción, Directorio Juvenil Club Palestino, Club Unión Árabe de Valparaíso y Viña del Mar, Fundacion Palestina Belén 2000, Club Palestino, Club Unión Árabe de Limache, Centro Unión Palestina de Chillán, Unión Árabe de Beneficencia, Club Desportivo Palestino SADP, Club Unión Árabe de Quillota, Colegio Árabe de Santiago, UGEP, Organización Solidária com Palestina (OSP), Juventud Chileno Árabe por Palestina de Valdívia e Centro Árabe Palestino de Los Angeles.

[34] Dessas instituições palestinas em Santiago, o trabalho de campo teve ênfase no acompanhamento e diálogo com representantes e membros do Club Palestino, Directorio Juvenil Club Palestino, Fundacion Palestina Belén 2000, Corporación de Beneficiencia Damas Palestinas de Chile, UGEP e Organización Solidária com Palestina (OSP). Dessa forma, este trabalho, no que tange à análise sobre as instituições, tem enfoque nesses grupos e se delineia a partir deles e do campo realizado com alguns membros destes grupos em específico.

como elemento unificador das diferenças, em verdade "acima das diferenças", o qual possibilitou reunir os mais diversos palestinos. Porém, veremos na sequência as complexidades dessa narrativa e as fissuras nesse meio.

Durante o processo de reorganização das entidades palestinas na América Latina, uma questão apareceu evidente no meu trabalho de campo com palestinos/as no Brasil, uma disputa entre as camadas da juventude sobre os usos da causa palestina e seus reconhecimentos como uma causa política e humanitária, atrelada à classe social ou a uma causa étnica. Tomo aqui política de duas formas: primeiramente, como parte indissociável do cotidiano e, em segundo, como instituições políticas (partidárias ou não) e manifestações políticas. Há de se compreender, em princípio, que esses elementos estão constantemente relacionados e em disputa, mas, no momento de ressurgimento da Juventude Sanaúd e sua troca de gestão, essas disputas ficaram mais evidentes.

A Juventude Sanaúd, em árabe "retornaremos", foi fundada no ano de 1982/3[35], por jovens palestinos/as, libaneses/as e brasileiros/as ativistas da causa palestina. As criações de Juventudes Sanaúd, nesse período, estavam diretamente ligadas à proposta da OLP de "organizar e multiplicar no Brasil e na América Latina e Caribe iniciativas que disseminassem manifestações pró-palestinos" (Jardim, 2000, p. 237). Há de se ter em mente que as organizações Sanaúd não surgem de forma totalmente autônoma e independente, dada a existência de uma iniciativa da OLP de organizar a juventude palestina na diáspora e com o apoio das famílias imigrantes (Jardim, 2000; Hamid, 2005).

Por outro lado, houve uma necessidade local de organização política após alguns eventos ocorridos no ano de 1982. O nome, Sanaúd, estava também associado a um filme produzido no mesmo período e exibido no Brasil nos anos 1980. Como relata Emir Mourad, o primeiro presidente da Sanaúd e hoje membro da COPLAC, no mês de abril de 1980,

> [...] uma delegação brasileira - formada por membros da Comissão de Justiça e Paz, deputados, jornalistas, líderes sindicais, historiadores, representantes da UNE (União Nacional de Estudantes) e da comunidade negra - viajou para o Oriente Médio. No Líbano, foram recebidos por Yasser Arafat[36].

---

[35] Há divergências nos relatos e datas, a carta da Sanaud fala em 10 de julho de 1982, mas há bibliografias que afirmam ser em 1983. Tanto os textos quanto as narrativas apresentam ambas as datas.

[36] Disponível em: http://sanaud-voltaremos.blogspot.com/2017/05/sanaud-um-filme-brasileiro-sobre-a-palestina.html?m=1. Acesso em: 18 nov. 2022.

Dessa visita surgiu uma necessidade interna de mobilização, em meio a esse contato com a situação na Palestina, a invasão do sul do Líbano por Israel, em junho de 1982, e o Massacre de Sabra e Chatila, no mesmo ano. Os jovens se reuniram para formar a Associação Cultural Sanaúd que, segundo Emir, data de 1983 e não 1982, como consta em algumas bibliografias. Em meio a esses eventos, a cidade de São Paulo reuniu uma dezena de milhares de pessoas em passeata na Avenida Paulista contra a presença israelense no Líbano.

Figura 23 – Documentário Sanaúd

Fonte: Sanaúd[37]

O documentário, gravado nos campos de refugiados palestinos no Líbano e Síria, foi dirigido por José Antonio de Barros Freire, com fotografia de Jorge Bouquet, e exibido no Brasil nas reuniões de jovens palestinos. A obra foi fruto da ida dessa comitiva à Palestina.

---

[37] Disponível em: http://sanaud-voltaremos.blogspot.com/2017/05/sanaud-um-filme-brasileiro-sobre-a-palestina.html?m=1. Acesso em: 18 nov. 2022.

Em sua fundação no Brasil, no contexto das "Diretas Já", a Sanaúd, embora fosse constituída por uma maioria de jovens sem militância anterior à organização, teve membros associados a partidos da esquerda brasileira, à época Partido do Trabalhadores (PT), Partido Comunista Brasileiro (PCB), Partido Comunista do Brasil (PC do B) etc. Ainda houve atuação de pessoas da ala conservadora, na época do partido Arena. Conforme analisou Luciana Garcia Oliveira (2017): "A presença de manifestações políticas pelas *Diretas Já!* Foi a oportunidade encontrada pelos imigrantes palestinos e descendentes de difundirem a causa palestina para o público brasileiro" (p. 12).

A entidade era composta por jovens de origem palestina e libanesa, mas recebia apoio de ativistas da esquerda brasileira e, até mesmo, da direita. Como podemos ver na imagem a seguir, havia uma associação entre pautas locais, redemocratização do Brasil e libertação da Palestina. Essas associações eram complexas. Buscava-se, tal como no Chile, criar um ativismo em prol da Palestina que fosse além das divisões e ideologias políticas locais, embora os grupos marxistas e social-democratas estivessem mais ligados à causa.

Figura 24 – Juventude Sanaúd no comício pelas eleições democráticas no Brasil – "Diretas Já", 1983

Fonte: Migramundo[38]

Há de se considerar que a causa palestina esteve historicamente atrelada a pautas dos partidos da esquerda brasileira, no que tange à interpretação da causa palestina como parte de uma luta de classes. Por outro viés, havia

---

[38] Disponível em: https://migramundo.com/sanaud-a-participacao-da-diaspora-palestina-no-processo-de--redemocratizacao-do-brasil/. Acesso em: 18 nov. 2022.

na delegação que visitou a Palestina, composta pela OLP, membros da Arena, do MDB e do Movimento Negro (a princípio o relato fala do Movimento Negro Unificado – MNU e Unegro[39]), o que demonstra a diversidade dos adeptos à causa e de seus apoios políticos. *"Nazista a gente não aceitava"*, afirmou um interlocutor fundador da Sanaúd, *"nem nazista, nem racista, nem nenhum tipo de discriminação"*, *"senão iríamos abraçar nossos algozes na Palestina, o apartheid etc."*, concluiu. *"A causa palestina, ela também se insere na luta de classes, ela não está fora disso. Tem gente que abraça o neoliberalismo, tem gente que está na esquerda"*, *"nós queremos uma militância palestina que se articule com a política brasileira e possa fortalecer o movimento"*, disse-me um membro da COPLAC, que, assim como membros da comunidade chilena, afirma que a causa palestina deve estar acima das disputas partidárias locais, atuando como um elemento unificador.

Para muitos/as outros/as interlocutores/as com quem trabalhei no último ano, em visita às comunidades, a Sanaúd era um "ponto de encontro" dos/as palestinos/as jovens, em que, para além de terem um espaço de sociabilidade, em muitas localidades, eram realizados eventos culturais com apresentação de dança, Dabke, comida, bem como mobilização política. Por alguns relatos no Rio Grande do Sul, percebi que, na década de 1980, na primeira organização Sanaúd, muitos dos membros estavam ligados ao ativismo de esquerda pela redemocratização do país. Em outras regiões, a Sanaúd era vista como uma organização que visava principalmente *"estimular casamento, manter a identidade"*, como afirmou um interlocutor.

Há uma aproximação ainda hoje evidente no Brasil da causa palestina com movimentos autointitulados de esquerda. No Chile, por sua vez, a causa palestina tem se articulado como um grande guarda-chuva político, entretanto está bastante associada à direita chilena. Tanto o ex-presidente Piñeira quando o atual presidente Gabriel Boric se mostraram apoiadores da causa palestina durante as eleições, possivelmente menos pela posição ideológica e mais pelo poder político-econômico que esse grupo detém hoje na política chilena. Em paralelo ao Chile, no Brasil houve um processo de reorganização das entidades palestinas nos anos de 2017/9. A FEPAL, criada em 1979, com influência da chegada da OLP em 1975, encontrava-se praticamente inativa nos anos que se seguiram o acordo de Oslo, na década

---

[39] Sobre a relação dos movimentos negros e a causa palestina, farei um apanhado maior no próximo capítulo. Todavia, sobre a situação comentada, é dado, pelos/as interlocutores/as, de forma geral, o uso do termo "Movimento Negro" para se referir às diversas vertentes que compuseram o apoio e a solidariedade à Palestina, um nome relembrado é o de Milton Barbosa, membro do Movimento Negro Unificado, MNU, que participou da comitiva em 1980.

de 1990. A Juventude Sanaúd, que se desarticulou no final da década de 1980 e início de 1990, também passou por um processo de resgate, desde o Fórum Social Mundial (2012) até efetivamente retornar em 2019, num congresso em Foz do Iguaçu, com apoio da FEPAL.

O processo de retomada ou, como as pessoas palestinas denominam, "ressurgimento" da Juventude Sanaúd, no ano de 2019, em um congresso na cidade de Foz do Iguaçu, foi auxiliado por antigos membros-fundadores tanto da Sanaúd, quando lideranças da FEPAL e COPLAC. Após essa primeira gestão, no ano de 2021, houve outra sessão para novas eleições da Sanaúd, que produziram uma cisão entre membros com apoio da FEPAL somados à juventude palestina de Manaus e um segundo grupo, composto tanto por palestinos quanto por libaneses e brasileiros.

Muitos/as palestinos/as compreendem os Acordos de Oslo como um elemento desmobilizador da causa palestina e da militância em torno dela, seja pela expectativa de criação do Estado da Palestina e a sensação de vitória consumada, seja pela decepção em relação aos termos do acordo (Caramuru, 2024).

> *Oslo desmobilizou todos. Em 1992, quando começou a diplomacia, os movimentos retraem achando que iria se resolver na diplomacia. Faltou liderança. Arafat apesar de tudo reunia todo mundo, queria um Estado laico, sem religião. O Hamas quer um estado extremista, muçulmano* (Notas de campo).

Essa foi uma entre várias afirmações durante os anos de trabalho de campo. Muitos/as interlocutores/as afirmam um descontentamento com Arafat e os Acordos de Oslo, mas há divisões significativas, que trabalharei neste subcapítulo, entre três grupos principais: 1- os que, com discordâncias, defendem Arafat, pelo seu "pragmatismo político" e laicidade, somado a uma crítica ao projeto do Hamas; 2- os críticos a Arafat e a favor de uma proposta de libertação da Palestina pelo entendimento da luta de classes; 3- os favoráveis a uma política radical de enfrentamento, por meio do Hamas ou não.

Diversos interlocutores se posicionavam talvez em um quarto grupo: aqueles que compreendem a necessidade de libertação da Palestina pela via diplomática, ações do BDS e políticas anti-*apartheid*, mas que também percebem a necessidade de um enfrentamento direto como forma política de resistência. Essa postura ficou evidente quando, em 2021, no ataque de Israel a palestinos/as em Sheik Jarrah e na mesquita Al-Aqsa, o Hamas lançou foguetes em contrapartida.

Como já mencionado, há no Brasil uma nítida aproximação entre as esquerdas e o que convencionalmente se denominou causa palestina. *"A gente é tudo petista, a gente gosta é do PT, e você é o quê?"*, me indagou uma senhora idosa, nascida na Palestina e residente em São Paulo. *"Lula defendeu muito a causa palestina. Esse aqui* (Bolsonaro) *não é nada. Ele* (Lula) *ajudou muito a causa palestina, Dilma peitou Israel* – sobre o ataque a Gaza". Essas alianças criam uma concepção no Brasil de causa palestina como quase exclusivamente de esquerda, em diferença ao Chile, e denota uma identidade associada a elementos, como guerrilha, resistência, e em outros casos humanitarismo etc., pautas hoje vinculadas majoritariamente a grupos de esquerda. Todavia, como mencionado, essa aliança é mais complexa. Embora dentro da FEPAL existam até hoje muitos membros atuantes no PT, e a própria entidade, bem como a Sanaúd, tenha sido fundada quase concomitantemente ao Partido, tendo vários membros em comum, muitos dos interlocutores que entrevistei, em diversas cidades do Brasil, eram apenas comerciantes de classe média-alta ou alta, liberais economicamente. Em geral, as pessoas com quem realizei esta pesquisa, ativistas, acadêmicos, comerciantes etc., tinham como ideologia política um anticolonialismo, devido à experiência palestina, mas ser anticolonial não as colocava necessariamente dentro do guarda-chuva da esquerda.

O PT, de fato, teve uma aliança com a causa palestina desde a origem de ambas as instituições — FEPAL e PT —, criadas de forma quase concomitante, como dito anteriormente. Segundo o relato de João Asfora (2010), podemos ver a fala proferida pelo ex-presidente, agora presidente eleito, Luís Inácio Lula da Silva em apoio aos palestinos e sua causa, durante congresso latino-americano e caribenho, "Congresso das entidades palestinas" de 1984.

> "Gostaríamos, nesta noite, de dizer aos senhores congressistas, que o Partido dos Trabalhadores não está apenas solidário com o povo palestino, porque é muito pouco. Na verdade (sic.) estamos irmanados à luta do povo palestino, liderada pela OLP, porque entendemos que a capacidade de resistência que esse povo tem demonstrado a capacidade de luta que esse povo tem dado ao mundo inteiro, é a razão maior pela qual qualquer cidadão que ama a liberdade se coloque solidária nessa luta. Quando assistimos aqui no Brasil, através da televisão, as matanças que os palestinos foram vítimas no Líbano, quando vimos crianças serem metralhadas, sem

saber por que, nos lembramos que existem aqui no Brasil, algumas crianças que morrem por falta de um pedaço de pão. Quando lemos alguma coisa sobre o sofrimento e ao mesmo tempo sobre a resistência do povo palestino, ficamos mais convictos, mas esperançosos e começamos a entender por (que os soldados de Israel, porque o governo de Israel tem tanto ódio do palestino) (sic.). Começamos a compreender que existe uma justificativa, que os palestinos não respeitam o direito de Israel. Na verdade, a briga não é apenas entre Israel e os palestinos, mas a briga entre o imperialismo e o povo oprimido no seu direito (PALMAS). A luta que o imperialismo impõe ao povo palestino, o sofrimento imposto ao povo palestino no mundo árabe, é o mesmo sofrimento que o imperialismo impõe na América Latina, na América Central e Caribe" (Asfora, 2010, p. 125).

Como vemos no discurso de Lula, há associações entre as nações mediante a violência e o sofrimento; também percebemos a construção de um discurso anti-imperialista como elo entre as causas brasileira e palestina. Referida posição se modificou ao longo dos anos dentro do PT; embora o apoio à causa palestina persista, após a entrada do partido no governo, no ano de 2002, assumiu-se um contorno mais diplomático.

Embora o primeiro escritório de representação da OLP no Brasil tenha sido criado ainda no governo de Fernando Henrique Cardoso, em 1996, foi durante o governo de Luís Inácio Lula da Silva que a Palestina, com apoio brasileiro, foi reconhecida como Estado membro da ONU, e ocorreu a criação do escritório diplomático brasileiro, Embaixada Brasileira em Ramallah, capital política da Palestina. Quando estive lá, o então embaixador fez questão de mostrar a placa em que Lula confere ao escritório o status de embaixada brasileira, em reconhecimento ao Estado soberano da Palestina. Eventos como esse mostram uma ligação entre a política local e internacional. Na campanha para a presidência, em 2022, Lula recebeu de lideranças políticas palestinas brasileiras, uma comitiva da FEPAL, uma carta da agenda palestina.

Figura 25 – Lula recebe carta da FEPAL por Ualid Rabah, presidente, e Fátima Ali, vice-presidenta

Fonte: FEPAL[40]

Uma segunda imagem no mesmo evento merece atenção, o candidato usando a *Kuffiah*, lenço palestino, símbolo da resistência, o mesmo usado por Arafat.

Figura 26 – Lula recebe presentes da comunidade palestina

Fonte: FEPAL[41]

---

[40] Disponível em: https://fepal.com.br/fepal-entrega-a-lula-carta-com-proposicoes-para-a-agenda-externa-brasileira-e-defesa-dos-direitos-humanos/. Acesso em: 10 dez. 2022.

[41] Disponível em: https://fepal.com.br/fepal-entrega-a-lula-carta-com-proposicoes-para-a-agenda-externa-brasileira-e-defesa-dos-direitos-humanos/. Acesso em: 10 dez. 2022.

A agenda da Federação Palestina encontra-se alinhada à Autoridade Palestina, reconhecida como representante oficial dos palestinos na Palestina, e à OLP, como a grande representação dos/as palestinos/as na Palestina e na diáspora. Tanto a embaixada palestina no Brasil quanto a FEPAL seguem uma linha política pautada pela ANP, com um diálogo afinado com questões do governo local palestino e sua agenda. Entretanto, na agenda local brasileira, as ações políticas, mesmo que em diálogo com a ANP, acabam no âmbito de solidariedade e divulgação da causa palestina. Muitas vezes, ações locais são promovidas pela Federação, pela Câmara de Comércio Árabe e pelas Sociedades Palestinas locais, como a criação de apoios nas instituições políticas e sociais locais, praças palestinas, relações entre "cidades irmãs", na Palestina e Brasil, e ações em Assembleias Legislativas, Câmaras de Deputados e outros órgãos governamentais não são incomuns. Todavia, muitos são os grupos que, na diáspora e na Palestina, se colocam em oposição ou, ao menos, são críticos à narrativa e às propostas do atual governo palestino, inclusive questionando a representatividade dessas instituições e das próprias ANP e OLP.

O Movimento Palestina para Tod@s, criado em 2008, em São Paulo, é um exemplo das disputas de representatividade no campo político local. Como analisou Hamid (2015), à época da recepção dos/as refugiados/as palestinos/as vindos/as do Iraque para reassentamento no Brasil, em 2007, por intermédio do ACNUR, a presença das pessoas refugiadas e sua vinda para o país geraram disputas na comunidade e interpretações distintas sobre o assentamento e usos do "direito de retorno". A FEPAL foi inicialmente contrária à recepção dos refugiados evocando o "direito de retorno", pois a "[...] presença deles [refugiados] em campos de refugiados nas imediações da Palestina que é acionada como prova das expulsões desencadeadas por Israel [...] da necessidade de um Estado palestino (Hamid, 2015, p. 457).

O Mop@at, tal como demais grupos de oposição, foi fundado por pessoas de origem palestina e brasileira que aceitavam o reassentamento e defendiam que uma melhor condição de vida a essas pessoas não implicava necessariamente uma oposição ao retorno, acionado posteriormente (Hamid, 2015, p. 459). Fato é que a presença dos/as refugiados/as foi fundamental para uma virada na agenda e atuação política, primeiramente na articulação entre a comunidade palestina e a esquerda não palestina, gerando políticas de coalizão pautadas na "solidariedade", bem como para o Mop@at, fundado em 2008 com a chegada de refugiados/as da guerra do Iraque, reelaborando-se com a chegada de novos/as refugiados/as da guerra na Síria (Manfrinato, 2022).

Outras linhas divergentes aparecem dentro e fora das instituições, no campo da esquerda brasileira e das comunidades e organizações palestinas. A outra disputa narrativa presente no campo foi a de apoio ou oposição ao Hamas (Ḥarakat al-Muqāwamat al-Islāmiyyah – Movimento de Resistência Islâmica), grupo político que atualmente governa a Faixa de Gaza, na Palestina. A associação da FEPAL e a ANP colocam-na quase diretamente em oposição ao Hamas, devido à disputa política local palestina. Não incomum, em distintos momentos em que o Hamas atuava no enfrentamento bélico contra Israel, interlocutores associavam-no a grupos de direita, em virtude de sua constituição religiosa. Em defesa do secularismo no governo palestino, um princípio bastante europeu de sociedade-Estado, o Hamas era associado à extrema direita. Uma relação entre conservadorismo político e religioso era traçada, espelhando-se na realidade atual brasileira, o que não condiz absolutamente com a realidade local palestina, vide, por exemplo, que o grupo Jihad Islâmica é uma coalisão de esquerda muçulmana.

As distintas esquerdas brasileiras seguem uma agenda de solidariedade à Palestina, por vezes pautada em discursos dicotômicos que remetem a posições da Guerra Fria, fazendo oposições desinformadas e que não se relacionam à realidade palestina local. Há uma transferência das pautas ideológicas locais para a causa palestina, assim o secularismo, como política de coalizão, aparece presente em muitas narrativas (Manfrinato, 2022). Por outro lado, grupos autodenominados radicais, dentro das esquerdas brasileiras, por vezes, mesmo que se autodenominem secularistas, apoiam grupos islâmicos, como o Hamas, devido a sua estratégia combativa, valorizada por muitos ativistas. Como sugere Manfrinato,

> Ao mesmo tempo, diz respeito à solidariedade de classe supranacional, expressa na ideia do "internacionalismo", uma noção presente nos movimentos de esquerda, historicamente construído pelas articulações internacionais das classes trabalhadoras europeias das mais diversas orientações políticas. Uma segunda noção é a chamada solidariedade entre os povos que lutam contra o imperialismo. Os debates travados pela III Internacional no primeiro quarto do século XX definiram as bases do que seria a luta anti-imperialista, incluindo a defesa da autodeterminação nacional. A luta por independência das chamadas "colônias orientais" contra o imperialismo foi considerada, não sem controvérsia, como uma forma de luta legítima contra o capitalismo, e considerada potencialmente uma abertura para a revolução socialista (BUZETTO, 2012). Dessa forma a causa pales-

tina é inserida em um enquadramento internacionalista da esquerda, ganhando uma especificidade própria, mas com a capacidade de conectar-se com as lutas de outros povos e classes trabalhadoras no mundo (2022, p. 53).

A associação entre humanitarismo e discurso de classe tem sido bastante presente em grupos de esquerda brasileira. Há de se considerar a existência de discursos de salvação dos palestinos ou, ainda, a veiculação recorrente dentro de alguns feminismos ligados a organizações de esquerda com discursos que associação do Islã e da opressão das mulheres árabes-palestinas de religião muçulmana e o enquadramento dos refugiados e refugiadas palestinos como vulneráveis (Manfrinato, 2016). Presenciei, no momento das eleições da juventude Sanaúd, no ano de 2021, a disputa de chapa daqueles que argumentavam que a causa palestina era uma "causa humanitária" e de classe social, portanto de responsabilidade coletiva

A Juventude Sanaúd, desde sua origem, no início da década de 1980, foi composta por jovens da sociedade libanesa e da sociedade palestina brasileira. Eu acompanhei o primeiro dia das eleições em 2021, quando uma disputa entre dois grupos (chapas) para a direção da entidade ocorreu. O primeiro grupo defendia que a causa palestina, para além de outras intersecções, era, em primeiro lugar, uma causa étnica, de um determinado grupo que tinha protagonismo sobre ela e lugar de fala preferencial. Já o segundo grupo, composto por libaneses, brasileiros e palestinos, defendia que a causa palestina estava ligada à classe social e se apresentava como "uma causa humanitária". Essa disputa de posições, que culminou na eleição do segundo grupo, gerou uma divisão dentro da juventude palestina em esfera nacional e o desligamento de algumas pessoas vinculadas à FEPAL e a grupos locais da Juventude Sanaúd.

"A Sanaúd se palestinizou", afirmou um interlocutor, "no começo a organização era entendida como uma frente, um Comitê de Solidariedade que atuava como frente e, diferentemente de uma entidade palestina, ele era composto por brasileiros, libaneses, sírios e quem mais apoiasse a causa". Recentemente, palestinas e palestinos têm discutido seu lugar de fala e protagonismo dentro da organização, entendendo a necessidade ampla do grupo, mas reivindicando esse lugar. Embora o resultado desse congresso tenha sido uma cisão da organização, ela continua em disputa pelos jovens palestinos. Na próxima seção, apresentarei as narrativas de disputa de autenticidade a partir da relação entre as pessoas e a feitura das coisas, como elas conferem ou não esse lugar de autenticidade criado e disputado dentro do fazer lar dos/as palestinos/as em diáspora.

2.5 As pessoas e as coisas: a disputa pela autenticidade

"Deixa te mostrar com faz esse café. Primeiro você esquenta um pouco a água com açúcar, depois coloca três colheres de café. Esse tem cardamomo. Não pode deixar ferver. Tem que retirar do fogo, quando iniciar a fervura. Faça isso três vezes. Está pronto. Depois deixa assentar o café no fundo para servir". Eu observava atentamente, quase a tomar nota. O homem, alto e corpulento, segurava com uma delicadeza sutil o pequeno "bule" de café (ibrik, raqui, dallah), fazendo movimentos, tirava do fogão e retornava, assim como explicou. Após repetir 3 vezes, desligou o fogo, e dedicou-se a me mostrar as xícaras de café, sem alça, ornamentadas. "Nós tomamos nessas xícaras sem alça, pois se está pronto para pegar e não queima os dedos, não irá queimar a boca. Entende?" (Notas de campo, Santiago, 2016).

Meus interlocutores consideram que há uma autenticidade do que vem de *lá*, em relação ao que é reproduzido *aqui*, na diáspora. Como Manuela Carneiro da Cunha (2017, p. 338) deixa claro "'autenticidade' é uma questão indecidível". Aqui, envolvo-me com as maneiras pelas quais as noções de "autenticidade" são construídas e operacionalizadas por meus interlocutores. Um elemento comum da noção compartilhada de "autenticidade" era que ela estava relacionada ao ofício ou à forma de feitura aprendida na Palestina ou, ainda, a um objeto passado de geração em geração. Portanto, "ser de lá", significando algo vindo da Palestina ou feito da maneira "tradicional", era geralmente considerado "autêntico". Além disso, argumento que, quando os atores mobilizam tais noções para decidir o que é autêntico, uma hierarquia de poder se torna evidente. Assim, a "autenticidade" é inerentemente mobilizada nas disputas, por meio das quais se constroem múltiplas identidades (Wynn, 2007).

Ao buscar essa autenticidade em meio ao processo de recriar um lar na diáspora, palestinos/as no Brasil e no Chile experienciam um lugar dentro do outro (Jayyusi, 2017). Alimentos, roupas, acessórios, utensílios domésticos; entre muçulmanos, o Alcorão em local de destaque na sala, muitas vezes acompanhado de ornamentadas inscrições em árabe em quadros emoldurados na parede ou em tapeçaria; a xícara ornamentada e sem alça, o café com cardamomo, o almoço *Makluba*, a carne *halal*. Nos comércios e nas ruas, tanto quanto nas casas, detalhes, cardápios, tecidos, comidas, cheiros, tudo evocava a Palestina ao reificar sua intangibilidade.

A ideia de um lugar dentro de outro é demasiadamente complexa (Jayyusi, 2017). O fazer lar, ou seja, criar um espaço de pertencimento na diáspora era evidente. Esse lugar dentro de outro é a Palestina na diáspora. Ressignificada no presente por meio do processo de autentificação das palestinidades, que, por sua vez, é parte central do processo de *home-making* para essas pessoas.

Ao criar um lar palestino dentro das sociedades chilena ou brasileira, as comunidades palestinas muitas vezes operam cristalizando tradições. Há existência de alguns grupos de palestinos/as, em determinadas localidades, com tentativas de isolamento, inclusive por meio de práticas endogâmicas. *"Na minha casa eu estava na Palestina, da porta para fora no Chile"*, relatou uma interlocutora ao fazer menção à dificuldade de crescer entre um lar palestino e uma sociedade chilena. Dessa forma, muitos enfatizam a comunidade palestina e suas práticas como um lugar dentro do outro, que ora se aproxima, ora se afasta da sociedade de acolhida.

As diferenças e aproximações aparecem também nos alimentos e objetos. Café, comida, tempero, *hijab, kuffiah, tudo vem de lá*. Mas pode encontrar *aqui*, principalmente em Patronato, na *loja de produtos árabes*. *"Na palestina nós sempre comemos frutas após o almoço, mas os figos daqui não tem o sabor de lá"*. Na diáspora, as coisas, tal como as pessoas, circulam. Uma restrição maior ocorre em relação aos alimentos, principalmente perecíveis, devido à restrição de sua entrada por razões alfandegárias e fitossanitárias. Ainda assim, percebe-se a circulação desses. Ao contrário do que vem da Palestina, o que se produz na diáspora não goza do mesmo valor simbólico. Não é exatamente autêntico, embora se observe um processo de busca pela reconstrução desse espaço e as disputas em torno da autenticidade.

A feitura das coisas carrega uma autenticidade muito específica. Ela aparece em várias formas de fazer; a comida, como explanarei a seguir, ocupa um lugar relevante na forma do fazer.

Os usos também ganham conotação simbólica. Nas docerias, nos restaurantes e demais comércios em que realizei trabalho de campo, por vezes havia diferenciação entre o que era servido aos árabes e palestinos e aos demais. Ocasionalmente, para consumo da clientela local, encontrava-se uma mescla de elementos, como observamos na imagem a seguir, na doceria Al-Mustafa.

Figura 27 – Bandeja com café e baklava

Fonte: arquivo pessoal. Fotografia de campo, Santiago – Chile, janeiro 2020

Na imagem, a bandeja ornamentada, com o bule de café árabe, acompanhado de um doce folhado típico, uma xícara e colher. Diferentemente da tradição de feitura narrada pelo primeiro interlocutor, o café não está adoçado. A xícara sem ornamentação e com alça é comumente encontrada em uma loja de produtos domésticos. Enquanto em algumas casas exaltava-se o modo de fazer "tradicional", em outras era possível encontrar distintas coisas combinadas, sem que a autenticidade fosse contestada. Ao serem informados da pesquisa, muitas vezes a autenticidade era performada, demonstrada por meio de elementos e formas de comer reconhecidamente palestinas.

Aqui, as coisas aparecem não meramente como objetos, mas na relação dialética na qual "os homens constroem coisas, e as coisas constroem os homens" (Miller, 2010 *apud* Velasquez, 2015, p. 378). Procuro nesta sessão desenvolver uma abordagem para além da análise semiótica dos objetos, como sugere Miller, a fim de pensar a relação entre os humanos e os objetos, transcendendo a simples oposição sujeito/objeto (Miller, 2010, p. 140-141). Comer e beber ao modo *tradicional* permite que tais coisas não sejam meros objetos. Elas produzem a sensação de pertencimento, que remete ao lar e que constrói o lar na diáspora, tal como propõe Angela Ferreira (2020) em sua análise sobre a casa libanesa: "[…] a casa, o que se passa dentro dela, e principalmente as relações entre humanos e objetos que se dão cotidianamente em seu interior, permitem a esses imigrantes específicos significar sua identidade cultural longe de seu país de origem" (Ferreira, 2020, p. 29).

Novamente, retomamos a discussão, previamente estabelecida com Hobsbawm e Ranger, sobre as tradições. O lar na diáspora é uma produção cotidiana, está na relação das pessoas com os objetos, na feitura das coisas, na materialidade e imaterialidade. Em seus processos produtivos, nas suas relações de produção, podemos encontrar a utilização, pelos interlocutores, de uma noção de *tradição*. No entanto, ao empregar o termo "tradição", seu uso assemelha-se muito ao conceito de "costume" de Eric Hobsbawm e Terence Ranger que, ao contrário da invariabilidade imaginada da tradição, está aberto à mudança (Hobsbawm; Ranger, 2012, p. 8). Como analisado anteriormente, em relação ao termo *Taqalid*, costumes e práticas são incorporados ao termo tradição na fala dos e das interlocutoras. Na diáspora, a relação com a terra, com o "retorno à terra palestina", o "retorno às raízes", é fundamental na conformação da identidade palestina e na cotidianidade das formas de fazer e pertencer. A construção prática de modos autênticos de fazer ganha um lugar especial de valorização, assim ressignificando práticas consideradas "culturalmente árabes".

A casa, o comércio, o restaurante, os espaços na diáspora remetem à terra natal, por meio das coisas, quadros, pinturas, tapeçarias, que, por sua vez, produzem sensação de pertencimento, de estar em casa, mesmo que seja um "destino moral" (Malkki, 1992). A comida árabe também ocupa um lugar fundamental nas relações com a Palestina, tal como nas relações cotidianas (Porto, 2021). Ao entrar no espaço da doceria, imediatamente a imagem da Palestina está presente, mas não qualquer Palestina.

Figura 28 – Mesquita e igreja pintadas

Fonte: acervo pessoal. Fotografia de campo, Santiago, Chile – janeiro 2020

No restaurante Al-Amin, cujo dono é um palestino muçulmano, podemos observar a pintura da Mesquita Al-Aqsa, Mesquita do Domo da Rocha, em Jerusalém. Acima da mesquita, está a lua crescente, símbolo do Islã. Ao lado, a bandeira da Palestina e uma igreja palestina cristã, também construída em Jerusalém. Entre os cristãos, restaurantes, clubes e comércios têm em destaque representações das cidades de Beit-Jala, Belém e Beit-Sahur, região da Palestina conhecida como "Triângulo cristão", principal local de emigração palestina para o Chile no século XIX e início do XX. Há elementos comuns entre os dois grupos (cristão e muçulmano). Inscrições em árabe, livros sagrados, objetos, tesouros e imagens com temática ampla que remetem a uma noção de "cultura árabe" ou "cultura palestina" são comuns. A imagem retratada no restaurante liga duas religiões. Assim, o lar palestino na diáspora, como na Palestina, é marcado por meus interlocutores pela presença e convivência de palestinos cristãos e muçulmanos.

A prática de alguns "costumes" nomeados tipicamente árabes às vezes aparece *misturada*. Numa mesma situação, pode-se perceber a exaltação da prática de comer determinados alimentos com a mão, da culinária tipicamente palestina e da dança do ventre, todos misturados em nome da arabicidade. Elementos que se estendem a palestinidades, entendidos como "tradicionalmente" palestinos, fazem parte de um imaginário sobre a Palestina presente na diáspora. Há uma relação entre o que é pensado como autenticamente palestino na diáspora e o que é concebido pela sociedade externa à comunidade como elementos genericamente "árabes".

Há produção de um sincretismo específico da diáspora, em que elementos variados são acionados no intuito de autenticidade e tradição, todavia também se confundem e se apresentam de forma variada e complexa, seja a xícara com ou sem alça, a feitura do café. Circunstância similar ocorre na mistura de elementos que remetem a *uma* arabicidade — como a dança do ventre — com aqueles designados autênticos de *uma* palestinidade — para seguir o paralelismo do exemplo, o Dabke, dança tradicional palestina.

Há uma relação aparente entre noções de "cultura palestina" e de uma "tradição passada", ressignificada a todo momento pelos interlocutores ao ressaltarem a importância de manutenção da "tradição palestina". Essa tradição é lida por como uma série de costumes, hábitos, formas de fazer e ser. Também pode ser expressa por meio da formação que tiveram na infância, das relações que mantiveram com seus familiares, primos, com a comunidade em geral e, ainda, na cotidianidade. Similarmente, nas formas de fazer, nas coisas e objetos, que conferem autenticidade cultural. Os termos "cultura", "nação" e "comunidade" foram utilizados diversas vezes. As práticas que aconteciam durante nossos encontros eram todas realizadas e demonstradas como "práticas culturalmente árabes", "práticas da comunidade".

A "tradição" estava impressa no comportamento e na argumentação, na memória e na ação. No que tange à "memória" passada pelas gerações de refugiados e imigrantes palestinos, essas narrativas se entrecruzam, se conectam, se refletem nas práticas cotidianas, seja por meio das trajetórias que remetem ao desenraizamento de sua terra natal, passada oral e documentalmente entre as gerações, seja por meio dos contatos ou fluxos internos à comunidade, seja pela convergência ou divergência religiosa. "Ser palestino" não está restrito ao local de nascimento ou ao domínio da língua. Nas palavras de um dos interlocutores: *Ser palestino não significa nascer, é um tipo de vida*", "*é algo que te toca*", "*que se elege*" e que é construído, elaborado e reelaborado na diáspora.

Construir e reconstruir o lar a partir da relação entre pessoas por meio de objetos que evocam noções de autenticidade, no campo de refugiados no Iraque, no Brasil ou no Chile, faz parte de um processo de *home-making* que envolve pessoas, coisas, lugares. As disputas pela autenticidade evidenciam uma relação com os objetos e coisas construídas no cotidiano a partir da experiência de fazer o lar na diáspora. Busca-se, na autenticidade do que "vem de lá", recriar um lar palestino na diáspora.

Na próxima sessão, apresento outra dimensão do processo de *home-making* palestino. Novamente, pensando as formas de criar o lar na diáspora, demonstrarei, a partir de duas situações etnográficas, como arabicidades e palestinidades se aproximam no processo de criação de um espaço de pertencimento.

2.6 "O pessoal é político"[42]: maternidade palestina, o lar como resistência

> Essa tarefa [...] de fazer do lar uma comunidade de resistência tem sido compartilhada por mulheres negras globalmente, especialmente mulheres negras em sociedades de supremacia branca (bell hooks *apud* Federici, 2019, p. 16).

> Ao contrário de outras formas de produção, a produção de seres humanos é, em grande parte, irredutível à mecanização, uma vez que exige um alto grau de interação humana e a

---

[42] A frase "O pessoal é político", de Carol Hanish, publicada originalmente em 1969, tornou-se lema do feminismo na mesma década.

> satisfação de necessidades complexas em que os elementos físicos e afetivos estão intrinsicamente combinados. A reprodução humana é um processo de trabalho intensivo que fica mais evidente no cuidado de crianças e de idosos que, mesmo em seus componentes mais físicos, requer o fornecimento de uma sensação de segurança, de consolo, de antecipação dos medos e desejos (Federici, 2019, p. 223).

Era uma casa de campo para encontros e comemorações da comunidade palestina do Amazonas, na prática utilizada pelos/as palestinos/as residentes em Manaus. Localizada em um condomínio residencial de alto padrão econômico, a casa se destacava pelas aglomerações realizadas com frequência. Fazia um calor absurdamente forte e úmido, como todos os dias em Manaus. Era meu penúltimo dia na cidade. Crianças correndo, as "babás" (cerca de três cuidadoras, uma para cada família) ficavam à disposição delas, enquanto um pequeno grupo de mulheres se reunia para um chá da tarde. A mesa farta de doces palestinos acompanhava os *arguiles*, que, vez ou outra, ocupavam o espaço central.

Foram quase dois anos e meio de campo, entre revezamentos entre trabalho de campo *on-line* e presencial, para chegar a esse momento, de compartilhar com mulheres, de estar junto, estabelecer uma conexão e uma relação, como poucas vezes acontece no trabalho de campo. Eu levei muito tempo para adentrar esses espaços. Embora meu trabalho com pessoas muçulmanas tivesse sido iniciado ainda no ano de 2012, mesmo que a prática religiosa islâmica perpassasse, de várias formas, minhas pesquisas, eu desconhecia os costumes e ritos. E esse desconhecimento me fazia uma *outsider*, eu era lida como alguém de fora. Durante muitos anos, meu trabalho com árabes, palestinos e libaneses em sua maioria, estava ligado à política institucional, e esse espaço era majoritariamente ocupado por homens. Mesmo que a ocupação do espaço político e das lideranças políticas e institucionais por mulheres fosse colocado em pauta como uma necessidade, nos primeiros anos de contato com meus interlocutores, ainda em 2012, éramos eu e mais duas ou três mulheres. Eu ocupava um espaço masculino, era lida como um corpo político. Entre os homens, era mais um membro da política, feita por homens, num espaço de homens.

Dentro das mesquitas, quando retornei a campo no ano de 2019, na cidade de Florianópolis, sempre acabava sendo "revelada" devido à minha inadequação. Talvez essa seja uma palavra um pouco forte, mas as unhas sempre pintadas (de vermelho)[43], as roupas que desvelavam partes do corpo[44], o véu mal colocado que caía durante a oração, a saia com uma fenda. Enfim, por mais que eu tentasse, a falta de familiaridade me denunciava e, assim, por vezes era empurrada para sociabilizar com o grupo de brasileiras revertidas ao Islã. Ao passo que elas tentavam me ensinar gentilmente as formas rituais, eu me desvencilhava das leituras e encontros, afinal, nesse momento, apenas pensava que "meu campo é com palestinas, trabalho apenas com etnicidade". Mal sabia naquele momento que a interseccionalidade, como metodologia, tomaria conta de minha pesquisa, e que eu só conseguiria estar dentro quando me distanciasse dessa postura. A religião, como marcador, perpassa meu campo de várias formas, e só quando dominei alguns princípios básicos do Islã comecei a criar determinadas relações, tendo a mesquita como espaço de trabalho de campo propício ao desenvolvimento de interações.

Assim, seguiram-se seis meses de rotina indo à mesquita nas orações de sexta-feira. Embora as mulheres árabes mais jovens escorregassem das minhas mãos, as senhoras, principalmente uma matriarca palestina e a esposa do Sheikh, me acolhiam. A senhora, muito idosa, fazia questão que eu me sentasse próxima a ela; falando somente em árabe, gesticulava com as mãos para que eu me aproximasse. Ficava em sua cadeira durante as orações, pois a idade avançada já não permitia que se sentasse no chão. Quando eu trajava vestes inadequadas para a oração, ela me vestia incansavelmente: escolhia saias, véus e *abaias*, às vezes mais de uma por cima da outra, a ponto de me dar um par de suas próprias meias e me presentear com uma *abaia* da mesquita, para eu rezar em casa. Eu via tudo isso como uma forma de afeto e carinho, por diversas vezes passei horas usando várias camadas de roupas. As crianças riam, a esposa do Sheik balançava a cabeça em reprovação; primeiro pela quantidade de roupas e, conforme ela, a interpretação dúbia sobre rezar de meias, segundo porque ela sabia que eu era acadêmica, que estava ali para entrevistar, e não rezar, como ela

---

[43] Há várias interpretações dos códigos de conduta islâmicos. Segundo as interlocutoras com as quais trabalhei, e a partir de suas interpretações, é necessário retirar o esmalte para fazer a ablução da oração. A ablução é um rito de purificação que envolve uma limpeza/lavagem, realizada pelos/as muçulmanos/as que deve ser feita para o momento da oração. São cinco orações principais ao dia: *salat-ul-fajar, salat-ul-zohar, salat-ul-asar, salat-ul-maghrib, e a salat-ul-isha*. Em algumas interpretações, considera-se que o uso de esmalte não permite que seja realizada a limpeza completa na ablução. Muitas mulheres com quem realizei pesquisa costumam pintar as unhas entre as orações, para um evento, algo assim e retiram para fazer a ablução, ou durante o período menstrual, em que não realizam as orações na mesquita.

[44] Aconselha-se que, no momento da oração, a mulher cubra os braços, pernas, cabelos. A vestimenta faz parte de um código de modéstia do Islã.

mesma dizia. Mesmo assim eu rezei, centenas de vezes. Conheci o Islã por intermédio dessas mulheres, que me ensinaram a rezar, cuidadosamente me vestiram e tiravam caixinhas de alfinete da bolsa para prender meu véu. Depois de mais de dez anos entre muçulmanas, mesmo sabendo que eu era ateia, acolheram-me.

De volta à mesa farta em Manaus, esse com certeza foi um campo peculiar. Após dois anos de pandemia, retornei ao trabalho de campo presencial, com pessoas que havia conhecido por intermédio das organizações políticas palestinas, sobretudo a FEPAL e a Juventude Sanaúd. Foi nas andanças de campo que minha interlocutora principal em Manaus organizou um encontro de mulheres. Eram cinco delas: duas palestinas nascidas "lá", uma palestina-jordaniana e duas palestinas-brasileiras, dentre elas minha interlocutora.

Todas estavam ávidas para colaborar com a análise que gerou este livro. O pedido foi intermediado pela interlocutora que ocupava um cargo importante na liderança da comunidade palestina local e nacional. Embora não tivessem muito conhecimento do papel de uma antropóloga, todas estavam entusiasmadas. Assim começou a reunião, com revezamentos de histórias, experiências e memórias. Todas estavam reunidas a partir de uma identificação comum, a de ser e se sentirem "mulheres palestinas". Mulher, novamente, aparecia ali como uma categoria organizacional também ligada ao papel de gênero que lhes fora atribuído: a maternidade. Chamou minha atenção que o eixo da reunião era norteado por três elementos: a chegada ou retorno, o matrimônio e a maternidade.

Seria difícil falar em maternidade palestina, a partir desse campo em específico, sem transitar por essas outras esferas da vida social: criação e matrimônio, pois muito do que se refere à construção identitária das crianças palestinas na diáspora e ao papel de cuidado e formação realizado por essas mães estava atrelado aos seus vínculos com "a terra" e muitas vezes ao matrimônio.

Neste subcapítulo, busco compreender a relação entre cuidado materno e a conformação de palestinidades diaspóricas. Relembro, primeiramente, as trajetórias de nascimento e imigração dessas mulheres, seguida da prática recorrente dos matrimônios intrafamiliares em algumas comunidades (Manaus, Santana do Livramento, Chuí), que possibilitaram a manutenção de *uma* palestinidade específica dentro de um grupo endogâmico. Aqui, analiso o papel das mães na formação e manutenção de palestinidades, trazido a partir do trabalho de campo, mas principalmente da experiência com a comunidade palestina de Manaus.

O pessoal, neste trabalho, é entendido também como lugar de poder. O poder de parir, gestar, criar, cuidar, formar, enfim, a maternidade como poder. A manutenção da identidade palestina, por intermédio dos filhos, do cuidado e dos ensinamentos, é um lugar do fazer político, que não deve ser considerado secundário aos espaços públicos. Aqui, a vida privada aparece como espaço do exercício do poder, do fazer político (Foucault, 2010). Política não está reduzido à esfera pública, como sugeriu Hanna Arendt (1958), mas a todo o domínio do público e privado. As mulheres e mães palestinas são fundamentais na manutenção das palestinidades em diáspora.

Este subcapítulo se divide em três partes. Na primeira, discuti as mobilidades e o matrimônio, as formas específicas de mobilidades de mulheres palestinas e sua contribuição na conformação da diáspora. Na segunda parte, a reprodução da vida palestina, tanto a biológica quanto o maternar, tomam centralidade na análise. Por fim, a última parte traz, em contraste, a crítica e um olhar crítico com relação às narrativas das mulheres palestinas como "mães guerreiras".

2.6.1 A reprodução da vida palestina

"A reprodução de seres humanos é o fundamento de todo o sistema político e econômico e a imensa quantidade de trabalho doméstico remunerado e não remunerado, realizado por mulheres dentro de casa, é o que mantém o mundo em movimento" (Federici, 2019, p. 17). As mães palestinas, para além da manutenção e reprodução da vida social, como as demais mulheres, atuam em uma outra frente: a manutenção e reprodução das vidas palestinas, que incluí a preservação da língua e dos costumes na diáspora. Aqui, encaramos a "reprodução, compreendida como o complexo de atividades e relações por meio das quais nossa vida e nosso trabalho são reconstituídos diariamente" (Federici, 2019, p. 20). A reprodução é também parte essencial na manutenção de palestinidades. Reproduzir a vida é um trabalho essencial para toda e qualquer sociedade, porém, no caso específico palestino, esse trabalho (normalmente mal remunerado, doméstico e predominantemente feminino) serve não somente para a reprodução da mão de obra, mas também para a construção e manutenção dos costumes.

O trabalho reprodutivo e a maternidade foram tema de um complexo debate nas várias vertentes do feminismo, ocupando por vezes lugar de negação e discriminação por partidárias de um feminismo civilizatório branco que miravam a liberdade da mulher na inserção no mercado de trabalho. Conforme coloca Silvia Federici (2019), movimentos, como o Salários Contra o Trabalho Doméstico, permitiram tirar o trabalho doméstico de um lugar de naturalização, vinculado ao feminino e demonstração de amor.

> "A diferença em relação ao trabalho doméstico reside no fato de que ele não só tem sido imposto às mulheres como também foi transformado em um atributo natural da psique e da personalidade femininas, uma necessidade interna, uma aspiração, supostamente vindas das profundezas da nossa natureza feminina" (Federici, 2019, p. 42).

Compartilhando da lógica proposta por Federici, o trabalho reprodutivo ocupa espaço de desvalorização social, sequer sendo reconhecido como trabalho, sendo constantemente invisibilizado e desvalorizado. Potencializado na globalização e no neoliberalismo, com a nova divisão internacional do trabalho, as mulheres do sul global passam a ser mais afetadas. Elas tornam-se mão de obra na metrópole, como imigrantes, ou exportam trabalho para a metrópole de várias formas: por meio do fornecimento de mão de obra e produção mal remunerada, por meio de seus corpos, gerando (parindo) a mão de obra, mediante gestação de crianças que têm por destino a adoção (Federici, 2019, p. 140-232).

No Brasil, historicamente, mulheres de cor, indígenas e negras ocupam, de forma majoritária, um lugar perpassado diretamente por raça e classe. Como sugere Beatriz Nascimento (2021), "[...] a dinâmica do sistema econômico estabelece espaços de hierarquia de classes, existem alguns mecanismos para selecionar as pessoas que irão preencher esses espaços" (p. 57). Ainda segundo a autora, esse lugar está determinado pelo marcador de raça, pois "o critério racial constitui um desses mecanismos de seleção, fazendo com que as pessoas negras sejam relegadas aos lugares mais baixos da hierarquia, através da discriminação" (Nascimento, 2021, p. 57).

Com algum contraste, nesse campo específico, mães palestinas exercem protagonismo na reprodução da vida social, o que, no caso palestino, significa diretamente a resistência contra o projeto de limpeza étnica. Parafraseando bell hooks, elas resistem para sobreviver em meio às trivialidades diárias do racismo branco (2020, p. 25). Além do trabalho reprodutivo compartilhado entre muitas mulheres do sul global, essas mães palestinas buscavam não apenas a manutenção dos costumes e da língua, mas também a criação da resistência. Todavia, no Brasil, o lugar dessas mulheres é perpassado por distintas formas pelos marcadores sociais de diferença, como desenvolverei a seguir.

Em um contexto de colonização, limpeza étnica e diáspora decorrente do projeto de expulsão dos/as palestinos/as de suas terras, a maternidade é também um ato de resistência. Parir e fazer viver é uma forma de resistência anticolonial. Como sugerem as autoras palestinas Ashjan Adi, Soraya Misleh e Muna Odeh:

> As mulheres palestinas, assim como as mulheres de diferentes regiões do mundo e seu regime capitalista-patriarcal, estão sujeitas a diversas violências de gênero, sejam físicas, psicológicas, sexuais, seja pelo patriarcado, seja pelo colonialismo, seja no âmbito privado, seja no âmbito público, seja por soldados, seja por companheiros e por próprios familiares, seja contra seus corpos, suas casas, seus filhos, suas terras. No contexto de colonização, a lógica da violência colonial (especificamente sexual) se fundamenta na ideologia de que os corpos nativos são inerentemente violáveis e, por extensão, as terras nativas também.27 O que nos permite inferir que o objetivo do projeto sionista de dominação e colonização de terras palestinas é inseparável do projeto de dominação e colonização dos corpos palestinos, em especial, dos corpos das mulheres, por sua fertilidade e capacidade reprodutiva (Adi; Misleh; Odeh, 2021, p. 8).

Enquanto, entre mulheres brancas do norte global, a maternidade ocupou e ainda ocupa um lugar ambíguo de isolamento, realização e negação, para muitas mães palestinas essas questões também estão postas à mesa, porém outras questões somam-se a essas. Na Palestina ocupada, a maternidade árabe-palestina não é incentivada pelo Estado ocupante. Na diáspora, ela oscila entre lugar comum (servida de todas as complexidades das demais maternidades) e lugar de resistência. Tomo por "comum" o lugar já tão complexo de outras maternidades, que englobam a dualidade entre resistir ao papel de gênero atribuído ao feminino e o cuidado parental e afeto como forma revolucionária.

É possível aproximar a maternidade palestina em alguns debates da maternidade brasileira negra e/ou indígena. Não se trata da reprodução pura e simples de mão de obra, mas da criação de outros/as palestinos/as enquanto o Estado trabalha na contramão, promovendo a necropolítica (Mbembe, 2018). O "fazer viver", nesse caso, é uma tarefa que sai do âmbito doméstico para o coletivo, incumbida majoritariamente às mulheres. "Fazer do lar uma comunidade de resistência", como afirmou hooks, é parte do trabalho reprodutivo das mães, pois as vidas palestinas são constantemente precarizadas pelo Estado israelense. Conforme Judith Butler (2019b), a "condição precária designa a condição politicamente induzida na qual certas populações sofrem com redes sociais e econômicas de apoio deficientes e ficam expostas de forma diferenciada as violações, a violência e a morte" (p. 45). A vida palestina, além de precária, tem sofrido constante desumanização, de modo a justificar toda a barbárie do Estado colonial (Butler, 2019b; Mbembe, 2018).

É necessário distanciar também o lugar que essa maternidade pode ocupar na diáspora palestino-brasileira. Considerando que no Brasil muitas pessoas palestinas conseguem acessar a branquitude e, por consequência (ou por facilitação da branquitude), a ascensão social-econômica, há que se considerar um segundo grupo, em que a maternidade está não só perpassada, mas também beneficiada por raça e classe. Há grupos de mulheres palestinas de cor, mesmo na "hierarquia cromática" (Carneiro, 2011) do Brasil. Todavia, em diferenciação, há grupos de mulheres palestinas que acessam a branquitude e que oportunizam suas benesses, bem como as benesses da condição social de classe média e alta. A exemplo, retomo o caso na casa de Manaus, das mulheres com suas babás (de cor). Nesse caso em específico, as mulheres me relataram ser comum na diáspora terem ajuda de empregadas domésticas e babás por estarem sozinhas, sem a mãe ou parentes maternos. Na Palestina, encontrei mulheres que havia conhecido em Manaus que, inclusive, relataram sentir falta desse trabalho, incomum lá. Trabalho que, na maioria das vezes, é executado no Brasil por mulheres pobres e de cor (negras e indígenas) gerando uma relação um tanto ambígua. Como sugere Sueli Carneiro (2011), "o racismo tem destinado aos negros as tarefas consideradas diletantes ou periféricas da sociedade" (p. 125). bell hooks (2020) e Vergès (2020) reiteram as críticas acerca da relação das mulheres brancas e do trabalho das mulheres de cor, essa relação muitas vezes acaba se reproduzindo na diáspora quando mulheres palestinas ocupam espaços de poder da branquitude e da burguesia.

> O trabalho doméstico ainda é, desde a escravidão negra no Brasil, o lugar que a sociedade racista destinou como ocupação prioritária das mulheres negras. Nele ainda são relativamente poucos os ganhos trabalhistas e as relações se caracterizam pelo servilhismo [...] As mulheres negras brasileiras compõem, em grande parte, o contingente de trabalhadores em postos de trabalho considerados pelos especialistas os mais vulneráveis do mercado, ou seja, os trabalhadores sem carteira assinada, os autônomos, os trabalhadores familiares e os empregados domésticos (Carneiro, 2011, p. 128-129).

Assim, inseridos na lógica do racismo estrutural brasileiro, a reprodução dessa lógica de trabalho doméstico exercido por mulheres de cor ocorre, por vezes, também no seio de comunidades palestinas. Todavia, saliento que seria uma extrapolação atribuir assertivas sobre a qualificação e o tipo de jornada e contrato deste trabalho a partir de um encontro de horas durante um café. As provocações aqui levantadas referem-se à combinação entre o trabalho doméstico e os fenótipos observados nessa e em uma ou outra situação mais, de modo que não há observações totalizantes, apenas problematizações de dados de um trabalho de campo específico.

Retomando a análise sobre o trabalho reprodutivo, à luz da teoria, trago o caso específico de palestinas na Galileia, na região de 48[45], a partir do trabalho de Rhoda Ann Kanaaneh (2002), para pensar dois âmbitos da reprodução da vida palestina, social e biológica. Kanaaneh demonstra algumas situações em que a reprodução biológica é capturada e construída, entre elas gênero e nação são objetos da análise da autora aparecendo como "campos de significado e poder". Diálogo com a autora no intuito de pensar a reprodução biológica, mas não somente ela. No caso do meu campo, problematizo sobretudo como o trabalho do cuidado aparece como forma de resistência anticolonial.

"A reprodução, em seus sentidos biológico e social, está inextricavelmente ligada com a produção de cultura" (Ginsburg; Rapp, 1995, p. 2 *apud* Kanaaneh, 2002, p. 2). Kanaaneh aponta como "os corpos das mulheres estão profundamente inscritos como reprodutores da nação, seja gerando poucos ou muitos filhos" (p. 22). Duas estratégias chamam atenção na análise da autora. A primeira é a de "aumentar os árabes", ou seja, reproduzir biologicamente mais pessoas para a resistência, indo contra as políticas de desincentivo reprodutivo do Estado israelense para com os/as palestinos/as da região de dentro. A segunda envolve reproduzir biologicamente menos pessoas, mas fazendo um investimento maior em sua formação para que assim ocupem espaços de poder e tornem-se uma resistência mais efetiva. Ou seja, um investimento qualitativo, não quantitativo, que por ora se aproxima do modelo de família nuclear burguesa ocidental (Kanaaneh, 2002). Muitas vezes discursos como esse da segunda estratégia estiveram

---

[45] Região de 48, ou o termo "palestinos de 48", para referir-se às pessoas dessa região, é comumente encontrado nas etnografias da Palestina (Ver Kanaaneh, 2002 e Oliveira, 2020) e como termo usual entre os interlocutores para referir-se à região da Palestina ocupada por Israel no ano de 1948, a partir da Nabka, da limpeza étnica dos palestinos (Pappé, 2006) e implementação do Estado de Israel. "Dentro" e "48"são termos comumente usados para referir-se a essa região.

presentes em campo. Um enfoque na ideia de formar pessoas que ocupem espaços de poder para enfrentar a ocupação ou simplesmente alcançar uma vida digna distante dela. O fator reprodução biológica como estratégia de resistência não foi uma narrativa reverberante no meu trabalho de campo com mulheres palestinas, embora o fazer viver, resistindo à ocupação sim. A manutenção da vida pelas mulheres foi uma narrativa amplamente encontrada em campo. Todavia, a sobrecarga do cuidado materno não era vista, no geral, de forma dócil e passiva.

Certa vez em campo, uma interlocutora chamou minha atenção para as relações de cuidado parental e a sobrecarga desse trabalho, *"a gente não é [as únicas] responsável por ensinar a língua, a cultura e a religião"*, afirmou fazendo menção ao fato de não serem, ou não deverem ser, as únicas responsáveis pela transmissão da língua árabe, dos costumes e da religião aos filhos e filhas. O ensino da língua e da religião, bem como dos costumes, faz parte de um ofício que muitas vezes é associado ao trabalho materno. Nesta pesquisa lanço luz a outras formas de pensar a relação das categorias "mulher", "mãe" e "palestinas", bem como a reivindicação do trabalho de reprodução social como meio de preservação da "cultura" e das palestinidades. Aqui, palestinidade, quando no singular aparece como categoria autóctone, de autorreconhecimento dos/as palestinos/as, como já exposto, articulada pelos/as interlocutores/as de forma análoga à identidade.

O trabalho de manutenção dessa palestinidade tem sido reivindicado pelas interlocutoras como um trabalho de responsabilidade coletiva. Em casa, são elas as responsáveis pela educação das crianças na maioria dos casos. Embora sejam imigrantes numa grande rede de apoio, contam com o trabalho remunerado de outras mulheres, na maioria brasileiras, de classe baixa, que trabalham como cuidadoras das crianças. O ensino da língua e da religião também é tido como uma responsabilidade familiar. Contudo, as mulheres têm cada vez mais reivindicado o trabalho coletivo, e aqui está inserido o trabalho das instituições, sociedades árabes palestinas, na manutenção dos costumes por meio, principalmente, da oferta de aulas de religião, predominantemente islâmica, e de aulas de árabe, além da sociabilidade.

No Brasil e no Chile, esse ponto aparece de forma contrastante, a iniciar pela diferença institucional. Primeiramente, no âmbito da prática religiosa e da instituição religiosa, tanto no Brasil quanto no Chile, há presença de inúmeros templos religiosos. Em Santiago, local de concentração dos/

as palestinos/as, há várias igrejas cristãs, com destaque para a Iglesia Ortodoxa de San Jorge, onde há grande contingente de palestinos/as de religião cristã ortodoxa. A mesquita encontra-se em Nuñoa, e outras igrejas estão dispersas pela cidade e país. No Brasil, nas cidades que não possuem uma mesquita de grande edificação com minaretes e ornamentação árabe, existem salas singelas de oração, muitas vezes em prédios comerciais localizados próximo a zonas de comércio, centro, onde os/as palestinos/as realizam sua atividade laboral. A mesquita, muitas vezes, ocupa esse lugar de sociabilidade e reunião, em que, para além da oração, há salas destinadas a encontros, estudos, almoços. Além da mesquita, muitos lugares possuem clubes e sociedades. No Chile, no entanto, a pluralidade de instituições, como clube desportivo, projetos permanentes de viagens de retorno, clube social, escola árabe-palestina, centro de estudos árabes universitário, permite uma concentração da comunidade e uma terceirização do trabalho de ensinamento dos costumes.

Por fim, iniciativas locais de mulheres palestinas têm organizado as pessoas e as sociedades árabes locais. Em Florianópolis, assim como em outras cidades, inexiste uma organização de mulheres palestinas. Embora a comunidade tenha muitas mulheres, em sua maioria sírias e palestinas, nascidas lá ou descendentes, na prática toda a sociabilidade acontece em torno das atividades e oração na mesquita. O papel dessas mulheres na comunidade é extremamente forte. Participei com elas das orações realizadas às sextas-feiras e de alguns eventos acadêmicos e religiosos fora da comunidade. Nas orações, a presença de mulheres é sempre alta.

Minha principal interlocutora, uma mulher palestina de meia idade, esposa do líder religioso, era assídua na organização e representação da comunidade. Sempre acompanhando o marido nos eventos, Lélia muitas vezes é a responsável por organizar almoços, encontros, bazares de caridade. Também é atuante na construção da escola e da nova mesquita e, por diversas vezes, se mostrou responsável pela agenda social e política do *sheik*. Para as mulheres, ela é a referência dentro do espaço em que habitam na comunidade. Nas orações, Lélia sempre está sentada em uma cadeira virada para frente, no sentido onde está Meca, na linha de frente do espaço reservado às mulheres. Durante o sermão do sheik, permanece sentada. É sempre a primeira mulher a chegar; as demais, conforme vão chegando, retiram os sapatos e os deixam reservados na entrada junto a outros pertences, na sequência vão ao encontro de Lélia cumprimentá-la.

Outra senhora também sempre se senta em uma cadeira, ao lado da caixa onde encontram-se os *hijab, chador* e as saias usadas durante a oração. Ambas sempre estão na primeira fileira de oração, Lélia é a primeira da esquerda para a direita. Na saída, as mulheres voltam a cumprimentá-la, conversar, solicitar coisas, quase sempre acontecem em língua árabe. Muitas vezes, por respeito à minha falta de compreensão da língua, ela as convidava a falar em português; quando não falavam português, ela gentilmente traduzia as conversas para mim. É interessante perceber como, num discurso claramente distinto política e religiosamente das mulheres palestinas do Chile, Lélia é possivelmente a mulher que organiza e articula essa comunidade.

Em Pelotas, tal como em Porto Alegre e Novo Hamburgo, as comunidades palestinas são muito pequenas, formadas por algumas poucas famílias. Nesses casos, tal como em Florianópolis, o que se tem, em vez de organizações de mulheres, são grupos de sociabilidade. Não incomum, uma liderança local é uma palestina, alguém que mobiliza, política e socialmente, essa comunidade, seja por meio das iniciativas locais de manutenção estrutural das instituições, seja por meio da manutenção do coletivo.

No caso da Sociedade Palestina de Santa Maria, o espaço estava precarizado, necessitando de reformas e manutenção. Assim, duas mulheres da comunidade tomaram a iniciativa de organizar o financiamento da reforma: *"os homens não faziam nada, nós vamos fazer"*, afirmou uma delas. *"Quem manda é a mulher"*, insistiu enquanto arrecadava verbas e cobrava a liderança da comunidade posicionamento para agilizar os trabalhos antes do início do Ramadã.

No Chuí, em Santana do Livramento e Uruguaiana, além da reorganização da comunidade, o trabalho e inserção das mulheres no comércio é significativo. No Chile, por meio do espaço institucional religioso, organizações, como as Damas Palestinas, valorizam o trabalho do cuidado, da proteção e da caridade, dentro da comunidade palestina chilena. Por todas as comunidades, mulheres organizam a vida social.

Mediante trajetórias de mulheres como Lélia, que organiza e articula outras mulheres dentro da sociedade muçulmana de Florianópolis, bem como eventos sociais, bazares de caridade, almoços, Fatima no Chuí, entre tantas outras mulheres, podemos vislumbrar as formas distintas pelas quais as mulheres palestinas estão presentes no trabalho produtivo e reprodutivo, contribuindo na sociedade de acolhida e na de origem.

Figura 29 – Sociedade Palestina de Santa Maria

Fonte: acervo pessoal. Fotografia de campo, Santa Maria – março de 2022

Figura 30 – Fátima na banca de comércio

Fonte: acervo pessoal. Fotografia de campo, Chuí – março de 2022

Nas comunidades espalhadas pelo Brasil, principalmente no Chuí, em Porto Alegre, Santa do Livramento, Uruguaiana, Santa Maria e Manaus, grupos de mulheres organizam as atividades sociais comunitárias. Em Santa Maria e no Chuí, as mulheres tiveram participação ativa no processo de reorganização e revitalização da sociedade palestina. No Chile, distintos grupos de mulheres há décadas organizam a comunidade e a vida social, por meio de eventos beneficentes ou religiosos, universitários ou pela prática da vida cotidiana.

2.6.2 "Lute como uma mãe palestina"

> Lutar como uma mãe palestina é ter coragem para encarar os desafios mais duros que a vida nos reserva. É não aceitar as injustiças ou baixar a cabeça para aqueles que tentam nos oprimir. É lutar com paixão para que todos e todas tenham uma chance de vencer na vida, com o máximo de dignidade e respeito. Lutar como uma mãe palestina é resistir, é amar acima de tudo, sem nunca perder a esperança (FEPAL, 2021).

No que tange a uma narrativa compartilhada na diáspora sobre a maternidade palestina, diversas são as histórias de mães da resistência anticolonial. São aquelas que perderam seus filhos, que tiveram os filhos, ainda crianças, presas ilegalmente pelo exército israelense, torturadas. As mães palestinas, assim como as crianças[46], ocupam um lugar essencial na narrativa dos/as palestinos/as em diáspora, como imagem de luta e resistência, muitas vezes associadas a três principais elementos: 1- o vínculo com a terra, que remete ao ato de gerar e "dar frutos"; 2- a resistência, na imagem da "mãe guerreira", no sentido tanto da guerrilha quanto da resiliência; 3- a mãe enlutada, que perdeu um ou mais filhos para a ocupação. Neste subcapítulo busco, de forma breve, trabalhar essas três dimensões.

Nesta sessão desenvolverei dois aspectos da maternidade, a maternidade como resistência, a partir de discussões com Vergès, bell hooks e Gonzales, e as "imagens de controle", de Hill Collins. Há que se considerar uma maternidade a contrapelo, bem como um maternar e o espaço doméstico distinto daquele elaborado na teoria feminista produzida no norte global. Enquanto Silvia Federici (2019) nos aponta que as mulheres de sua geração não queriam ocupar o espaço doméstico e reprodutivo (biológico), mulheres palestinas ocuparam esses espaços, significando-os de forma distinta, como forma de manutenção da vida e da luta anticolonial. Desse modo, é necessário descolonizar o olhar e não reificar as categorias ocidentais de análises,

---

[46] Neste trabalho não me aprofundarei em uma análise sobre a infância palestina a partir da antropologia da infância, apenas trago à luz algumas narrativas em torno das crianças, violações, morte e luto. Contudo, é importante salientar a existência de tal e como na diáspora há uma circulação de imagens que rememoram o luto e sofrimento das crianças mortas pelas ações diretas e indiretas do Estado de Israel e da ocupação.

como público e privado, enquadrando quem ocupa esses espaços e o que isso os confere. Por outro lado, há que se cuidar com reificações de categorias de campo, que, muitas vezes, conferem à mulher palestina o atributo de "mãe guerreira", que desconsidera, por vezes, a estrutura de opressão do heteropatriarcado, a sobrecarga materna e a violência colonial sofrida por essas mulheres, tanto na Palestina quanto na diáspora latino-americana.

A primeira representação analisada será a da mãe geradora. Em distintas culturas, há uma vinculação da mulher com a terra. A "Pachamama", ou "mãe terra", talvez seja uma das imagens mais fortes presentes no imaginário latino-americano hoje. No Brasil, de forma similar, na tradição afro-brasileira, temos a entidade Iemanjá a representar a mãe de todos os orixás. Um culto à fertilidade, à terra como provedora de frutos, tal como a mulher mãe, essa imagem é compartilhada muitas vezes na diáspora palestina; o vínculo com a terra é exaltado em uma sociedade colonizada, considerando a experiência do "colonialismo de assentamento", em que há perda de terras palestinas para israelenses, fazendo da disputa pela terra um elemento central nas narrativas desses/as interlocutores/as.

Figura 31 – Cartaz de Dia das Mães – FEPAL

Fonte: Fepal[47]

---

[47] Disponível em: https://www.instagram.com/p/CdTPRk-ujX2/?igshid=MDJmNzVkMjY%3D. Acesso em: maio 2022.

Nas imagens compartilhadas no grupo da FEPAL mulheres, bem como pela Federação nas redes sociais e Juventude Sanaúd, há comumente uma alusão à maternidade palestina como poder de gestar, parir e resistir. Evidente que parir e o trabalho no cuidado das crianças são duas formas de resistência. Todavia, há também uma romantização, nítida, sobre o papel destinado a essas mulheres. Dentre os papéis de gênero atribuídos a elas, está o da "mãe", da mulher forte, responsável por gerar e criar a resistência, bem como dar subsídio a ela. Entre as mulheres com quem trabalhei, a maternidade não foi contestada como um elemento de opressão patriarcal. Diferentemente da crítica do feminismo ocidental dos anos 1960, a maternidade foi encarada como lugar de protagonismo e política pela maioria das interlocutoras. A crítica estava no âmbito da divisão do trabalho doméstico e do cuidado, que recai majoritariamente sobre elas, como elemento fundamental na luta contra o patriarcado.

Sobre a segunda representação comum, a principal imagem de resistência palestina, da mulher da resistência, certamente é a de Leila Khaled, em que ela segura um fuzil e veste uma *kuffiah*. De forma similar, mães palestinas são retratadas como símbolo de resistência, seja como guerrilheiras, seja como o estereótipo de "mãe guerreira".

Figura 32 – Leila Khaled com fuzil

Fonte: Leila Khaled[48]

Principalmente em relação à imagem de "mãe guerreira", há uma crítica por parte das próprias interlocutoras sobre a sobrecarga materna e a necessidade de uma maior coletivização do cuidado com as crianças. Essa representação acaba por ocultar uma realidade conferida pelo patriarcado a essas mulheres. Contudo, há de se ter o cuidado de não extrapolar essa crítica, localizada, buscando equipará-la à crítica trazida pelas feministas do norte global, brancas. É necessário compreender, primeiramente, que a conformação do grupo aqui é distinta, trata-se de famílias extensas em muitos casos. Os homens palestinos, neste trabalho de campo, em sua maioria, tinham participação no cuidado de forma diferenciada da contrapartida paterna, generalizada, da sociedade brasileira. Dito isso, muitos dos interlocutores mostraram-se bastante ativos no cuidado das crianças durante os momentos de interação que tivemos. Isso também era relatado pelos/as interlocutores/as: embora a responsabilidade principal do cuidado das

---
[48] Disponível em: www.leilakhaled.com. Acesso em: 20 dez. 2022.

crianças e do lar fosse materna, os pais estavam frequentemente presentes nas atividades do cotidiano, como levar à escola, alimentar, realizar passeios.

Outras diferenças evidentes dizem respeito à relação com a comida e com o trabalho doméstico de cozinhar. Muitas vezes homens ocupam esse local, e isso faz parte de um costume compartilhado na diáspora. Trago aqui essas considerações, pois, ao falar em trabalho doméstico nesta pesquisa, algumas diferenciações das críticas devem ser entendidas em seu contexto específico: lares híbridos, que mesclam costumes, que produzem formas distintas de habitar a diáspora trazendo referências locais palestinas com brasileiras. Na diáspora, a construção do lar mistura elementos nacionais das duas localidades, mesmo que, em muitas casas, os costumes palestinos prevaleçam.

Na Palestina, encontrei muitas mulheres que exerciam exclusivamente o trabalho doméstico e o cuidado parental, outras trabalhavam nas lojas e comércio para além do trabalho doméstico, um terceiro grupo exercia funções no governo e em instituições locais somadas às atribuições domésticas. Muitas vezes o trabalho doméstico era terceirizado a outras mulheres ou exercido em parceria com membros da família (incluindo os homens). Trago essa elucidação da relação local palestina com o trabalho remunerado e doméstico de modo a aproximar a discussão da diáspora e apresentar como as mulheres palestinas têm acionado tal discussão.

"O patriarcado existe aqui e lá, de formas distintas". Essa frase foi repetida diversas vezes, em distintas situações e por diferentes interlocutoras. O patriarcado, como sistema que privilegia os homens em detrimento das mulheres, opera de forma que mulheres palestinas, tanto na Palestina quanto nas comunidades palestinas na América Latina, sofrem opressão de gênero. A luta contra essa opressão é perpassada pelas questões locais, mas não deixa de existir.

Muitas vezes as reivindicações são distintas. No Chile, um grupo de jovens mulheres palestinas com que trabalhei reivindicava liberdade do corpo, trabalho, representatividade política, entre outras pautas. Na Palestina, as mulheres com quem trabalhei tinham como pauta central nas organizações visitadas o fim da violência doméstica e a ocupação dos espaços de representatividade política. No Brasil, fim da violência doméstica, representatividade política, liberdade de expressão religiosa e luta contra islamofobia estavam entre as pautas centrais de mulheres não mães e de mães palestinas.

Figura 33 – Dia das Mães

Fonte: FEPAL[49]

Por fim, no que tange a essa "mãe guerreira", Patricia Hill Collins (2019) afirma que há de se cuidar com as imagens estereotipadas, no caso de sua análise das mulheres negras. Trazendo para o caso das mulheres palestinas em questão, poderíamos afirmar que "[…] as imagens de controle são traçadas para fazer com que o racismo, sexismo, a pobreza e outras formas de injustiça social pareçam naturais, normais e inevitáveis na vida cotidiana" (p. 136). Dessa forma, há de se considerar a desconstrução de um relativismo que reifica estereótipos de modo a reforçar distintas opressões impostas a essas mulheres. Reificar os estereótipos de mulher palestina como uma entidade glorificada, pacífica, "guerreira", provedora, que está disposta a renunciar a sua vida em prol dos filhos e família, contribui para a naturalização do sexismo e das demais vias de opressão. É necessário entender que a experiência da maternidade ocorre de maneira distinta para uma variedade de mulheres palestinas e não as reduzir a estereótipos ou "imagens de controle" (Collins, 2019).

---

[49] Disponível em: https://www.facebook.com/FepalPalestina/photos/3912045532198036. Acesso em: 23 mar. 2022.

A terceira representação é a das mães enlutadas ou que possuem filhos presos pelo exército de ocupação. Essa imagem está ligada ao luto e ao sofrimento, bem como à resistência e à ideia de potência das mães que perdem seus filhos como mártires da ocupação. A tentativa de trazer visibilidade a essas mães está associada à busca por conferir às vidas palestinas a capacidade de "enlutamento", de "reconhecê-las" (Butler, 2019), no âmbito internacional, como vidas passíveis de serem vividas. "Uma vida específica não pode ser considerada lesada ou perdida se não for primeiro considerada viva" (Butler, 2019, p. 13). É necessário, primeiro, trazer essa vida à vida, para que então seja enlutada. Dessa forma, as imagens de sofrimento são compartilhadas com o fito de trazer à luz a vida palestina, evocando o sentimento de empatia daqueles que são externos ao conflito.

Figura 34 – Imagem de mães em protesto por seus filhos presos

Fonte: *Revista Fórum*[50]

As imagens de sofrimento e de mães de mártires são muitos comuns nas páginas e nos grupos de WhatsApp de palestinos/as em diáspora com quem trabalhei. A evocação dessas imagens busca trazer ao debate e manter

---

[50] Disponível em: https://revistaforum.com.br/blogs/blog-da-maria-fr/2011/3/9/na-palestina-ter-filhos-lutar-contra-limpeza-etnica-que-israel-impe-ao-nosso-povo-44499.html. Acesso em: 21 nov. 2022.

vívido o sofrimento palestino e a necessidade da "luta pela libertação", como é veiculado entre palestinos/as. O medo foi um sentimento também presente dentro dos grupos de mães com quem trabalhei, medo e dor. Embora eu tenha estado com muitas mães que relatavam medo da perda de seus filhos, predominava o sentimento e o desejo de estar na terra palestina, mesmo que gerasse risco aos filhos, sobretudo aos meninos, alvos em potencial do exército israelense.

Certa vez, em campo, enquanto tomávamos um café em Ramallah e conversávamos sobre nossos filhos, uma mãe me contou uma experiência de perda e luto. Ambas tínhamos filhos de idades similares e um vácuo de anos entre um e outro. A maternidade foi algo que me aproximou de muitas mulheres em campo, falávamos abertamente sobre nossos filhos, nossas experiências, problemas e educação, eu diria que a maternidade ocupou um lugar central em minha relação com muitas de minhas interlocutoras, seguida da militância política. Voltando àquela tarde, num belo café cheio de mulheres, conversávamos sobre a idade de nossas crianças, quando uma interlocutora compartilhou a experiência de um filho perdido, ainda bebê, em decorrência da violência colonial. Ela estava passando pelo *checkpoint*, grávida de muitos meses, não me recordo quantos, quando seu ônibus foi atacado pelos militares, e bombas de gás foram jogadas no interior do veículo. Ela inalou gás a ponto de desmaiar, acordando apenas no hospital. Lá, recebeu a notícia de que acriança poderia ter má formação cardíaca devido à exposição prolongada ao gás. A criança nasceu e poucos meses depois faleceu em decorrência de problemas cardíacos. Esse foi um dos vários relatos em campo de mães enlutadas.

O luto é compartilhado entre mães palestinas; mesmo aquelas que não perderam seus filhos têm o receio de perdê-los mediante a violência colonial. Enquanto as mães palestinas compartilham noções de luto, há também uma militância que busca o direito do enlutamento, muitas vezes negado por Israel, como veremos no capítulo seguinte. Embora seja um tema frequente, durante o trabalho de campo, o medo da perda de um filho nunca era considerado uma impossibilidade para o retorno à Palestina.

As representações de mãe geradora, guerreira e mãe enlutada são construídas nas narrativas sobre maternidade nas comunidades e veiculadas nas instituições e organizações palestinas no Brasil como meio de reconhecer o papel dessas mulheres nas formas de existência e resistência dessas comunidades, bem como de perpetuar costumes vistos como tradição familiar palestina. Tema que discutirei melhor na sessão seguinte.

2.7 Uma narrativa na contramão

As práticas intracomunidade e a conformação da comunidade palestina do Chile e do Brasil como comunidades patriarcais também são problematizadas pelas mulheres palestinas. Conjuntamente, espaços de poder e representatividade dentro das comunidades palestinas têm sido disputados e ocupados por mulheres. No Chile, em relação à comunidade, as interlocutoras têm se posicionado reafirmando a importância e a visibilidade da luta feminista, bem como denunciando o patriarcado como estrutura dominante a ser combatida. Trago aqui narrativas de palestinas-chilenas, cristãs, como forma de elucidar essas relações, a partir das quais podemos pensar as formas como essas mulheres atuam diante dessas estruturas de poder, evidenciando-as e contestando-as.

"Fazer a cama dos irmãos homens, servir a mesa, ter que servir os homens primeiro, casar-se, ter filhos, etc. todos esses comportamentos eram por vezes esperados das meninas palestinas de minha geração", afirmou Gabriela, uma das principais interlocutoras durante os anos de trabalho no Chile. Muitas afirmavam que a comunidade *"permaneceu como a antiga Beit-Jala"*, ou a Palestina do período de migração de seus pais. *"Era muito difícil. Na rua eu estava em Santiago e entrava em minha casa e estava em Beit-Jala"*[51], disse-me ela. Para as jovens palestinas-chilenas com quem trabalhei, embora valorizassem uma "tradição palestina", havia muitos conflitos geracionais em relação à manutenção das relações de poder patriarcais e dos papéis femininos impostos no seio das famílias. Outra interlocutora publicou em sua conta pessoal, nas redes sociais, o seguinte relato:

> Nasci e cresci em uma família com tradições palestinas. Onde o machismo não só se expressava como em qualquer lar chileno, mas também dava uma conotação positiva ao fato de que as mulheres deveriam atender aos homens. Arrumei a cama do meu irmão até entrar na Universidade e não foi minha culpa nem dele, foi apenas a forma como o sistema da casa funcionava. Era um papel que não correspondia a ele e eu via como algo normal. Quando entrei na universidade achava que uma mulher que não era virgem "vale" menos depois para o futuro marido. E assim uma infinidade de coisas, onde as expressões machistas das tradições árabes se somaram às latino-americanas. Morei na Jordânia por alguns meses. Quero dizer que o fato de você ter que ser

---

[51] Original: "Era muy difícil. En la calle yo estaba en Santiago y entraba en mi casa estaba en Beit-Jala".

mais recatada para se vestir não significa que haja mais machismo. Lá, pelo menos, andei pelas ruas com muito mais segurança do que aqui. Acredito que o patriarcado e o machismo são encontrados tanto nas sociedades conservadoras quanto nas liberais, só que se expressam de maneira diferente. Neste 8 de março, eu queria me manifestar com meus peitos. Todo Ocidente se sente no direito de falar sobre um Oriente atrasado, misogênico e sexista. Quero te dizer que existem muitas mulheres árabes que não são submissas nem reprimidas. Que em muitos casos o uso do véu é uma escolha própria. Que em muitos casos se rebelam a utilizá-lo e a gerir-se sem ele. Que a mulher palestina luta contra uma dupla opressão, a do patriarcado e a de Israel. E garanto a vocês que muitos de nós podemos colocar nossos keffiye de resistência levando com orgulho tetas ao ar para protestar (abril de 2019).[52]

Nesse relato, ela fala sobre uma sobreposição de expressões machistas das tradições árabes que se somavam às latino-americanas e como isso se apresenta dentro da comunidade palestina no Chile. Questionando a visão orientalista, reitera como o machismo e o patriarcado estão presentes em todas as sociedades, e não estariam mais presentes em países árabes do que naqueles países convencionalmente chamados ocidentais. Reitera ainda que o machismo na Jordânia, por exemplo, não era diferente do Chile, em uma tentativa de lançar luz à crítica local desorientalizando o olhar sobre os países árabes. Por fim, ela critica o orientalismo ocidental: "Todo o Ocidente se sente no direito de falar sobre um Oriente atrasado, misógino e sexista." Ainda, afirma que "há muitas mulheres árabes que não são submissas nem reprimidas. [...] Que a mulher palestina luta contra uma dupla opressão, a

---

[52] Original: "Nací y crecí en una familia con tradiciones palestinas. En donde el machismo no sólo se expresaba como en cualquier hogar chileno, sino también se le daba una connotación positiva a que las mujeres deban atender a los hombres. Le hice la cama a mi hermano hasta que entré a la Universidad y no era culpa mía ni de él, si no que así funcionaba el sistema de la casa. Era un rol que a él no le correspondía y yo lo veía como algo normal. Cuando entré a la universidad pensaba que una mujer que no era virgen, 'valía' menos después para su futuro marido. Y así un sin fin de cosas, en donde las expresiones machistas de las tradiciones árabes se sumaban a las latinoamericanas. Viví en Jordania unos meses. Quiero decir que el hecho de que haya que ser más recatad@ para vestirse no significa que exista más machismo. Allá al menos, caminaba por las calles mucho más segura que acá. Creo que el patriarcado y machismo está tanto en sociedades conservadoras como las más liberales, sólo que se expresa de manera diferente. Este ocho de marzo, quise manifestarme con mis tetas. Todo occidente se siente con la propiedad de hablar de un oriente atrasado, misógeno y machista. Yo quiero contarles que existen muchas mujeres àrabes que no son ni sumisas, ni reprimidas. Que en muchos casos el uso del velo es su propia opción. Que en muchos casos se revelan a utilizarlo y se desenvuelven sin él. Que la mujer palestina lucha contra una doble opresión, la del patriarcado y la israelí. Y les aseguro que somos muchas las que podemos ponernos nuestro kufiye de resistencia llevando con orgullo tetas al aire para protestar (abril de 2019).

do patriarcado e a de Israel".[53] Novamente a interlocutora aciona essa noção interseccional que nos permite vislumbrar os intercruzamentos das vias de opressão às quais as mulheres palestinas estão submetidas.

Ao finalizar trazendo para cena a *kuffiya*, lenço símbolo da causa palestina, ela o coloca como símbolo da resistência dessas mulheres. A *kuffiya* aparece na imagem com as "tetas al aire", uma forma de protesto contra essas duas opressões, da ocupação dos corpos e da terra. O lenço mencionado, vale salientar, tem simbologia diferente do *hijab* (lenço religioso muçulmano). Ele tem um profundo significado na luta político e social palestina e foi iconizado pelo seu uso por Yasser Arafat. Nessa situação é usado para fazer menção à luta desse grupo de mulheres palestinas, um ato extremamente relevante.

> As concepções sexualmente progressivas dos direitos feministas ou das liberdades sexuais foram mobilizadas não somente para racionalizar as guerras contra as populações predominantemente muçulmanas, mas também para argumentar a favor da adoção de limites à imigração para a Europa de pessoas procedentes de países predominantemente muçulmanos. Nos Estados Unidos isso levou a detenções ilegais e ao aprisionamento daqueles que "parecem" pertencer a grupos étnicos suspeitos [...] (Butler, 2019, p. 48).

Enquanto essas feministas palestinas, que tomam *a kuffiya* e a nudez como forma de expressão da liberdade de uma mulher palestina, externalizam sua luta perante a sociedade chilena, dentro da comunidade essas mulheres têm um segundo trabalho, a ruptura com os costumes conservadores. Uma interlocutora afirmou:

> *Por um lado, temos na comunidade mulheres palestinas na Marcha de oito de março manifestando-se sem sutiã, de outro lado há uma comunidade muito conservadora. Há uma distância e uma enorme complexidade dentro da comunidade palestina no Chile.*

Há uma multiplicidade evidente dentro daquilo que se convencionou chamar de comunidade palestino-chilena. Entre um grupo de aproximadamente 500 mil pessoas, que de alguma forma mantêm relações sociais e políticas reunidas em torno de palestinidades e da manutenção de uma identidade étnica, há de fato uma pluralidade de composição ideológica. Sobretudo entre as duas primeiras e as duas últimas gerações em diáspora, há distinções ideológicas e políticas perpassadas também pelo marcador da geração.

---

[53] "Todo occidente se siente con la propiedad de hablar de un oriente atrasado, misógeno y machista." E afirma que "existen muchas mujeres àrabes que no son ni sumisas, ni reprimidas.[...]Que la mujer palestina lucha contra una **doble opresión**, la del patriarcado y la israelí".

Eu sou efetivamente neta de palestinos. Minha família chegou de Belém ao sul do Chile, justamente onde estão os mapuches. Cresci ali e aos 16/17 anos comecei a militar na causa palestina, aos 17 anos fui a Santiago estudar na universidade. Não cresci em torno da comunidade palestina, não estudei no colégio árabe, não fiz aula de árabe, a questão palestina era interna da minha casa. Havia um apego dos meus pais e principalmente meu avô da Causa palestina, da libertação da Palestina. [Ao longo da vida militou na UGEP e teve bastante contato com a política militante palestina.] Minha família tem alto padrão cultural familiar, político, ideológico, intelectual. Minha mirada é sobre a causa palestina um pouco de fora, pude perceber por exemplo que os palestinos da comunidade palestina podem ser bastante machistas e bastante conservadores, como as pessoas conservadoras que há no Chile, embora a população mais jovem esteja mudando as coisas. São em geral mais conservadores como os chilenos conservadores, mas distinto dos palestinos na Palestina e no mundo árabe. De verdade que nem todos que tem sobrenome palestino pode ser considerado parte da comunidade palestina. A comunidade palestina teria muitas características particulares, mais que ricos de direita, cresceram a partir dos negócios, são empresários chilenos de origem palestina, mas se construíram como empresários chilenos, o que os permite demonstrar as implicações desse contato. Em sua maioria tem gente comprometida com a causa palestina. A comunidade como tal tem certas questões machistas cotidianas, tem a ver também com o legado dos homens, o machismo de um homem de 60 anos é diferente de um homem de 30, até pelo contato com as companheiras dentro da militância. Em geral, os homens palestinos jovens, comprometidos com a causa, são menos machistas que os mais velhos. Enquanto os velhos são mais machistas, não interessa se de direita ou esquerda.[54]

Ela aponta aqui dois pontos bastante relevantes: o primeiro é a diferença geracional na reprodução do machismo. Homens mais velhos tendem a ser mais machistas, independentemente de sua posição política. Entre os jovens, percebe-se que os militantes palestinos de esquerda, pela prática militante e pelo aprendizado com as companheiras militantes, acabam por serem educados quanto ao machismo, reproduzindo menos e desconstruindo práticas opressoras. *"As piores experiências de machismo que vivi foi no seio da comunidade palestina foram situações muito fortes, no seio da família e no coletivo"*, contou uma das interlocutoras.

Novamente, há uma leitura dessas mulheres da comunidade palestina como um lugar onde, tal como na sociedade chilena, a estrutura patriarcal é predominante. Essas mulheres denunciam e posicionam-se diante do

---

[54] Entrevista concedida em março de 2020.

machismo cotidiano. Há, entretanto, um fator comum às diversas narrativas: o predomínio do machismo e do conservadorismo entre os mais velhos, palestinos/as de primeira e segunda geração, como colocou a interlocutora em sua fala anteriormente citada.

Tal como propõe Vergès, utilizo-me dos conceitos da Maria Lugones (2007) no que tange à "colonialidade do gênero". Considero que essa colonialidade promove também uma "determinação sexual", "reinventadas como mulheres, com base nas normas, critérios e práticas discriminatórias". Estas mulheres sofreriam de uma "dupla subjugação". "As mulheres racializadas enfrentam, pois, uma dupla subjugação: a dos colonizadores e dos homens colonizados" (Vergès, 2020, p. 56-7). As duas vias de opressão indicadas pelas interlocutoras referem-se a esse modelo de colonialidade de gênero, que se desdobra de forma tal que os homens colonizados também reproduzem a opressão de gênero sobre as mulheres colonizadas.

A diferença geracional aparece bastante atrelada ao machismo institucional e cotidiano dentro da comunidade. Embora a comunidade, enquanto instituição, reitere notas de apoio às manifestações feministas, sua participação na prática é nula, e as mulheres continuam sendo diferenciadas no interior da organização. As gerações atuais, por outro lado, têm atuado colaborativamente entre palestinas e palestinos para romper sexismos dentro da comunidade, efetivamente buscando romper a colonialidade em suas distintas formas. As mulheres têm ocupado lugares de liderança, não apenas destinados ao cuidado, mas também à representação política no âmbito acadêmico e institucional da comunidade.

A seguir, veremos narrativas na contramão, mulheres palestinas que constroem outras formas de habitar a diáspora, a imposição de costumes por pais e irmãos sob o corpo de mulheres, também as formas como o discurso da colonialidade do poder (Quijano, 2005) atingem pessoas palestinas em diáspora.

2.7.1 Orientalismo na diáspora

A presença de mulheres palestinas muçulmanas e mulheres muçulmanas (árabes ou não) na sociedade brasileira, nas últimas décadas, foi tema de análises acadêmicas e, também, um tema popular, presente nas mídias, telenovelas, notícias. Dessa forma, falar com mulheres palestinas muçulmanas, trazendo suas experiências dentro da comunidade, requer uma delicadeza, devido ao orientalismo e à islamofobia presentes na sociedade brasileira.

Nesta sessão, trabalharei com o relato de uma interlocutora[55] em específico, mas que permite abordar algumas questões compartilhadas quanto às críticas de mulheres palestinas sobre as relações de poder dentro da comunidade, bem como sobre formas distintas de agência dessas mulheres.

Na tese "O véu que (des)cobre Etnografia da comunidade árabe Muçulmana em Florianópolis" (2005), a autora Claudia Espinola aponta que, devido ao atentado terrorista do 11 de setembro, os olhos do mundo voltaram-se para os praticantes do Islã. A partir de eventos ocorridos em 2001, a autora desenvolve a análise de como a comunidade, a partir da adesão ao uso do *hijab*, se descobre aos olhos dos brasileiros.

Segundo a autora, o uso do *hijab* não era uma prática comum entre as mulheres muçulmanas por diversos fatores, até mesmo pela integração à sociedade brasileira. Com esses eventos, elas passaram a fazer uso do *hijab* como maneira de mostrar essa comunidade muçulmana para a sociedade local, procurando desconstruir preconceitos e falsas afirmações sobre o Islã que estavam sendo midiatizadas tanto por jornais, em virtude do atentado, quanto pela novela "O Clone" (Espinola, 2005).

Muitas interlocutoras relatam as violências sofridas por parte da sociedade local pelo uso do *hijab*, que as "descobre", para usar o termo de Espinola (2005), perante a sociedade local. Compartilham, além das experiências de preconceito e intolerância religiosa, uma confusão com a origem ou lugar de nascimento, por conta dos orientalismos presentes na sociedade. Vários são os relatos das abordagens físicas, agressões sofridas em virtude da aparição pública com o símbolo religioso. Da mesma forma, algumas enfatizam o *hijab* como símbolo de resistência contra o preconceito religioso e resistência à imposição de princípios de liberdade ocidentais vinculados à nudez do corpo.

O véu islâmico tem se tornando, ao longo das décadas, no caso brasileiro principalmente após o atentado ocorrido em 11 de setembro de 2001, símbolo de um "inimigo" a ser combatido, risco à "segurança" nacional ou, ainda, inimigo interno e externo, sobretudo no caso europeu e norte-americano. Essa associação islamofóbica vem acompanhada de um discurso de um feminismo civilizatório que se utiliza da crítica secular e da islamofobia como ferramenta política cada vez mais presentes nos Estados neoliberais e neofascistas. Enfim, um caldo disso tudo, e tem-se a fórmula orientalista

---

[55] Essa interlocutora teve seu nome alterado de forma a preservar o anonimato. Essa estratégia ocorreu em apenas alguns casos. Nas outras vezes, optei apenas por não mencionar o nome. Nesse caso, como se trata de um relato pessoal que não faria sentido deslocado para a terceira pessoa, optei pela alteração do nome.

veiculada nas mídias que atinge a população em geral. Assim, criou-se uma forma profundamente orientalista de cunho racista e colonialista de "enquadrar" (Butler, 2019) mulheres muçulmanas, potencializado, no Brasil e no mundo, após os atentados de 11 de setembro de 2001.

Saba Mahmood (2019) propõe uma noção distinta de agência, "[...] não como sinônimo de resistência em relações de dominação, mas sim como uma capacidade para a ação criada e propiciada por relações concretas de subordinação historicamente configuradas". Sugiro, portanto, a partir do diálogo com Mahmood, olhar não apenas a capacidade de ação diante do poder (masculino-patriarcal), mas também as "modalidades de agência cujo significado e efeito não se encontram nas lógicas de subversão e ressignificação de normas hegemônicas" (p. 123).

É fundamental uma reflexão sobre como um feminismo ocidental, branco e do norte global atinge e questiona a forma de vida das mulheres muçulmanas. O papel feminino, durante os últimos séculos, teve sua relevância na discussão da sociedade ocidental. Nesse período, a mulher — que possuía seu papel definido e limitado pela figura masculina, estava sempre à margem dele — começou a conquista de seu espaço social fora da privacidade do lar, a conquista do espaço público. Atrelada a essa conquista, temos a "modernização" da sociedade europeia e das colônias ultramarinas, influenciadas pelos estrangeirismos ocidentais. As mulheres do chamado "Oriente" foram alvo de discriminação e preconceitos, muitas vezes disfarçados por publicidade libertadora, e de críticas associadas à religião, o Islã, vinculando assim o pertencimento religioso à opressão da mulher.

Nesta sessão, busco analisar narrativas de "libertação" e "salvação" da mulher muçulmana, das mulheres não brancas, racializadas, a partir da ótica de liberdade do feminismo europeu, branco, presente na narrativa de imigrantes e refugiadas palestinas-muçulmanas, bem como na narrativa do feminismo civilizatório. Para isso, tomo como fio condutor a trajetória de uma interlocutora palestina, nascida na diáspora, para compreender de que maneira os orientalismos e tais noções de um feminismo civilizatório (Vergès, 2020) se apresentam nesse contexto, dentro da própria comunidade.

Âmbar nasceu no Brasil, e seus pais, na Palestina. A família do pai, como muitos outros palestinos de Corumbá-MS, veio da cidade palestina Kafr Malik, na província de Ramallah. A comunidade palestina de Corumbá é bastante reconhecida no cenário local, trata-se de proprietários de comércio. Como os demais, a trajetória foi similar, chegaram imigrantes, em sua maioria na década de 1950, estabeleceram-se como caixeiros viajantes e, posteriormente, como proprietários de lojas de calçados e roupas. A cidade tinha um clube que unificava libaneses, palestinos e sírios, a Liga Árabe, ativa até meados dos anos 2000.

> Consideravam Corumbá uma região promissora por possuir o terceiro maior porto da América Latina até 1930, tendo suas atividades vinculadas à exportação e importação, bem como ao comércio local. Por causa disso, os árabes escolheram Corumbá como um novo lar, como uma nova oportunidade de vida. Até a década de 1950, os rios Paraguai, Paraná e Prata eram os únicos meios de integração de Corumbá com os demais países da América Latina. Por isso, a cidade dependia da hidrovia e consequentemente as embarcações (navios, lanchas, barcaças, canoas) eram o meio de transporte dominante. Aliada a hidrovia, Corumbá, por ser uma cidade de fronteira aberta, permitia facilmente o descaminho de mercadorias e de pessoas (Mustafa, 2022, p. 21-22).

Seu avô paterno já havia visitado o Brasil antes mesmo da migração definitiva. Seu pai, por sua vez, morou no Brasil por alguns anos, retornando para realizar o casamento, uma tradição importante tanto dentro do Islã quanto para o pequeno grupo de palestinos/as de Corumbá, que seguia como comunidade endogâmica até aquele momento. A descrição e a ênfase dadas pela interlocutora ao casamento na Palestina do tempo dos avós e pais era a todo momento reiteradas por sua importância no seio dessa família. Como ela descreve, o pai teria ido à Palestina casar-se, pois *"a tradição de se casar lá era muito forte"*. O rapaz vai até a casa da moça, alguém da família faz o intermédio. Conforme relata, sua mãe aceitou o matrimônio, e assim ficaram noivos. Do dia em que se conheceram ao dia em que se casaram, o intervalo foi de uma semana. Logo após o casamento, vieram ao Brasil.

A migração para o país ocorreu no ano de 1994, ela nasceu em 1999. Durante todo o período, seu pai trabalhou como comerciante. *"Não posso dizer que foi guerra ou trabalho* [o motivo da emigração], *meu pai gosta de mudar"*, afirmou. Sobre a chegada e a vida familiar no Brasil, relata que viveram em muitos lugares diferentes. A mãe, que trabalha com produção e venda de doces árabes, segundo ela, nunca se adaptou, em virtude da língua, da xenofobia e da ausência de sua família. *"Riem dela, riem de como escreve. A vida toda a mãe só falava árabe"*. Foi com ela que as crianças puderam aprender o idioma como primeira língua, antes do português.

Não é incomum o relato de mulheres que "não se adaptaram" à vida na diáspora. Durante todo o trabalho de campo, encontrei inúmeros relatos como esse. Principalmente entre mulheres muçulmanas, a adaptação ao país era um tema recorrente àquelas de primeira e segunda geração. Muitos filhos relataram que suas mães retornaram e ficaram na "terra", pois tiveram dificuldade de adaptação no Brasil. Tal dificuldade estava marcada pela língua e pela religião. Há de se considerar como o uso do véu marca uma diferença visual em relação à população feminina do país de acolhida. Essas mulheres, ao usar o véu, são evidenciadas, como colocou Espinola em sua análise. Assim, muitas tornam-se alvo de xenofobia e islamofobia pela facilidade de identificação religiosa, enquanto os homens se misturam, sendo menos reconhecíveis pela vestimenta. Atualmente, muitas muçulmanas denunciam a associação do véu a uma ideia de estrangeiro que atinge inclusive muçulmanas brasileiras, tornando-as alvo de xenofobia local.

Retornando ao eixo central deste subcapítulo, Âmbar faz algumas assertivas contrastantes. Percebemos algumas expressões muito pontuais em relação às demais interlocutoras deste livro. Vejamos:

> Me marcou a questão da mulher lá [na Palestina]. No Brasil, a gente tem liberdade grande. Lá, você não pode sair sozinha. Você tá no telefone e os homens já querem saber com quem. É uma prisão. Lá, na Palestina, você tem que ser uma pedra! Desde quando eu entendo do mundo eu me reconheço com duas nacionalidades. Aqui eu sou uma santinha, lá eu sou a rebelde. Eu não me encaixo aqui nem ali. Aqui em casa a gente segue, da mesma forma que minha mãe aplicava, a cultura, comida, decoração, religião (Notas de campo, 2020).

Contou ainda que ela e a irmã, embora socializadas no Islã, não praticam a religião e que a mãe só passou a usar o *hijab* há poucos anos. Todavia, quando estiveram na Palestina, mesmo que a mãe não fizesse uso do *hijab* no cotidiano do Brasil, usou o lenço durante os meses de viagem. Não incomum, mulheres tiram seu véu no Brasil, para tornaram-se menos evidentes, mesclarem-se na sociedade de acolhida. De forma similar, tive relatos de mulheres que na Palestina faziam uso do véu de forma a tornarem-se menos contrastantes com a sociedade local.

Percebemos, na narrativa da interlocutora, uma diferenciação que se dá entre "lá", como essa Palestina distante estereotipada, e o aqui, Brasil, relacionado a noções de liberdade vinculadas a debates do feminismo branco "ocidental". É comum que noções orientalistas e eurocêntricas atinjam os/as palestinos/as nascidos/as na diáspora. Há de se considerar a existência do machismo e do conservadorismo dentro de qualquer sociedade; pais machistas são comuns entre jovens mulheres palestinas, ao mesmo tempo a maioria das interlocutoras construiu uma visão distinta da narrativa central desta sessão, em crítica à noção orientalista que recai sobre as mulheres muçulmanas.

Fanon, em *Pele negra máscaras brancas* (1952), analisa como a colonização acaba por submeter a mente dos colonizados. Não incomum, palestinos e palestinas reproduzem noções eurocêntricas e orientalistas. A nudez das mulheres muitas vezes é atribuída à ideia de liberdade, nos moldes de um feminismo muito específico e localizado, produzido no norte global, que se presume universal, quando não o é. A vestimenta toma espaço central em diversas narrativas somando-se às relações de poder patriarcais que se investem sobre o corpo das mulheres.

Em outro momento, Âmbar conta um episódio distinto, ainda na Palestina, em que visitaram a Mesquita de Jerusalém, Al-Aqsa, aonde ela teria ido com *hijab*, mas com um pedaço da franja exposto, para além do véu. *"Veio umas mulheres árabes gritando que era pecado, eu fiquei chocada"*. Âmbar afirma-se como não muçulmana e continua:

> Lá, o contato físico é mínimo. Não pode abraçar. Acho que vou usar essa palavra [pausa]. As mulheres são oprimidas lá. Tem que olhar pra baixo. A mãe ficava em pé servindo enquanto o marido e o filho comiam. Isso é errado, ela não tem que servir. A cultura dela [mãe] fala que a mulher tem que estar pronta pra servir a família. Ela aprendeu lá...
> Pai falou 'porque ela tem que trabalhar?' Tem todo esse machismo. Perguntei pra minha mãe e ela disse que não. Ela não consegue enxergar. Não me identifico com nenhuma das duas culturas (Notas de campo, 2020).

Ela segue contando episódios que, na sua experiência, denotam a qualidade "tradicional" e machista que estaria presente na "cultura" dos pais,

> Aqui é quente e a gente só usava calça [ela e a irmã]. Comecei cortando a calça no joelho e saí com bermuda. Não dava pra chamar aquilo de bermuda. Foi uma briga gigante. Fui encurtando. Cada vez que encurtava era uma briga, mas eu saía. Hoje eu ainda uso muitas roupas que quero. Uma vez usei uma roupa com um pedaço das costas aparecendo e ela [a mãe] passou mal. No meu aniversário esse ano meu pai foi embora porque aparecia dois dedos das costas. Eles aprenderam que a mulher é sagrada (Notas de campo, 2020).

"O discurso da colonialidade do poder afeta palestinos/as, fazendo com que muitos reiterem conceitos orientalistas numa tentativa de uma aproximação com a representação do 'sujeito ocidental'" (Caramuru; Manfrinato, 2020, p. 357-8). A essa narrativa, somam-se outras tantas que colocam as mulheres palestinas muçulmanas num lugar de passividade e sujeição. Essas narrativas aparecem presentes na sociedade brasileira, mas também dentro da comunidade palestina em diáspora.

Há uma divisão entre as ativistas pró-palestinas que apontam como esse tipo de olhar para a mulher com ou sem a *burca, hijab, niqab* etc. reitera a islamofobia, o racismo e a xenofobia. Nesse grupo, encontrou-se uma valorização das mulheres palestinas muçulmanas, bem como de suas vestimentas e movimentos de resistência. Um segundo grupo é formado por mulheres latino-americanas, socializadas no feminismo branco ocidental, que fazem ressalvas positivas e negativas quanto ao uso do véu. Porém, compartilham as mesmas imagens que algumas vertentes da esquerda e direita libertária que fazem menção ao véu como símbolo da opressão. Nesta etnografia, mais que um binarismo entre passividade e subversão, o que me interessa é olhar para essas distintas formas de vivência, de experiência de palestinidades perpassadas pelo marcador da religião e, nesse caso específico, pelas distintas incorporações ou ressignificações nas normas de modéstia.

> [...] as pessoas vestem a forma de roupa apropriada para suas comunidades sociais e são guiadas por padrões sociais compartilhados, crenças religiosas e ideias morais, a menos que transgridam deliberadamente para defender uma opinião ou sejam incapazes de pagar por cobertura apropriada (Abu-Lughod, 2012, p. 457).

O *hijab* muitas vezes centraliza essas discussões. De um lado, adeptas; de outro, contrárias. Buscando sair de um binarismo, encontramos outras formas de olhar para tais experiências. O que interessa a esta obra é perceber, primeiramente, a existência de narrativas divergentes que elucidam essa vasta composição de palestinas/os no Brasil e no Chile. Em segundo lugar, gostaria de trazer à luz que as narrativas acessadas em campo acabam tendo por elemento comum a crítica ao machismo e ao patriarcado como sistema dominante de opressão das mulheres. Quanto ao uso do *hijab*, ou das roupas que constituem um código de modéstia islâmico, que deve ser feito de forma voluntária, como uma escolha individual, e não uma imposição familiar, como em diversas circunstâncias ocorre, dentro e fora da sociedade islâmica no Brasil. No próximo capítulo, veremos manifestações de mulheres palestinas, em ruas e nas redes, e seu protagonismo dessas.

Notas de conclusão

Evidenciando processos de *home-making*, coisas e pessoas se produzem mediante uma relação transcendental entre humanos e objetos; no sentido da coprodução, objetos saem do lugar de inanimados e constroem sujeitos (Miller, 2010, p. 140-141). Comer e beber ao modo tradicional, com coisas tradicionais, confere autenticidade. Em contraste, as imagens compartilhadas de autenticidade são a todo momento borradas pela diáspora, sendo ressignificadas. A feitura das coisas, as imagens, as coisas e objetos produzem uma sensação de pertencimento, de estar em casa e assim constroem o lar.

O processo de *home-making* também está circunscrito nas formas de elaborar narrativas e categorias de pertencimento de arabicidades e palestinidades. É construído por mulheres que se reconhecem em contraste, bem como em relação ao território da diáspora, seja como mulheres azeitonadas, de pele de oliva, seja como mulheres marrons. A construção política do autorreconhecimento identitário produz uma categoria mobilizada pelas interlocutoras: "latino-arabiana". Para além de uma categoria, criam um espaço para habitar, um lar em constante movimento.

As categorias locais e o processo de autorreconhecimento se constroem, também, por meio de noções de sangue e ancestralidade; "tornar-se palestino" é um processo que não está necessariamente dado na diáspora, sobretudo para pessoas de segunda, terceira e quarta geração. A experiência do retorno, o ativismo político, a pele, o sangue, tornar-se palestino é uma experiencia heterogênea, que não pode ser universalizada, por isso falo em palestinidades, evocando seu uso no plural. Existem, portanto, formas distintas de ser, experenciar e construir *uma* palestinidade. Este trabalho caminha por palestinidades distintas e analisa as que têm como um de seus eixo-duros a causa palestina, palestinidades ativistas.

Além do autorreconhecimento identitário relacional apresentado aqui, enquanto categorias: palestino-brasileira, palestino-chilena ou palestino-iraquianos que a priori aparentam justapor categorias distintas e combinar diferenças, em realidade tais categorias têm sido produzidas e reproduzidas a partir da diáspora. As considerações sobre esse reconhecimento são facilmente compreendidas quando, em suas narrativas, os interlocutores apresentam o contexto de suas vidas: nascidos no exílio ou não, deslocados por migração forçada, refugiados após a *Nakbah*.

O lar é um "destino moral" (Malkki, 1992), implicando "uma arena pública de valores, práticas, disposições técnicas, afetos e sensibilidades" (Schiocchet, 2021). Ele está constantemente em manutenção e disputa. A construção do lar na diáspora é perpassada por distintos marcadores, o lar e as formas distintas de habitar, analisado aqui, são também expressões das formas de ser palestino/a.

CAPÍTULO III

PALESTINIAN LIVES MATTER: MANIFESTAÇÕES EM REDE, REDES DE MANIFESTAÇÕES

> Falo de milhões de homens arrancados a seus deuses, suas terras, seus costumes, sua vida, a vida, a dança, a sabedoria. Estou falando de milhões de homens em quem foram inteligentemente inculcados o medo, o complexo de inferioridade, o tremor, o ajoelhar-se, o desespero, o servilismo. [...] eu falo de economias naturais, economias harmoniosas e viáveis, economias na medida do homem indígena que foram desorganizadas, culturas alimentares destruídas, subnutrição instalada, desenvolvimento agrícola orientado para o benefício único das metrópoles, roubo de produtos, roubo de matérias-primas. [...] também estou falando doas abusos[...] (Césaire, 2020, p. 25. Discurso sobre o colonialismo).

Neste último capítulo, analiso a construção política e militante de palestinidades, que englobam os marcadores sociais de diferença. O capítulo é formado por duas partes complementares. Na primeira, a "dupla opressão"[56], categoria local palestina, é tema central da análise. Dupla para algumas, tripla ou quádrupla para outras. As interlocutoras descreveram uma opressão que se desdobra em outras vias de opressão, ou seja, é cruzada também por noções de classe, e, nesse caso, etnia e nacionalidade. O projeto de ocupação da Palestina as expõe a uma opressão colonial, que se dá também pela via étnico-racial, através do apartheid na Palestina imposto pelo Estado de Israel. Tomo como ponto de partida essa categoria nativa para uma análise interseccional e, na sequência, somam-se a ela as demais vias e marcadores sociais de diferenças, a partir da experiência compartilhada das interlocutoras.

O capítulo tem como fio condutor as formas de resistência e a articulação das pessoas palestinas e de algumas instituições e organizações políticas palestinas. Este texto foi desenvolvido ao longo dos dois anos que precederam e durante a pandemia de Covid-19. Nele, enfoco alguns eventos

---

[56] *Doble opresión*, termo colocado por uma das interlocutoras em referência a opressões impostas às mulheres palestinas no Chile.

centrais no trabalho de campo, tais como movimentos de palestinos/as contra políticas colonialistas, racistas e segregacionistas. Entre os eventos centrais, estão a anexação da Cisjordânia, os ataques à Gaza e à Cisjordânia e a resistência à tentativa de ocupação dos bairros palestinos na Jerusalém Oriental. Também trago à luz o movimento on-line que culminou na #PalestinianLivesMatter e as demais manifestações on-line "sionismo uma forma de racismo" e "Sionismo é racismo, Israel é apartheid" da FEPAL, bem como os impactos das constantes violações de direitos humanos e internacionais nas narrativas de resistência de pessoas palestinas.

No que tange à esfera teórica, o colonialismo tem sido pensado e analisado de distintas formas no âmbito das ciências humanas, sejam elas sociais ou jurídicas. Um ponto relevante a ser considerado são as novas/velhas formas de colonialismo e sua permanência na atualidade como no caso palestino. Compartilhando espaço com o mundo contemporâneo e uma era de pós-colonialidades e pós-modernidades, o colonialismo se adapta, se modifica, todavia, segue vigente. Pensar a Palestina e o que Said intitulou a "Questão da Palestina" (2012) nos permite problematizar, à luz desta etnografia, as novas formas de colonialismo e de racismo, bem como as formas de resistência palestina, conectadas por meio do físico, o corpo como assembleia e ações de resistência corporificadas (Butler, 2019), ou por meio do virtual. Não pretendo aqui revisar as teorias do colonialismo e colonialidade precedentes, mas, a partir da produção etnográfica, ou seja, dos dados levantados em campo em diálogo com tais teorias cunhadas a priori, resgatar algumas noções significativas para esta análise.

Em um segundo momento, busco problematizar, a partir de eventos etnográficos, de que modo as formas de reconhecimento palestino como pessoas de cor e as formas de vigência do colonialismo na Palestina, compreendendo o racismo como um dos pilares na conformação deste modelo colonial, afetam os/as palestinos/as em diáspora. Na segunda parte do capítulo, apresento a correlação estabelecida pelos/as palestinos/as entre o movimento pelas vidas negras nos Estados Unidos, *Black Lives Matter* (Vidas Negras Importam), com a prática militar israelense de agressão e tortura de pessoas palestinas e a veiculação da *#palestinianlivesmatter* (Vidas Palestinas Importam). Por fim, a partir dos desdobramentos do projeto de Anexação da Cisjordânia, analiso os desdobramentos do início do projeto em meio à pandemia e aos protestos palestinos em rede, redes sociais e plataformas on-line.

Nesta análise, muitos outros grupos políticos foram de alguma forma contemplados, tais como os demais movimentos BDS, desde Palestina à América Latina, América do Norte e Caribe, Europa, África e Ásia[57]. Grupos palestinos, políticos, musicais, culinários etc., tanto do Oriente Médio quanto dos continentes citados, foram acompanhados durante esse período por meio das plataformas on-line, por meio de redes sociais, principalmente Instagram e Facebook, por grupos de WhatsApp que permitiram a entrada e permanência da pesquisadora e por seus próprios websites. Entretanto, devido à diversidade dos grupos e das páginas acompanhadas, foi feita uma seleção. Considerando que este trabalho perpassa o espaço digital, mas não se debruça sobre ele como campo exclusivo da análise, a seleção dos grupos trabalhados deu-se a partir do próprio desenrolar do trabalho de campo. Foi por meio dos rastros digitais (Bruno, 2012) dos interlocutores e de sua relação com tais grupos e instituições que a análise deste capítulo se desenvolveu. Trata-se, pois, de um recorte a partir dos principais interlocutores desta pesquisa, com singular participação de algumas lideranças políticas.

3.1 "Israel es un macho violador"

Justiça para as mulheres significa justiça para todos (Vergès, 2020).

> O colonialismo enquanto tal: mesmo com o caráter múltiplo e matizado das suas manifestações, o colonialismo é sinônimo de pilhagem e de exploração; implicou guerra, agressão e imposição, em larga escala, de formas de trabalho forçado em detrimento das populações coloniais, mesmo quando se declarou movido pelo intento humanitário de promover a realização da paz perpétua e a abolição da escravidão... (Losurdo, 2020, p. 32-3).

Dezembro de 2019, bandeiras palestinas balançavam em meio a uma pequena multidão, na verdade um pequeno grupo composto por mulheres. Elas gritavam (em espanhol) *"Israel asesino del Pueblo Palestino"*. Na sequência, alinharam-se lado a lado e iniciaram uma performance em que foi cantado, em idioma árabe, o "hino feminista". Todas estavam

---

[57] Os principais grupos acompanhados durante esse período foram Juventude Sanaud, FEPAL, COPLAC, Federación Palestina de Chile, UGEP-Chile, Comunidad Palestina, Federación de entidades Chileno Árabes (FEARAB-Chile), Federação de Entidades Americano-Árabes (FEARAB-Brasil), Movimento Boicote, Desinvestimento e Sanções (BDS-Brasil), Boicot, Desinversión y Sanciones (BDS-Chile) e Frente Palestina (Brasil).

vestidas de preto e levavam uma *kuffiah* na cabeça ou amarrada em volta do pescoço. Uma imagem forte. Terminaram o canto modificando a frase final da letra original para: *"El violador eres tú, el violador es Israel"*. Novamente juntaram-se em uma roda, e pôde-se ouvir os gritos de ordem: *"Palestina libre sin ocupacion"*, *"Abajo el muro de segregación"*, *"Palestina libre sin ocupacíon"* (Santiago do Chile, 2019).

"La resistência palestina es mujer y está furiosa", *"La lucha contra el sionismo es feminista"*, *"Contra la apropiación y colonización de los cuerpos y la tierra"*, frases como essas estavam presentes nos protestos que aconteceram em Santiago, em 8 de março de 2019. Novamente, as bandeiras feministas foram levantadas no dia 6 de dezembro do mesmo ano, quando um grupo de feministas palestinas realizou um protesto em frente à embaixada de Israel na cidade de Santiago, entoando o "hino feminista" sob o grito de ordem *"Israel és um macho violador"*. A performance do hino feminista já era conhecida pelas manifestações por direitos sociais e mudanças governamentais no Chile naquele mesmo ano.

O *hino*, como as interlocutoras intitulam, foi criado por um coletivo feminista chamado "Las Tesis":

> "Criado há um ano e meio, o coletivo tem o objetivo de traduzir *'tesis de autoras feministas a um formato perfomático'* para chegar a todas as audiências. A música se baseia nos textos de Rita Segato, antropóloga feminista. O dia chave foi 25 de novembro [2019] "Dia Internacional da eliminação da violência contra as mulheres, onde cantaram na Plaza de Armas de Santiago e no Ministério da Mulher e em outros pontos da capital chilena. A partir da acolhida da manifestação, as organizadoras lançaram uma convocatória no Instagram para que mais mulheres interpretassem "el estribillo" em outros países. A chamada resultou um êxito" (Diário el Comercío - elcomercio.pe, 2019, tradução livre[58]).

O hino foi criado por um coletivo fundado por três mulheres, feministas, de Valparaíso, cidade portuária próxima a Santiago, conhecida por ser a primeira cidade tomada durante o golpe militar de Pinochet no ano de 1973, um lugar historicamente simbólico nas lutas e nos movimentos sociais do país. A performance, baseada na obra de Rita Segato, ultrapassou

---

[58] Disponível em: https://youtu.be/ZLKNWIrj8Lw. Acesso em: 2 fev. 2019.

os protestos de Santiago e Valparaíso e, até o momento, já foi realizada em diversos países como México, Peru, Bolívia, França, Estados Unidos da América, Austrália, Espanha e Colômbia.

A letra do hino, conhecido popularmente como "El violador eres tú", é uma crítica ao patriarcado, à violência contra a mulher, ao feminicídio, à repressão e violência de gênero, de Estado e à violência policial (*pacos e carabineros*), jurídica institucional, inclusive do governo por meio do ex-presidente Sebastian Piñera.

El patriarcado es un juez
Que nos juzga por nacer
Y nuestro castigo
Es la violencia que no ves

Es femicidio
Impunidad para mi asesino
Es la desaparición
Es la violación

Y la culpa no era mía, ni dónde estaba, ni cómo vestía
El violador eras tú

Son los pacos
Los jueces
El estado
El Presidente

El estado opresor es un macho violador
El violador eras tú

Duerme tranquila, niña inocente
Sin preocuparte del bandolero
Que por tus sueños, dulce y sonriente
Vela tu amante carabinero

El violador eres tú

"Y la culpa no era mía, ni dónde estaba, ni cómo vestía, El violador eres tú" foi a principal frase entoada nas diversas manifestações feministas das mulheres no Chile. Estampada pela cidade, pichada, impressa, a expressão se tornou símbolo do movimento de mulheres atuantes nos protestos chilenos. Similarmente, a afirmação "El Estado opresor es um macho violador" ganhou ressignificação pelas palestinas. "Israel es un macho violador" foi uma adaptação do hino de "Las tesis".

O grupo de mulheres, de maioria palestina, mas também chilenas adeptas da Causa Palestina, era composto por membros da organização política intitulada UGEP.[59] A organização do evento foi realizada por uma das palestinas, no passado atuante na UGEP, tendo sido, inclusive, a primeira presidenta da organização.

A adesão foi de, aproximadamente, 30 mulheres palestinas, embora o ato tenha sido uma convocação aberta a feministas em geral, militantes da causa. O grupo de manifestantes em geral era composto por mulheres palestinas, de terceira geração, nascidas no Chile, de famílias cristãs ortodoxas. Ao passo que não houve participação, ao menos identificada, de palestinas muçulmanas. Outra característica em sua constituição foi sua composição orgânica; não era organizado de forma institucional. Embora todas tenham sido ou sejam atualmente membros da UGEP, ainda não estão organizadas enquanto coletivo feminista palestino.

Performar e cantar o hino em árabe é o significante analisado neste subcapítulo, bem como as vias de opressão e seus intercruzamentos elucidados pelas interlocutoras. Outra questão relevante é o entendimento dessas mulheres de que a causa social local e as manifestações feministas abrangem não apenas mulheres palestinas, mas também a luta pelos direitos das mulheres mapuche, população indígena do Chile. Uma aproximação que se dá em virtude da opressão de gênero e etnia. Não obstante, por diversas vezes, são criados paralelos entre palestinos e indígenas chilenos e brasileiros, entendendo ambos como povos originários e seu vínculo com a terra, tema explorado mais adiante.

Figura 35 – Protesto de mulheres Chile

Fonte: Performance "Un violador en tu camino مغتصب في طريقك – mujeres palestinas" Youtube

---

[59] Disponível em: https://youtu.be/mdcd53qmjl8. Acesso em: 16 dez. 2020.

Figura 36 – Performance

Fonte: Performance "Un violador en tu camino كقيرط يف بصتغم – mujeres palestinas" Youtube

Há um encontro entre a militância a favor da causa palestina e as reivindicações locais chilenas em vários âmbitos, seja como palestino-chilenos/as nas demandas sociais ou, como no caso citado das mulheres mapuche, pelo direito à terra e à autodeterminação dos povos. Muitas palestinas e palestinos estavam inseridas/os nas manifestações locais contra o governo e/ou pela aprovação de uma nova Constituinte no país. Posteriormente, alianças políticas foram traçadas no Chile considerando, inclusive, a comunidade palestina e culminaram com o plebiscito popular e início da nova constituinte, assim como a ascensão de Gabriel Boric em março de 2022.

Nas manifestações populares, não existiam reivindicações diretamente palestinas, mas havia pautas das "mulheres no geral", destinadas às mulheres como grupo político. Como militantes políticas pela Causa Palestina, as palestinas participaram dos protestos por demandas sociais locais, do Chile, tendo em vista não apenas seu reconhecimento como palestinas-chilenas, mas também algumas aproximações e relações entre os conflitos no Chile e Palestina. Dentre tais relações, a principal foi a acusação, feita pelas interlocutoras, da estreita relação entre o governo chileno de Sebastian Piñera e o governo israelense de Benjamin Netanyahu mediante comercialização de produtos bélicos, compra de armas e bombas de gás lacrimogêneo israelenses pelas Forças Nacionais chilenas. Para além disso, havia a aproximação entre palestinos e chilenos como povos oprimidos por regimes de cunho fascista.

A partir do diálogo com Judith Butler (2019), lanço luz na aliança estabelecida por esses corpos na rua, aliança entre minorias ou populações descartáveis. Devemos "considerar o direito de aparecer como um enquadramento de coligação, que liga as minorias sexuais e de gênero às populações precárias de modo mais geral" (p. 34-5). Na narrativa e atuação das interlocutoras, evidenciou-se uma perspectiva de luta internacionalista, que aproxima mulheres em distintas localidades do mundo, sejam elas palestinas ou chilenas, mas também outras minorias sociais. Nessa perspectiva, a luta das mulheres dos povos originários também era evidente. Em outra ponta, aproximaram-se países e povos colonizados, "ex-colônias" com forte influência estrangeira, numa perspectiva de libertação decolonial. Busca-se assim o reconhecimento enquanto colonizados e colaboração mútua entre países do sul global para romper com as estruturas de opressão.

Em diálogo com Françoise Vergés, estabeleço um caminho analítico similar ao do afro-feminismo no qual Vergès problematiza o sistema de *plantation*, a escravização e sua contribuição com a condição das mulheres racializadas para evidenciar como mulheres brancas, do norte global, ao universalizar sua condição, colaboram com a manutenção da exclusão das mulheres e homens racializados, mantendo à margem das pautas povos originários. Os conceitos das autoras Vergès e Lugones são operacionalizados ao encontro da narrativa das interlocutoras de "doble opresión" para problematizar os efeitos do orientalismo e de um "feminismo civilizatório" (Vergès, 2020) na conformação da sociedade latino-americana e dos desdobramentos vivenciados pelas mulheres palestinas na diáspora. É importante ressaltar a crítica contida ao feminismo branco, pois:

> [...] o feminismo civilizatório nasce com a colônia, pois as feministas europeias elaboram um discurso sobre a opressão se comparando aos escravos. A metáfora da escravidão é poderosa, afinal, as mulheres não seriam propriedade do pai e do marido? Não estariam submissas as leis sexistas da igreja e do estado? [...] Não podemos pensar a colônia como uma questão subsidiária da história (Vergès, 2020, p. 43).

A agência dessas mulheres produz uma fissura na colonialidade do poder (Quijano, 2005). Ao aproximar mulheres a partir da necessidade de ruptura e enfrentamento a um modelo de pensamento e estrutura de opressão, produz-se uma nova forma de compreensão e posicionamento na sociedade. Tais manifestações denunciam a lógica do pensamento dominante, que ora hierarquiza esses grupos de mulheres (chilenas, palestinas e mapuches), ora reifica estereótipos (Quijano, 2005).

A denúncia das mulheres palestinas acessando narrativas interseccionais não está restrita ao âmbito da América Latina. Vale salientar que, em setembro de 2019, após a morte por espancamento de Israa Ghrayeb, em Belém, configurando crime de violência doméstica, surgiu na Palestina um novo movimento feminista Tal'at, ("sair", em tradução livre), que reivindica que "não há pátria livre sem mulheres", argumentando que:

> As feministas em todo o mundo estão incorporando e articulando um feminismo que vê a opressão como sistemática e estruturalmente enraizada no capitalismo, cruzando com raça, sexualidade, colonialismo e ambientalismo. Em suma, um feminismo que vai além das reivindicações individuais de gênero, incitando-nos a lutar por um mundo mais justo e equitativo para todos.
> Tal'at faz parte dessa tradição feminista revolucionária. Nosso movimento é moldado por nossa experiência vivida de mais de sete décadas de violência colonial de colonos israelenses. Como povo, somos despojados de nossos direitos e necessidades mais básicos, ao mesmo tempo em que prejudicamos nosso desenvolvimento e resistência coletivos. Essa realidade nos obriga a analisar as experiências de violência – em suas variadas formas – como uma questão social e política que deve ser tratada em sua raiz e coletivamente, como sociedade (Marshood; Alsanah, 2020).

A associação entre a violência colonial acometida aos corpos de mulheres palestinas e a violência doméstica, patriarcal, tem sido compartilhada por organizações de mulheres palestinas da diáspora à terra de origem. Movimentos de mulheres palestinas têm se organizado desde 1929, como sugere Ellen Fleischmann: "In 1929, palestinian women inaugurated their involvement in organized political activism with the founding of a women's movements" (2000, p. 16).

Em análise recente, Adi, Misleh e Odeh (2021) retomam a história das manifestações e organizações de mulheres palestinas, afirmando que, até o momento da declaração de Baulfour (1917), "[...] as mulheres estavam mais concentradas em associações de ajuda humanitária, preocupadas em especial em garantir educação para meninas e mulheres" (p. 3), todavia, após a imigração judaica massiva para a região, endossada pela declaração, essas mulheres passam a um plano de "ação" concreta, atuando na luta "nacional" e anticolonial". As autoras sugerem alguns momentos fundamentais na organização de mulheres palestina: 1- Revolta al-Buraq, em 1929, protesto que culminou com a morte de 9 mulheres; 2- I Congresso de Mulheres Árabes, que elegeu o Comitê executivo de mulheres Árabes, exigindo fim da imigração colonial; 3- Revolta de 1936-39, na qual mulheres palestinas atuaram em diversos postos, inclusive brigadas, cuidados médicos, alimentos etc.; 4- Fundação da brigada feminina armada Al Zahrat al Uqhuwan; Fundação da União General das Mulheres Palestinas, em 1965, atrelada à OLP; 5- As "ações diretas", na década de 1970, com atuação de Leila Khaled, Therese Halasa e Rima Tannous e 6- a recente organização Tal'at, referida anteriormente (Adi; Misleh; Odeh, 2021, p. 4-6; Misleh, 2020). Esses momentos somam-se a diversas outras manifestações e organizações de mulheres, bem como a ações diretas e movimentos de resistência. Conforme lembrado pelas interlocutoras desta obra, quando nas intifadas, as mulheres usavam suas vestimentas religiosas para esconder pedras, de modo a propiciar matéria para os jovens homens no enfrentamento.

Grupos de mulheres palestinas têm estado atuantes na denúncia e no enfrentamento ao colonialismo, bem como à violência doméstica e racial, à desigualdade econômica, da Palestina ao Brasil e ao Chile, organizando coalizões e redes de manifestações que conectam mulheres do sul-sul, como veremos.

Retomando o protesto chileno, eixo desta sessão, essas mulheres, de trajetória militante, em suas manifestações, compartilham uma noção da "causa palestina" não apenas como instrumento libertador da colonização sionista, mas também dessa militância como ferramenta contra a lógica de pensamento da colonização europeia, do eurocentrismo e do orientalismo que continuam a ser reproduzidos na América Latina. O pensamento colonial, que insere essas mulheres palestinas numa lógica de subalternização e opressão, é apresentado pelas interlocutoras por meio de representações construídas na sociedade chilena, como os estereótipos de mulheres palestinas sempre associadas à passividade e às demais estruturas oriundas da *sociedade patriarcal* chilena. Há uma articulação da causa palestina pelas mulheres no Chile, aproximando-as também das pautas das mulheres mapuches, estabelecendo diálogos entre essas mulheres, bem como uma agência que adquire noções de resistência ao *sistema colonial* e ao *patriarcado* (Caramuru; Manfrinato, 2020, p. 353-357).

Devo salientar que, embora o protesto tenha sido realizado por um grupo de mulheres palestinas que se reconhecem como feministas, com tendências de esquerda, em geral, o protesto teve apoio de outras instâncias jovens da comunidade, inclusive de jovens homens membros de organizações palestinas de direita. Um grupo que esteve à parte dos protestos foram os recém-chegados, refugiados palestinos vindos do Iraque e estabelecidos no país em 2008. Em entrevista com um dos interlocutores desse grupo acerca da sua participação nos protestos, ele afirmou que a ausência de participação se devia ao desconhecimento dos problemas no Chile, somando-se à dificuldade com o domínio da língua espanhola e ao fato de serem estrangeiros, o que os deixava à margem da situação política do Chile.

No caso específico do protesto na embaixada israelense, esse teve apoio da Comunidade Palestina enquanto instituição política. A seguinte nota foi postada na página oficial da Federação Palestina do Chile:

> Agências internacionais, como a Organização Mundial de Saúde (OMS), certificaram que a própria ocupação israelense da Palestina é uma das principais causas dos problemas de saúde das mulheres palestinas. Isto explica em parte a manifestação destas jovens mulheres em frente à embaixada israelense. "O Estado de Israel foi fundado com base numa violação sistemática dos direitos humanos, da qual as mulheres sofreram duas vezes. Durante o Nakbah (a expulsão de Israel de 70% da população palestina em 1948), uma das táticas utilizadas para expulsar a população nativa palestina das suas aldeias foi abusar e violar mulheres, incluindo mulheres grávidas", dizem elas.
>
> Nos últimos 50 anos, aproximadamente 10.000 mulheres palestinas foram detidas e/ou presas sob ordens militares israelitas, de acordo com a ONG Addameer. A OMS informa que 110.000 mulheres palestinas necessitam de ajuda psicológica na cidade de Jerusalém e o Instituto Palestino de Neurociência informa que 36% da população da Cisjordânia está cronicamente deprimida.
>
> Quanto à violência baseada no gênero, esta é acentuada por regulamentos que não foram alterados desde o século passado e que ainda hoje estão presentes. A violência atinge um nível tal que a Espanha deu recentemente 200.000 euros à Agência das Nações Unidas de Assistência aos Refugiados da Palestina no Médio Oriente (UNRWA) para levar a cabo o projeto "Proteção e cuidados às mulheres sobreviventes

de violência de gênero nos campos de refugiados na Faixa de Gaza", nos territórios palestinos[60] (Federação Palestina, 2020, tradução livre).

Embora a Comunidade Palestina não tenha participado institucionalmente da organização do ato, o apoio foi endossado posteriormente por meio dos veículos de comunicação da Federação Palestina. A embaixada de Israel também se pronunciou publicando uma carta em resposta na qual, de forma orientalista, afirmou que "Los DDHH de las mujeres palestinas son diariamente vulnerados, no por Israel, sino por sus propias autoridades, ya sea de Hamas en Gaza o de la Autoridad Palestina en Cisjordania".[61] Na nota, afirmavam que a mulher palestina (como um todo) "infelizmente" estava submetida ao Islã. Como reação, manifestações das mulheres afirmavam que o fundamentalismo religioso não existe na Palestina, tal como ter uma prática religiosa islâmica não equivale à opressão da mulher, como se lê no argumento. A assertiva realizada pela embaixada israelense demonstrou tanto o desconhecimento da realidade dos/as palestinos/as no Chile, que são majoritariamente cristãos ortodoxos, quanto uma visão simplificada e islamofóbica da religião muçulmana.

A partir desses eventos, percebemos a articulação dos marcadores de gênero e etnia na afirmação "Israel é um macho violador e opressor", pois viola os direitos básicos dos seres humanos, das mulheres, e os viola como Estado ocupante, mediante a colonização. A opressão da mulher palestina não é apenas de classe e de etnia, mas também de gênero: a colonização da Palestina é uma colonização da terra e dos corpos. As interlocutoras

---

[60] Original: "Organismos internacionales, como la Organización Mundial de la Salud (OMS), han certificado que la ocupación israelí en Palestina en sí misma es una de las principales causas de los problemas de salud de las mujeres palestinas. Eso explica, en parte, la manifestación de estas jóvenes frente a la embajada de Israel. "El Estado de Israel se fundó a base de una violación sistemática a los derechos humanos, de la cual las mujeres sufrieron por partida doble. Durante la Nakbah (expulsión del 70% de la población palestina por parte de Israel en 1948), una de las tácticas para expulsar a la población nativa palestina de sus pueblos, fue abusando y violando a mujeres, incluso embarazadas", precisan. En los últimos 50 años, aproximadamente 10.000 mujeres palestinas han sido arrestadas y/o detenidas bajo órdenes militares israelíes, según la ONG Addameer. Mientras que la OMS detalla que 110.000 palestinas requieren ayuda psicológica en la ciudad de Jerusalén y el Instituto Palestino de Neurociencia habla ya de un 36% de población con depresión crónica en toda Cisjordania. En cuanto a la violencia de género, ésta se acentúa con normativas que no ha sido modificadas desde el siglo pasado y se mantienen presentes en la actualidad. La violencia llega a tal nivel, que recientemente España entregó 200.000 euros a la Agencia de las Naciones Unidas para los Refugiados de Palestina en Oriente Medio (UNRWA) para realizar el proyecto "Protección y atención a las mujeres supervivientes de violencia machista en los campos de población refugiada de la franja de Gaza", en los territorios palestinos". Disponível em: http://www.federacionpalestina. cl/en-idioma-arabe-jovenes-chileno-palestinas-replican-intervencion-feminista-de-lastesis-frente-a-embajada-de-israel/. Acesso: 2 de fev. 2020.

[61] Disponível em: http://www.federacionpalestina.cl/embajada-de-israel-critico-uso-de-performance-de-lastesis/. Acesso em: 2 fev. 2020.

denunciam que mulheres palestinas são vítimas de feminicídio, de estupros por parte dos soldados israelenses, para além de opressões cotidianas. Uma ênfase na pauta feminista dentro do que é conhecido como causa palestina é tema recorrente no trabalho desenvolvido com mulheres palestinas, principalmente dentro do recorte da segunda e terceira geração. Entre mulheres jovens e acadêmicas, o tema é ainda mais recorrente.

De forma similar ao intercruzamento de vias de opressão proposto por Crenshaw (1989), que articula raça, gênero e classe, ou ainda as demais propostas interseccionais de Audre Lorde, bell hooks e Angela Davis, podemos ler a *dupla opressão* como o cruzamento de duas vias de opressão em que mulheres palestinas estão inseridas. Essas mulheres estariam submetidas tanto à opressão da *sociedade patriarcal* quanto ao regime colonialista israelense na Palestina.[62] A essa dupla opressão marcada pelas interlocutoras, se somariam outras. É interessante perceber como o marcador social de diferença classe não aparece nesse caso específico pelas interlocutoras. A causa palestina vincula-se à classe social, por parte das/os interlocutoras/es quando associada à classe baixa (pobre); quando associada à classe alta (ricos), ela não é evidenciada nas narrativas locais, embora sempre esteja presente. Lembremos que a constituição dessa comunidade, embora não seja economicamente homogênea, é de uma maioria de palestinos/as que têm a origem da imigração ainda no século XIX e início do século XX, e que inserção laboral no comércio possibilitou, por meio do neoliberalismo, uma comunidade economicamente próspera.

Assim, o marcador de classe perpassa muito mais palestinos/as marcados pela diferença de nacionalidade (iraquiana) e de condição de refúgio, estabelecidos no Chile em 2008, do que a comunidade já estabelecida, como vimos no capítulo anterior. A seguir, analisarei alguns conceitos e reivindicações de autorreconhecimento em que raça emerge como um marcador social de diferença na produção de *uma* palestinidade.

3.2 Pessoas de cor, corpos colonizados, povos originários

> Como pode Jesus ser branco se nós somos negros? – Fahim Quesieh - In memoria. (Notas de campo, dezembro de 2016).
>
> Espectro que leva o guarda a vigiar. Chá e um fuzil. Quando o vigia cochila, o chá esfria, o fuzil cai de suas mãos e o Pele-Vermelha infiltra-se na história

---

[62] Embora não seja o objeto central desta análise, há uma compreensão de que essa *dupla opressão* se desdobra em outras vias de opressão, ou seja, é cruzada também por noções de classe e nesse caso etnia e nacionalidade.

A história é que és um Pele-Vermelha
Vermelha de plumas, não de sangue. És o pesadelo do vigia
Vigia que caça a ausência e massageia os músculos da eternidade
A eternidade pertence ao guarda. Bem imobiliário e investi-
mento. Se necessário, ele se torna um soldado disciplinado
em uma guerra sem
armistício. E sem paz
Paz sobre ti, no dia em que nascestes e no dia em que res-
suscitarás na folhagem de uma árvore
A árvore é um agradecimento erguido pela terra como uma
confiança em seu vizinho, o céu [...] (Darwich, 2016 *apud*
Santos, 2020, p. 59).

Por diversas vezes nesta etnografia, pessoas palestinas acessaram o autorreconhecimento identitário racial como pessoas marrons, embora no Brasil palestinos/as acessem com facilidade a branquidade (Lesser, 2001) e tenham uma transitoriedade entre as paletas diversificadas de cores. A partir das respectivas experiências individuais, palestinas/os com quem compus esta etnografia têm-se reconhecido como pessoas de cor. Raça e gênero no Brasil não estão necessariamente dados a priori, mas são relacionais; muitas vezes foi na relação, quando o outro te descobre, que pessoas palestinas se descobriram e posteriormente se reconheceram como pessoas de cor. Há uma diferença entre os distintos contextos locais desta análise. Um/a palestino/a no Sul do Brasil pode ser considerado uma pessoa de cor, mas no Norte ou no Nordeste, uma pessoa branca. O ato de reconhecer o outro é uma prática entre sujeitos (Butler, 2019, p. 19), e há uma variação do reconhecimento, isso inclui o racial.

Conforme Oracy Nogueira (2006), há uma diferença entre preconceito de "marca" e de "origem". O preconceito de marca, reformulação do "preconceito de cor", "determina uma preterição", enquanto o de origem, "uma exclusão incondicional dos membros do grupo" (p. 293). Poderíamos afirmar que, na Palestina e na Palestina ocupada (Israel), as pessoas sofrem um preconceito de origem, não importa a epiderme necessariamente. Diversamente, no Brasil, uma "sociedade pigmentocrática" (Vigoya, 2018) ou, como nomeou Sueli Carneiro (2011), uma sociedade em que está instituída uma "hierarquia cromática e de fenótipos" (p. 67), palestinos/as de cor sofrem preconceito de marca. Os palestinos/as que não são necessariamente pessoas de cor sofrem preconceito apenas quando são "descobertos" por meio de nome e religião, de forma mais usual. Um palestino não branco consegue transitar, se for rico, por exemplo.

> Onde o preconceito é de marca, como no Brasil, o limiar entre o tipo que se atribui ao grupo discriminador e o que se atribui ao grupo discriminado é indefinido, variando subjetivamente, tanto em função dos característicos de quem observa como dos de quem está sendo julgado, bem como, ainda, em função da atitude (relações de amizade, deferência etc.) de quem observa em relação a quem está sendo identificado, estando, porém, a amplitude de variação dos julgamentos, em qualquer caso, limitada pela impressão de ridículo ou de absurdo que implicará uma insofismável discrepância entre a aparência de um indivíduo e a identificação que ele próprio faz de si ou que outros lhe atribuem (Nogueira, 2007, p. 293).

Para além do leque de cor palestino, que no Brasil é bastante variável, no que tange ao autorreconhecimento identitário, meu objeto central aqui, há palestinos/as que se consideram pessoas brancas e aqueles que se consideram de cor. Na Palestina, um palestino marrom pode ser só mais um, um corpo não branco ou, como por vezes vi, um corpo de pele retinta, marcado pelo outro também como beduíno[63]. Na Europa, um palestino é uma pessoa de cor, a xenofobia está marcada pela raça. A intersecção dos marcadores de gênero, raça, etnia e nacionalidade emerge nas narrativas das e dos meus interlocutores, num processo de reconhecimento relacional e político.

> O objeto do racismo já não é o homem individual, mas uma certa forma de existir. [...] Os valores ocidentais misturam-se peculiarmente ao célebre apelo à luta da "cruz contra o crescente". [...] o racismo não é mais do que um elemento de um todo mais vasto: a opressão sistematizada de um povo". (Frantz Fanon *apud* Manoel; Landi, 2019, p. 66).

A experiência racial é diversificada, não é universal, tal como o racismo, como sistema de opressão. Tomo aqui a noção de racismo como sugere Fanon, "opressão sistematizada de um povo", dessa forma palestinos/as estão perpassados pelo racismo de distintas formas, que não se restringe exclusivamente ao racismo biologizante ou ao fenotípico, como desenvolverei nas páginas a seguir.

Palestinos/as desta sessão serão nomeados pela terminologia "pessoas de cor" a partir do diálogo com a proposta epistemológica de Rafia Zakaria (2021) e Françoise Vergès (2020) e com a conceitualização de pessoas

---

[63] Embora esse tema seja muito relevante, não poderei desenvolver aqui maiores diferenciações entre palestinos/as na Palestina, devido à minha curta estadia em campo e ao meu objeto central de análise. Todavia, a recorrência da associação entre pessoas de pele retinta e beduínos era comum tanto no Brasil quanto na Palestina. Uma vez um interlocutor me afirmou que era palestino beduíno e mostrou o braço, como se confirmasse a informação devido à sua cor de pele.

de cor, não brancas e "racializadas", como exposto no capítulo anterior. Entendendo o lar como um lugar de reconhecimento, busco compreender como as palestinidades são perpassadas por marcadores raciais e como se dão os processos de reconhecimento em relação a esse marcador. Há de se considerar a diferença entre o racismo que atinge pessoas palestinas marrons e pessoas africanas negras. Assim, novamente reitero meu uso do termo *de cor*, que engloba, de forma ampla, palestinas/os marrons, pardos, pretos, azeitonados, olivados etc.

Esse subcapítulo destina-se à discussão emergente nesta etnografia sobre a pertença de cor de pessoas palestinas, seu autorreconhecimento como pessoas de cor. Embora esta análise se debruce sobre palestinos/as de cor, há de se considerar a existência de palestinos/as epidermicamente brancos/as e que assim se autorreconhecem. O que me interessa não é uma teoria geral de cor palestina, mas compreender, a partir do meu campo, como o marcador de raça opera sobre palestinos/as de cor e como esse marcador está ligado às políticas racistas do Estado ocupante. Problematizo também como os interlocutores constroem noções de raça e corpos palestinos.

Primeiramente, me permitirei retroceder à origem de um termo em questão, central a este capítulo. Também permito-me compreender seus usos de forma mais ampla e localizada para entender como ele é acionado pelos/as meus/minhas interlocutores/as e como opera como marcador social de diferença entre pessoas palestinas, a partir das experiências deste trabalho de campo. O termo em questão é "raça" e apareceu ainda no século XVI. O darwinismo social e o racismo moderno,

> [...] racismo científico, ou seja, a teria biologizante de hierarquias raciais, datam de um período mais recente, entre os séculos XVIII e XIX. Em sua origem o termo raça tratou de agrupamentos de pessoas de origem comum. Todavia, na sociedade europeia de meados do século XVIII, o conceito raça circulava com novo entendimento (Schwarcz, 2012, s/p).

Foi principalmente no século XIX, mediante as teorias de Georges Cuvier, Arthur de Gobineau, Cesare Lombroso, que o conceito de raça foi instrumentalizado a partir de noções de superioridade racial branca e civilidade, sendo articulado de modo a justificar a empreitada imperialista nos demais continentes (Schwarcz, 1993, 2012). Sobre o conceito em si, raça, farei uso da definição proposta por Lilia Schwarcz:

> Raça é, pois, uma categoria classificatória que deve ser compreendida como uma construção local, histórica e cultural que tanto pertence à ordem das representações sociais - assim como o são fantasias, mitos e ideologias – como exerce influência real no mundo, por meio da produção e reprodução de identidades coletivas e de hierarquias sociais politicamente poderosas (2012, p. 34).

Definido tal conceito, veremos agora seus desdobramentos e usos políticos e identitários entre pessoas palestinas nesta etnografia. Pessoas árabes no Brasil, que incluem palestinas, transitavam entre identidades branca e não branca, pessoas de cor. Devido ao colorismo[64] (Devulsky, 2021) brasileiro, muitos/as palestinos/as poderiam facilmente transitar como brancos/as, acessando um lugar de privilégio dentro de uma sociedade pigmentocrática (Viveiros, 2018). No caso chileno, percebi um "alargamento" do termo "negro" no que tange à autodeterminação palestina, muitos palestinos marrons usavam o termo negro para autoidentificação. Como na fala de abertura, "negro" apareceu muitas vezes nas falas de interlocutores como um guarda-chuva terminológico que incluía todas as pessoas de cor. Todavia, neste subcapítulo, terei por enfoque o trabalho de campo no Brasil para uma compreensão situada dos usos do conceito raça e dos processos de autorreconhecimento identitário. Novamente, o Chile aparece como contraponto, de modo a elucidar a multiplicidade dos usos de categorias de pertencimento.

> Os fatos mostram que as tentativas de tornar os árabes etnicamente inofensivos por meio de seu embranquecimento muitas vezes tiveram como contrapartida as tentativas dos sírios-libaneses [e *palestinos*- grifo meus] de criar um espaço para a etnicidade árabe dentro do contexto brasileiro. Isso foi feito, ou expandindo a idéia de "brancura", de modo a incluir o Oriente Médio, ou elevando o Oriente Médio a uma posição de igualdade com a Europa, embora ainda mantendo sua identidade separada (Lesser, 2001, p. 134).

---

[64] Conceito cunhado por Alice Walker, em 1983, o colorismo fala em uma "hierarquia racial". Um conceito bastante controverso dentro dos mais variados movimentos negros e negada pelo MNU, nas décadas anteriores no Brasil, em síntese, em que pessoas negras de pele escura estariam hierarquicamente inferiores a pessoas negras de pele clara, numa estrutura hierarquizante racista adotada nas sociedades coloniais. (Devulsky, 2021) "O colorismo é uma ideologia, assim como o racismo. Enquanto processo social complexo ligado à formação de uma hierarquia racial baseada primordialmente na ideia de superioridade branca, sua razão de fundo atende aos processos econômicos que se desenvolvem no curso da história. De um pólo a outro, seja ao preterir os traços fenotípicos e a cultura associada à africanidade ou ao privilegiar a ordem imagética da europeinidade, sua constituição está ligada ao colonialismo e, indelevelmente, ao capitalismo (Delusky, 2021, p. 30).

Sobre essa suposta passabilidade[65] dos/as palestinos/as no Brasil, já em Lesser era possível visualizar, como ele afirmou, que "sua fisionomia permitia-lhes transformar-se instantaneamente em brasileiros, com uma simples troca de nome" (2001, p. 135). Ou seja, no Brasil, ao mesmo tempo em que a mestiçagem ganhou evidência no século XIX, mediante teorias racistas de embranquecimento, eugenia, e degeneração da raça por miscigenação (Schwarcz, 2012), foi criada, na década de 1930, uma ideia positiva, pacífica e falsa de uma nação miscigenada (Freire, 2005), o caldeirão das raças, que posteriormente se desdobrou num racismo à brasileira bastante específico.

Embora exista uma transitoriedade possível para árabes no Brasil devido à constituição multiétnica do país, o colorismo se apresenta nas relações sociais, diferenciando pessoas etnicamente árabes e demais pessoas não brancas de pessoas brancas. Isso opera, também, devido a uma lógica imposta pela branquitude. Tomo por branquitude a conceitualização de Maria Bento,

> Branquitude como um lugar de privilégio racial, econômico e político, no qual a racialidade, não nomeada como tal, carregada de valores, de experiências, de identificações afetivas, acaba por definir a sociedade. Branquitude como preservação de hierarquias raciais, como pacto entre iguais [...] (2002, p. 7).

Porém, retorno à colocação de Audre Lorde, de que "não há hierarquia de opressão" e que "a opressão e a intolerância ao diferente existem em diferentes formas, tamanhos, cores, sexualidades" (Lorde, 2019, p. 235). Nessa esteira, busco compreender, a partir da etnografia, as formas de autorreconhecimento identitário palestino e os atravessamentos do marcador de raça em suas experiências enquanto pessoas de cor.

> No mundo do branco, o homem de cor encontra dificuldades na elaboração de seu esquema corporal. O conhecimento do corpo é unicamente uma atividade de negação. É um conhecimento em terceira pessoa. Em torno do corpo reina uma atmosfera de incertezas (Fanon, 2008, p. 104).

A partir de Frantz Fanon, podemos compreender a experiência do/a colonizado/a a qual construiu corpos não brancos a partir da negação. Corpos palestinos são expostos, há mais de um século (ou décadas, a depender da leitura), ao regime de colonização, que os discrimina, assedia, agride. Desde

---

[65] Sobre o uso do conceito, ver nota de número 56.

a origem do movimento sionista, e anteriormente, a partir da presença colonial britânica na região, durante o protetorado iniciado no pós-Primeira Guerra Mundial, os/as palestinos/as são vistos/as como povos "nativos", não brancos, e são frequentemente intitulados "negros", ou beduínos, como forma da designação enquanto pessoa de cor (Masalha, 2021).

A elaboração do corpo é perpassada pela ação colonial, pelo olhar colonial e na relação entre colonizador e colonizado. Nessa relação, é o branco colonizador que define a priori o outro, o não branco colonizado,

> Elaborei, abaixo do esquema corporal, um esquema históri-co-racial. Os elementos que utilizei não me foram fornecidos pelos 'resíduos de sensações e percepções de ordem sobretudo táctil, espacial, cinestésica e visual', mas pelo outro, o branco, que os teceu para mim através de mil detalhes, anedotas, relatos (Fanon, 2008, p. 105).

Como analisou Frantz Fanon (2020), os negros, no mundo branco, elaboram um esquema epidérmico racial, sendo "sobre determinados a partir do exterior", "escravos da aparência" (p. 131). Sofrem um racismo marcado pela epiderme. Diferentemente, poderíamos dizer que árabes transitam entre o racismo marcado pela epiderme, fenotípico, e um racismo marcado pela etnia. Palestinos/as na Palestina, residentes ou retornados (temporariamente), experimentam uma discriminação fixada: são palestinos/as e nada mais, cidadãos diferenciados daqueles que detêm o controle e as estruturas de poder. Raça e etnia se misturam nesse contexto, um/a palestino/a branco/a ainda está marcado/a pela colonização. No contexto de ocupação da terra palestina, "o racismo persiste como fenômeno social, justificado ou não por fundamentos biológicos" (Schwarcz, 2012, p. 34).

Poderia se falar aqui em duas vias distintas, o genocídio do povo palestino e o etnocídio, segundo Pierre Clastres (2014). Há nesse caso tanto a destruição do corpo, por meio de práticas genocidas racistas, quanto da cultura, uma "destruição sistemática dos modos de vida e pensamento" (Clastres, 2014, p. 78). Todavia, diferentemente do que propôs o autor, o etnocídio é composto por uma visão hierárquica e etnocêntrica, mas que tem por base um humanitarismo, como no caso dos missionários que almejam converter o indígena a sua religião e cultura, entendida para eles como superior. No caso palestinos, há o genocídio — morte dos corpos, epistemicídio — destruição dos saberes e cultura (Souza Santos, 2009) e a apropriação cultural dos saberes, da culinária, do bordado etc.

Eu experimentei uma situação de violência em campo na Palestina. Como uma pessoa nascida no subúrbio carioca, em Madureira, bairro da cidade do Rio de Janeiro, e que experenciou ao longo da vida a violência policial nas comunidades cariocas, estar na Palestina me trouxe distintas sensações e experiências de violência jamais vividas no Brasil ou qualquer outro país. No Brasil, um corpo preto e pobre está estatisticamente mais vulnerável à morte. Como apontam os Racionais MC's, "a cada 4 pessoas mortas pela polícia 3 são negras" (Racionais, Capítulo 4 - versículo 3, 1994). Segundo dados atualizados da ONU, "são 23 mil jovens negros mortos por ano" (ONU, 2017). Na Palestina, a todo momento, senti meu corpo sobre ameaça, quando em Hebron, dentro de um carro palestino[66] uma metralhadora automática foi apontada para nós. Independentemente da cor, a segregação social e a violência estão sempre presentes. Nos dias em que circulei por Hebron, majoritariamente fazendo uso do *hijab* por respeito à comunidade, meu corpo estava vulnerabilizado, passível de violência, identificado apenas no momento em que o passaporte era acionado por parte das forças coloniais.

No racismo, há a construção da diferença, do "Outro", visto como "diferente' devido a sua origem racial e/ou pertença religiosa" (Kilomba, 2020, p. 75). O marcador de raça perpassa corpos palestinos, desumaniza, objetifica, cria a outreidade. Corpos palestinos são invisibilizados, apagados, violentados. São vidas que não importam e que não são passíveis de enlutamento (Butler, 2019). O "outro" é o objeto de diferença, segregado, apartado. Na diáspora, quando identificados, os corpos palestinos seguem perseguidos, vitimados, resistentes. Palestinos/as interlocutores/as deste livro, em diáspora no Brasil e no Chile, denunciam como essas narrativas que vinculam racismo e sionismo estiveram no cerne do projeto de limpeza étnica.

Tanto na Palestina quanto no Brasil e no Chile, o marcador raça/etnia permanece presente, perpassando os corpos palestinos, nominando o "outro". Quando não pela epiderme, o racismo se dá a partir do momento da identificação, quando se descobre o outro. Essa descoberta ocorre muitas vezes pelo nome ou pela religião (quando muçulmanos/as). Os nomes são elementos de diferenciação fortes na diáspora, de fácil identificação,

---

[66] Os carros israelenses e palestinos de 48 e da Cisjordânia possuem placas diferentes que demarcam e limitam a mobilidade. Israelenses e carros de "palestinos de 48", que moram em Jerusalém possuem placas amarelas, quanto os carros da Cisjordânia possuem placas brancas e verdes. Assim, visual e facilmente, os palestinos são identificados pelas forças de ocupação e controle de mobilidade. As placas amarelas circulam pela Palestina Ocupada e pela Cisjordânia, as placas brancas circulam apenas nas áreas palestinas de controle da ANP.

tornam-se alvo de discriminação. No âmbito da religião, há uma confusão maior, quando automaticamente é atribuída a etnicidade árabe à prática religiosa islâmica, ou seja, aos muçulmanos é atribuída a etnia árabe pela sociedade de acolhida.

Nesta etnografia presenciei processos distintos de autorreconhecimento identitário palestino enquanto pessoas de cor. Ora como azeitonados, pele de oliva, *hinta* (trigo), ora como pessoas marrons. Há uma transitoriedade das denominações. Algumas interlocutoras, no Brasil, questionam os termos pardo ou amarelo devido à incompatibilidade de tradução, o que leva a uma ausência de cor, no sistema oficial do IBGE, que represente as pessoas árabes, como mencionado no capítulo anterior.

Tanto na Palestina ocupada quanto em determinadas regiões do Brasil, palestinos/as foram marcados/as pela raça. Há que se considerar a amplitude geográfica e a conformação racial do Brasil. No Brasil, muitos migraram para a região Sul, reconhecida pela população oriunda da imigração europeia branca (italianos, alemães, poloneses). *"Patrício, negro, turco, judeu, assim eu era chamado"*, afirmou Armando sobre as denominações que recebia da população local, branca, no interior do estado do Rio Grande do Sul. Ele disse que migrou por causa da perseguição econômica e racista que sofreu na cidade de Venâncio, onde era chamado de "Schwartzman", homem negro, pela população de origem alemã. Ao mesmo tempo que relata a perseguição por sua origem étnica, ele culpabiliza o sionismo pela situação vivida: *"Minha perseguição foi por causa dos palestinos/as; o sionismo não é religião, é uma ideologia nazista, racista e fascista"*. Muitos/as palestinos/as sofriam uma dupla opressão racial, na Palestina ocupada, para onde frequentemente viajavam, por parte de militares e colonos israelenses e por parte de membros da sociedade de acolhida, que os discriminavam pela nacionalidade ou etnicidade.

Essa narrativa, bem como outras similares que vieram à luz durante o trabalho de campo, contrasta com a ideia de solidariedade brasileira e ausência de racismo no país. Evidentemente, a conformação do país, sua variedade étnica, é um fator relevante na acolhida de imigrantes, todavia os árabes não perfazem o modelo do imigrante desejado pelas políticas migracionais do início do século XX no país. A ocupação econômica, as atividades comerciais e a ascensão de muitos árabes à elite nacional acabaram colaborando com a narrativa de embranquecimento deles, de modo a valorizar sua presença em um país onde predominou uma ideologia de miscigenação, também racista. Contudo, como sugere Lesser, não devemos tomar esse processo de forma simplista. Ao passo que as elites tentavam "constranger e coagir os novos residentes a aceitarem uma identidade nacional europeizada, branca e homogênea", havia uma força contrária. Os imigrantes "recém-chegados desenvolveram formas sofisticadas e bem-sucedidas de se tornarem brasileiros, alterando a ideia de nação proposta". A proposta de nação das elites foi modificada incluindo a multietnicidade na brasilidade (Lesser, 2014, p. 23).

Tomando as narrativas dos interlocutores como dados compartilhados em relação à noção de pertença e reconhecimento identitário, problematizo as formas de autorreconhecimento identitário palestino como pessoas de cor e, em um segundo momento, como indígenas. Se a premissa para definir grupo étnico será a de Barth, partiremos do entendimento de que esses grupos não existem a priori, portanto não devemos os pressupor como um modelo ou unidade, mas buscar os processos que moldam a experiência e valores das pessoas (Barth, 1993).

Por um lado, palestinos poderiam ser entendidos como pardos, na conformação racial do Brasil. Na América Latina e em demais regiões, como América do Norte, alguns deles têm se reconhecido como pessoas não brancas, marrons. Por outro lado, nesta etnografia, algumas aproximações entre palestinos e indígenas americanos foram realizadas. Elas aparecem de duas formas. A primeira, a partir da solidariedade entre a luta por autodeterminação dos povos, enquanto população autóctone, da Palestina e das Américas, respectivamente. A segunda evidenciou-se no nomear palestinos como povo indígena. Diferentemente das outras formas de autorreconhecimento exploradas nesta análise, a afirmação dos palestinos como povo indígena foi acionada como ferramenta política, bem como uma maneira de nomeação coletiva e nunca individual. Ou seja, meus interlocutores, entre os poucos que fizeram tal associação, utilizaram-na em relação ao todo, ao grupo, e não como ferramenta de autorreconhecimento individual. Nunca um interlocutor afirmou ser indígena, embora já houve quem afirmasse que palestinos são indígenas, no plural. Há, de fato, uma sobreposição dos termos "indígena", "povos autóctones" e "povos originários". A FEPAL utiliza atualmente a categoria "população autóctone" que, para eles, é a que melhor condiz com as pessoas palestinas e, no Brasil, permite a distinção com os indígenas brasileiros, em respeito a esse grupo.

A associação de pessoas palestinas a identidades indígenas provém, em certa medida, da disputa por uma causa que trata da reivindicação de terras ou da resistência contra o projeto de colonização da terra e expulsão dos palestinos/as. Nesses contextos, alguns grupos de palestinos/as em diáspora, interlocutores deste trabalho, têm se utilizado dos termos indígenas, população autóctone e povos originários ao elaborar uma contranarrativa palestina sobre os processos de expropriação e expulsão dos/as palestinos/as desde 1948. Outro termo bastante reivindicado e utilizado em aproximação com a situação de povos indígenas brasileiros é genocídio.

De forma similar à narrativa sionista de "terra sem povo", no que tange à Palestina, no Brasil bem como no Chile, as populações indígenas foram desconsideradas no projeto colonial. Aliás, o apagamento e a limpeza étnica dos povos originários foram uma etapa do sucesso colonial rumo à "civilização". A chegada de Cristóvão Colombo às Américas, em 1492, marcou o início da tomada das terras indígenas e do genocídio da população autóctone. No Brasil, "[...] de início do século XIX até meados do século XX os brasileiros favoráveis à imigração pretendiam povoar as regiões do país que viam como vazias. Embora essas áreas muitas vezes abrigassem populações indígenas [...]" (Lesser, 2014, p. 46). Essa relação entre populações autóctones, povos originários, e a luta pela existência, pela terra e contra o genocídio têm aproximado palestinos e indígenas latino-americanos. No Chile, nas manifestações pelo "Estallido Social", algumas pautas eram justificadas abaixo do guarda-chuva político de autodeterminação dos povos, nas quais tanto mapuches quanto outros grupos étnicos indígenas do Chile e palestinos se aproximavam em busca de direitos em comum. No Brasil, frequentemente a solidariedade entre os grupos enquanto "povos originários" é construída e afirmada, todavia de forma mais sutil e no âmbito da solidariedade entre povos, não entre povos indígenas.

A categoria "indígena palestino" aparece tanto nas narrativas de campo entre interlocutores ativistas quanto na literatura. Uma questão relevante se refere à tradução do termo indígena do inglês para o português. Em inglês, uma das línguas comumente faladas na Palestina, o termo *"indigenous"*, tem conotação associada ao pertencimento autóctone. Vejamos, *"indigenous people of Palestine"* facilmente poderia ser entendido como povos originários ou população autóctone, como mais frequentemente usado. A Federação Árabe Palestina do Brasil tem utilizado a nomenclatura "povos originários", ou "população autóctone". A Juventude Sanaúd, em nota, remete-se aos palestinos como "nativos" e associa o termo tanto à luta pela terra e contra a limpeza étnica indígena no Brasil e dos palestinos, quanto à cooperação comercial do governo brasileiro e israelense no agronegócio. Esse empreendimento econômico, no Brasil, tem sido um dos maiores responsáveis pela devastação e garimpo nas terras indígenas, além da perseguição e do assassinato de indígenas brasileiros, com apoio do presidente Jair Bolsonaro. A organização ainda recorda a similitude dos slogans "terra sem povo para um povo sem terra", utilizado no sionismo, e "uma terra sem homens para um homem sem terra", utilizado pelo ex-presidente da ditadora militar brasileira, Emílio Garrastazu Médici.[67]

Nur Masalha (2020) destina sua análise da compreensão da história Palestina a partir de um olhar do povo indígena. Segundo Masalha,

> The Palestinians are the indigenous people of Palestine; their local roots are deeply embedded in the soil of Palestine and their autochthonous identity and historical heritage long preceded the emergence of a local Palestinian nascent national movement in the late Ottoman period and the advent of Zionist settler-colonialism before the first World War (2020, p. 1).

Pessoas palestinas são consideradas nessas narrativas como povos indígenas, no sentido de povos originários da terra palestina. Nesta etnografia, na maior parte das vezes, em vez do reconhecimento como "indígena", esse vínculo com a terra foi associado a uma origem camponesa. "Camponês" foi o termo predominante para nomear a origem familiar e o autorreconhecimento do povo palestino, que, aí sim, aparece como um termo para nomear as partes e o todo.

O autorreconhecimento identitário entre palestinos/as no Brasil, a partir do marcador racial, não constitui uma experiencia ou narrativa hegemônica. Enquanto alguns se reconhecem como pessoas marrons ou negras, pelo caráter fenotípico, outros nomeiam os demais, mas não se reconhecem individualmente como indígena. Uma terceira via aparece aqui, a forma oficial de as instituições, composta por uma elite intelectual, acessarem o termo povos autóctones, como referência aos palestinos/as e sua vinculação com a terra. As formas de autorreconhecimento são múltiplas, e o termo "raça" foi acionado pelas pessoas nesses processos. O racismo, por sua vez, como estrutura, opera, segundo estas narrativas, 1- no plano da estrutura de controle e poder colonial in loco, que também atinge os/as palestinos/as da diáspora, vide o fluxo e a mobilidade do retorno e 2- especificamente em diáspora, num segundo aspecto, que é o da discriminação racial epidérmica, para determinados grupos.

Feitas essas considerações mais teóricas e a demonstração da amplitude do leque de autorreconhecimento palestino deste campo, na próxima sessão, mais etnográfica, abordarei como movimentos palestinos no Brasil acionam tais categorias, aproximando-se das comunidades negras estadunidenses nas manifestações ocorridas no ano de 2020, *Black Lives Matter e Palestinian Lives Matter*.

---

[67] Disponível em: https://www.instagram.com/p/CRNGQ-OpOAP/. Acesso em: 30 maio 2022.

3.3 *Black lives matter, Palestinian lives matter*

"I can't breathe", "Please, I can't breathe. My stomach hurts. My neck hurts. Everything hurts. They're going to kill me". Uma imagem veiculou o mundo, o rosto de George Floyd seguido da frase "I can't breathe". Um vídeo datado de 25 de maio de 2020 mostra um carro preto, da polícia de Minneapolis, Minnesota, Estados Unidos da América, e quatro policiais, todos brancos, em volta de um homem, negro, deitado no chão. Enquanto um observa, três deles encontram-se em cima do homem. Na sequência, outra gravação mostra que um dos três policiais, Derek Chauvin, usa seu joelho para pressionar o pescoço do homem já algemado e deitado no chão. O homem não apresenta qualquer resistência. O policial mantém-se ajoelhado sob o homem, com seu peso sob o pescoço dele, o policial age com naturalidade e tranquilidade. Transeuntes intervêm. Enquanto o policial mantém-se asfixiando o homem, é possível escutar ele dizer "Eu não posso respirar, "Por favor, eu não posso respirar. Meu estomago dói. Meu pescoço dói. Tudo dói. Eles vão me matar". O homem é George Floyd, pai, segurança de uma boate, 46 anos. O policial, Derek Chauvin, com inúmeras queixas por má conduta. Segundo a autópsia, o policial ficou cerca de nove minutos com o joelho sobre o pescoço de Floyd. Seus batimentos haviam parado aos seis minutos. Após o assassinato, os policiais foram demitidos, e Chauvin foi acusado de "homicídio não intencional". Uma onda de protestos tomou as ruas dos EUA, culminando num incêndio na sede da polícia de Minneapolis.

Maio de 2020, diversas páginas palestinas solidarizam com a morte de George Floyd. Além de compartilhar as imagens e homenagens, algumas fizeram analogias com a situação da Palestina e dos Estados Unidos, para palestinos/as negros/as. Nos dias subsequentes ao assassinato de George, imagens de palestinos sendo asfixiados pelos militares israelenses foram veiculadas nas redes sociais. Algumas mostravam Floyd e pessoas palestinas na mesma situação, tendo o pescoço pressionado pelo joelho de policial/ militares israelenses (Notas de campo, maio de 2020).

A hashtag que tomou as redes sociais em maio de 2020, usada em protesto contra o assassinato de Floyd, *#blacklivesmatter*, surgiu de um movimento criado em 2013 pelas mulheres e ativistas negras: Alicia Garza (Aliança Nacional de Trabalhadoras Domésticas), Patrisse Cullors (Coligação Contra a Violência Policial em Los Angeles) e Opal Tometi (ativista pelos direitos de imigrantes). Alicia Garza indignou-se após a absolvição de George Zimmerman, responsável pelo assassinato do adolescente Trayvon

Martin, negro, 17 anos. A escritora postou em sua página pessoal a seguinte mensagem: "Pessoas negras. Eu amo vocês. Eu nos amo. Nossas vidas importam. Vidas negras importam". Patrícia Khan-Cullors compartilhou a mensagem junto à hashtag Vidas Negras Importam. O movimento tomou maior dimensão nos protestos após a morte de Michael Brown.[68] Brown, jovem de 18 anos, negro, foi assassinado por um policial na cidade de Ferguson, em Saint Louis, no estado do Missouri, em 9 de agosto de 2014. Ele teria sido abordado e assassinado pela polícia a caminho da casa de sua avó. Seguindo a morte de Michael Brown, inúmeros protestos se iniciaram na cidade de Ferguson; em contrapartida, a repressão policial foi violenta.[69] Assim como Trayvon Martin, Michael Brown, Ahmaud Arbery, vários outros jovens negros são vítimas da repressão brutal policial nos Estados Unidos. Assim como George Floyd, Eric Garner também morreu asfixiado pela polícia de forma extremamente semelhante no dia 17 de julho de 2014. Em reação a essas e outras centenas de mortes de pessoas negras no país, o movimento *Black Lives Matter* simboliza a luta dos movimentos negros contra a repressão policial nos Estados Unidos e fora dele.

No Brasil, após o assassinato de Floyd, manifestações tomaram conta de algumas grandes cidades do país em solidariedade aos movimentos americanos, mas também destacando a violência policial no país, a "necropolítica" (Mbembe, 2018) e o "racismo estrutural" brasileiro (Almeida, 2018). Diversas manifestações ocorreram em várias cidades do país. São Paulo, Rio de Janeiro, Curitiba, entre outras cidades tiveram presença de manifestantes contra a violência policial nas favelas, contra o extermínio da população negra, em pedido de justiça pela morte de Miguel[70].

Como um desdobramento de tais processos, no decorrer do trabalho de campo, diversas manifestações de palestinos/as se fizeram presentes em associação a #blacklivesmatter e #palestinianlivesmatter. As manifestações, no Brasil e no Chile, ocorreram individualmente ou por meio de grupos e organizações políticas: Sanaúd, FEPAL, COPLAC, FEARAB, BDS, OSP ou UGEP. Diversos grupos, organizações e pessoas principalmente das novas gerações articularam manifestações contra a violência sofrida pelas pessoas na Palestina. *"A Palestina não vai terminar nunca, só vai terminar quando matarem o último*

---

[68] Disponível em: https://www.geledes.org.br/black-lives-matter-as-tres-mulheres-negras-por-tras-do-movimento-contra-o-racismo/. Acesso em: 9 dez. 2020.

[69] Disponível em: https://www.dw.com/pt-br/entenda-o-caso-michael-brown-e-os-protestos-em-ferguson/a-17861142. Acesso em: 9 dez. 2020.

[70] Miguel Otávio de Santana, criança negra de 5 anos que morreu após cair do 9º andar do prédio por abandono da patroa de sua mãe, na cidade de Recife, Pernambuco.

palestino", afirmou uma interlocutora, representante do BDS. Continuou, "*essa força, de quem tá lá lutando fisicamente, precisa de apoio e de divulgação de quem tá aqui*". Nessa perspectiva, diversas pessoas se solidarizaram aos/às palestinos/as expondo o modelo de apartheid israelense, a violência cotidiana e o racismo.

Três principais grupos de imagens foram veiculados nesse contexto. O primeiro aproxima ambos os movimentos, o segundo denuncia a prática (policial/militar) de asfixia por pressão de joelho, e o terceiro demonstra manifestações de resistência. Esses grupos de imagens serão objeto de análise das manifestações que compõem este capítulo.

Na primeira menção ao tema, temos a seguinte afirmação acompanhando a imagem: "Não ao racismo, não ao sionismo. Juntos contra qualquer tipo de violência. Chega de perseguição! #blacklivesmatter #palestinianlivesmatter Foto por: @carloslatuff[71]". A nota aparece acompanhada de uma charge de Latuff que demonstra a união das duas lutas. Na imagem, um menino negro com a camiseta do movimento *Black Lives Matter* (BLM) cumprimenta um menino palestino, vestido com a bandeira palestina e usando uma *kuffiah* amarrada no pescoço. Ambos são ameaçados por forças policiais/militares locais armadas.

Figura 37 – Post 1 – Charge racismo e sionismo

Fonte: Juventude Sanaúd – Instagram

---

[71] Disponível em: https://www.instagram.com/p/CA8EQ2HJ337/. Acesso em: 16 nov. 2021.

Outra menção, ainda do grupo Sanaúd, publicada em 6 de junho de 2020, afirma: "Da Palestina a Mineápolis, as lutas contra o racismo, o colonialismo e o imperialismo estão interconectadas (sic.)"[72]. Na imagem, pessoas usando a *kuffiah* seguram uma faixa dizendo "Palestinos pela liberação negra" [tradução livre].

Figura 38 – Post 2 – Imagem manifestantes

Fonte: Sanaúd[73]

Na terceira imagem, do mesmo grupo, um homem negro manifesta-se abaixo de uma bandeira Palestina. Na legenda, "da Palestina a Mineápolis, as lutas contra o racismo, o colonialismo e o *apartheid* estão interconectados." Nessa imagem, a solidariedade entre as lutas é bastante evidente.

---

[72] Disponível em: https://www.instagram.com/p/CBHK3ULpzSy/?utm_source=ig_web_copy_link. Acesso em: 16 nov. 2021.
[73] Disponível em: https://www.instagram.com/p/CBHK3ULpzSy/?utm_source=ig_web_copy_link. Acesso em: 2021.

Figura 39 – Post 3 – Bandeira palestina na manifestação do *Black Lives Matter*

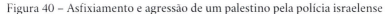

Fonte: Instagram Juventude Sanaúd

Na sequência, uma nova série de imagens foi veiculada pela FEPAL, denunciando a prática de asfixiamento por pressão.

Figura 40 – Asfixiamento e agressão de um palestino pela polícia israelense

Fonte: FEPAL[74]

---

[74] Disponível em: https://www.facebook.com/FepalPalestina/photos/3219743491428247. Acesso em: nov. 2021.

Figura 41 – Asfixiamento e agressão de um palestino pela polícia israelense 2

Fonte: FEPAL[75]

Por fim, um último grupo de fotos compartilha um protesto silencioso feito por pessoas palestinas, especialmente jovens, durante os últimos anos, a saber 2021 e 2022. A resistência à prisão e à violência é feita com sorriso no rosto, como podemos ver a seguir.

Figura 42 – Agressão de um palestino pela polícia israelense

Fonte: Juventude Sanaud[76]

---

[75] Disponível em: https://www.facebook.com/FepalPalestina/photos/3219743371428259. Acesso em: nov. 2021.
[76] Disponível em: https://www.facebook.com/juventudesanaud/photos/2821056381347967. Acesso em: nov. 2022.

O jovem, durante a imobilização, sorri para a câmera que captura o momento. Imagens como essa foram amplamente reproduzidas e compartilhadas entre palestinos/as no Brasil. As imagens, os vídeos e depoimentos da violência da potência ocupante na Palestina fazem parte do repertório dos/as palestinos/as na diáspora. Por meio das redes sociais e de aplicativos de mensagens, são realizadas denúncias da realidade local. As redes, que muitas vezes são instrumentos que conectam membros da comunidade, ganham caráter de mídia digital informativa da realidade local. Compostos por centenas de pessoas, os grupos possuem também o caráter de rede de mobilização, denunciando a violência cotidiana.

Há de se considerar que o círculo de visibilidade dessas manifestações, na maioria das vezes, é bastante fechado e restrito. Das analisadas aqui, têm destaque as duas organizações que compuseram esta etnografia, FEPAL e Sanaúd. A Juventude Sanaúd, possui 32.500 seguidores no Instagram, sua principal página de ativismo nas redes sociais, a FEPAL Brasil, apenas 8.920 seguidores, e a BDS Brasil, 1.741[77]. No Chile, a UGEP possui 4.661 seguidores, FEARAB Chile, 1.624; BDS Chile, 1.951. Assim, esta análise situou-se predominantemente nas manifestações dos grupos FEPAL e Sanaúd.

Ainda sobre os grupos de imagem, retorno ao primeiro que evidencia formas de solidariedade e resistência entre movimentos negros e movimentos palestinos para pensar essa solidariedade, bastante antiga. A luta de libertação das pessoas negras, seja nos Estados Unidos da América, seja na África do Sul ou na Argélia, possuía alianças com movimentos de libertação da Palestina. A icônica frase de Nelson Mandela foi relembrada por muitos/as palestinos/as nesta etnografia: "Nós sabemos muito bem que nossa liberdade é incompleta sem que haja liberdade para os palestinos/ as". Tanto em relação à aplicabilidade do termo apartheid no caso palestino, quanto pela solidariedade entre os movimentos, a frase e imagem de Mandela tornaram-se grandes símbolos da aliança entre as duas lutas por libertação. Angela Davis também teceu análises sobre as alianças entre movimentos negros nos EUA e palestinos em busca de um movimento global e social. As lutas se encontram na busca pela justiça social, bem como contra o apartheid, a violência policial e as tecnologias e estruturas de controle e vigilância, contra o "caráter estrutural da violência do Estado" (Davis, 2018, p. 31).

---

[77] Dados das datas de acesso. Disponível em: https://www.instagram.com/fepal_brasil/; https://www.instagram.com/juventude_sanaud/; https://www.instagram.com/ugep_chile/.

> Assim como a luta pelo fim do *apartheid* sul-africano foi encampada por pessoas do mundo todo e incorporada a muitas agendas de justiça social, a solidariedade com a Palestina deve ser igualmente adotada pelas organizações e pelos movimentos que se dedicam às causas progressistas pelo mundo afora. A tendência tem sido considerar a Palestina um tópico separado – e, infelizmente, muitas vezes marginal. Este é o momento exato para encorajar todas as pessoas que acreditam na igualdade e na justiça a se unir ao apelo por uma Palestina livre (Davis, 2018, p. 27).

A solidariedade entre as lutas das populações negras e palestinas faz-se presente em vários âmbitos. A nível de solidariedade internacional e alianças num âmbito mais amplo, reiteradas por meio da Assembleia Geral da ONU, das lutas na Convenção internacional para a eliminação de todas as formas de discriminação racial (1960) e da Convenção Internacional para supressão e punimento do crime de apartheid (1973), que denunciou o apartheid na África do Sul, e a Resolução 3379 (1975), que considera o sionismo uma forma de racismo.

> A OUA, literalmente, considerou a QP uma "Questão Africana" e de "luta heroica contra o sionismo e o racismo". A posição da entidade foi, gradativamente, endurecendo a partir da ocupação e colonização dos territórios palestinos e árabes por Israel, de 1967 em diante. O país foi incluído no conjunto formado por regimes "colonialistas e racistas", como as colônias portuguesas, Rodésia, África do Sul e sua ocupação da Namíbia. Suas ações, cujo objetivo seria a "judaização" do espaço, são descritas com base nos termos da Declaração de 1960, como "expansão agressiva" e "anexação", que negam os direitos nacionais, liberdade, soberania e integridade territorial dos palestinos, ameaçando a paz e segurança regional e global, não tendo "precedentes nos anais da história, mesmo nos mais brutais regimes colonialistas". A ofensiva anticolonial conjunta extrapolou os limites da OUA, culminando na aprovação pela AG-ONU de resoluções condenatórias, como a 3151 G (XXVIII), de 1973, denunciando a "aliança maldita" entre o "sionismo e imperialismo israelense" e os regimes coloniais e de *apartheid* no sul da África, e na 3379 (1975), considerando o sionismo uma forma de racismo (Sahd; Caramuru Teles, 2022, p. 13-14).

A aliança entre movimentos palestinos e movimentos pela liberdade negra também foi bastante forte na América em geral e, principalmente nos Estados Unidos da América, por meio de alianças do internacionalismo comunista, mormente nas décadas de 1960 e 1970. Essa aliança já era vista no movimento dos Panteras Negras e, mais atualmente, no BLM.[78]

No âmbito nacional, alianças entre movimentos negros e palestinos, bem como com outros movimentos organizados não pela cor, mas por demais pautas políticas atreladas à militância de esquerda (socialista, comunista), como o Movimento dos Trabalhadores Rurais sem Terra (MST), movimentos de favelas, ONG Redes da Maré, estão presentes em manifestações solidárias à Palestina e aos palestinos.[79] As alianças entre a luta palestina e a luta dos negros remonta à atuação do Movimento Negro Unificado (MNU), fundado na década de 1980, e sua solidariedade à causa palestina. Ainda na década de 1980, essas alianças possibilitaram a participação de Farid Sawan no Brasil como representante da OLP.[80] Retomemos a formação da Juventude Sanaúd no Brasil, analisada no capítulo anterior. A militância organizada no país a favor da causa palestina naquele período tinha atuação junto ao MNU e Unegro. Inversamente proporcional foi o apoio histórico de representantes e organizações palestinas pela libertação de pessoas negras e contra o racismo. Quando a vereadora Marielle Franco foi assassinada, em 14 de março de 2018, o movimento BDS publicou em sua página a seguinte nota, seguida da imagem de Marielle:

> Os palestinos denunciam o assassinato da conselheira e ativista dos direitos humanos do Rio de Janeiro Marielle Franco e estendem a solidariedade aos brasileiros: "Juntos comprometemo-nos a continuar a lutar pelo mundo com que Marielle sonhou, um mundo de liberdade, justiça e igualdade para todos[81]

---

[78] Disponível em: https://lithub.com/angela-davis-on-black-lives-matter-palestine-and-the-future-of-radicalism/. Acesso em: 6 jun. 2022.

[79] Disponível em: https://petripuc.wordpress.com/2020/01/16/as-articulacoes-do-movimento-de-solidariedade-brasil-palestina/. Acesso em: 6 jun. 2022.

[80] Disponível em: https://www.geledes.org.br/movimento-negro-unificado-miltao/. Acesso em: 6 jun. 2022.

[81] Original: "Palestinians denounce the assassination of Rio de Janeiro's councillor and human rights activist Marielle Franco and extend solidarity to Brazilians: Together we commit to continue striving for the world Marielle dreamed about, a world of freedom, justice and equality for all".

Figura 43 – "Together, we're fighting injustice"

Fonte: BDS[82]

Retomando o Black Lives Matter, no Chile, entre a comunidade palestina, organizações também se solidarizaram a Floyd.

> Compreendendo o contexto global em que vivemos nestes dias, como OSP não podemos permanecer em silêncio, nem ser cúmplices silenciosos do assassinato de George Floyd pela polícia dos EUA. Pela mesma razão, queremos expressar a nossa mais profunda solidariedade com os negros nos Estados Unidos e em todo o mundo, e expressar o nosso total apoio às marchas maciças que tiveram lugar para demonstrar a necessidade de uma mudança profunda no sistema.
> O racismo e a violência estrutural contra as populações afrodescendentes ocorre nos Estados Unidos, mas também ocorre no Chile e não podemos torná-lo invisível. Cabe-nos questionar como este racismo se manifesta no Chile, como podemos trabalhar para o erradicar da nossa estrutura e que papel desempenhamos neste cenário. Não podemos permanecer em silêncio enquanto não houver justiça.

---

[82] Disponível em: https://bdsmovement.net/news/rio-de-janeiro-palestine-marielle-presente. Acesso em: 6 jun. 2022.

> Se formos neutros em situações de injustiça, escolhemos o lado do opressor.
> #BlackLivesMatter (OSP, 2020, tradução livre).[83]

Num segundo momento, algumas das redes de solidariedade palestinas aqui acompanhadas teceram uma denúncia à luz do conceito de Achille Mbembe. Durante o trabalho de campo, acompanhei palestinos/as retomando o conceito de necropolítica para referirem-se ao modelo de ocupação colonial israelense e às práticas de controle, segregação e extermínio da população palestina instituídas pelo Estado de Israel. Mais recentemente, a Juventude Sanaúd utilizou um desdobramento do conceito para falar em "necroviolência" e o confisco de restos mortais de palestinos pelo governo israelense.

"O termo 'necroviolência' está intimamente ligado a políticas de gestão da morte. Essas necropolíticas impõem o controle técnico e institucional sobre os corpos de um conjunto de indivíduos, fortalecendo políticas de segregação e desumanização". O texto disposto pela entidade segue denunciando as violações de Direitos Humanos em relação ao confisco de restos mortais. Segundo a nota, enfatiza-se que o Supremo Tribunal Israelense regulamentou tal prática em 2019, baseando-se na legislação colonial britânica de 1945, mesmo que isso configure violação ao Direito Internacional, prevista pelas Convenções de Genebra (Sanaúd, 17 de agosto de 2021). A nota encerra com a assertiva: "É preciso pôr fim a celebração da morte. Corpos palestinos, mesmo sem vida, permanecem ocupados".[84] Manifestações contra as violações dos corpos palestinos fizeram-se presentes, ao longo dos anos de 2018 a 2022, com maior ênfase no período de 2020 a 2022, associando os conceitos de necropolítica, colonialismo e apartheid.

> Como ilustra o caso palestino, a ocupação colonial contemporânea é um encadeamento de vários poderes: disci-

---

[83] Original: "Entendiendo el contexto mundial que vivimos estos días, como OSP no podemos quedarnos en silencio, ni ser cómplices silenciosos del asesinato de George Floyd por la policía estadounidense. Por lo mismo, queremos expresar nuestra más profunda solidaridad con los pueblos negros de Estados Unidos y de todo el mundo, y manifestar nuestro total apoyo a las masivas marchas que se han llevado a cabo para demostrar la necesidad de un cambio profundo en el sistema.
El racismo y la violencia estructural hacia las poblaciones afrodescendientes ocurre en Estados Unidos, pero también ocurre en Chile y no podemos invisibilizarla. Nos corresponde cuestionar cómo se expresa ese racismo en Chile, cómo podemos trabajar para erradicarlo de nuestra estructura y qué papel jugamos nosotrxs en ese escenario. No podemos quedarnos quietxs mientras no haya justicia.
Si eres neutral en situaciones de injusticia, has elegido el lado del opresor.
#BlackLivesMatter" (OSP, 2020, p.).

[84] Disponível em: https://www.instagram.com/p/CSsV-mVLmBw/. Acesso em: 16 nov. 2021.

> plinar, biopolítico e necropolítico. A combinação dos três possibilita ao poder colonial a dominação absoluta sobre os habitantes do território ocupado. O "estado de sítio" em si é uma instituição militar. Ele permite uma modalidade de crime que não faz distinção entre o inimigo interno e o externo. Populações inteiras são alvo do soberano. As vilas e cidades situadas são cercadas do mundo. A vida cotidiana é militarizada. (Mbembe, 2018, p. 48).

A partir do diálogo com a noção de "biopolítica" de Foucault, Achille Mbembe (2018) enfoca as políticas de morte. Quais vidas seriam aquelas deixadas para morrer? Quais vidas importam? No "necropoder", na ocupação colonial, a soberania é a capacidade de decidir quem importa e quem não importa, quem é "descartável e quem não é" (Mbembe, 2018, p. 41).

A "biopolítica" ocupa-se da gestão da vida. O poder regulamentador atua na preservação da vida, "fazendo viver e deixando morrer" (Foucault, 1976, p. 128). Foucault já entendia que o racismo faz parte da formação do estado moderno. A segregação racial está presente nas leis e no poder regulamentador do Estado, é ele que permite a manifestação dos "mecanismos de biopoder".

> Racismo é acima de tudo uma tecnologia destinada a permitir o exercício do biopoder, "este velho direito soberano de matar." Na economia do biopoder, a função do racismo é regular a distribuição da morte e tornar possíveis as funções assassinas do estado. [...] 'essa é a condição para a aceitabilidade do fazer morrer' (Mbembe, 2018, p. 18).

Enquanto Foucault traçou sua análise a partir da experiência da modernidade, Mbembe retoma o período da escravidão, do sistema de *plantation*, para compreender o racismo na estrutura social e as políticas de morte (Mbembe, 2018, p. 27). Como sugere o autor, "as tecnologias que culminaram no nazismo têm sua origem na *plantation* ou na colônia" (p. 32). O que vimos no nazismo foi a expansão da lógica colonial para a Europa.

A Palestina, para o autor, representa o melhor exemplo atual da necropolítica. Gaza, especificamente, possui as três características do "necropoder": "fragmentação territorial", "acesso proibido a determinadas zonas", proibição de livre circulação e "expansão dos assentamentos". Tem por objetivo "impossibilitar qualquer movimento e implementar a segregação à moda do Estado de *apartheid*" (Mbembe, 2018, p. 43). O cotidiano é militarizado, e a vida passa a ocupar um segundo plano (Mbembe, 2018, p. 48). Embora a teoria de Mbembe seja bastante elucidativa do caso palestino, Gaza, desde sua desocupação, em 2005, é hoje "autônoma", ainda que permaneçam mecanismos de controle externo sob o território. Tais mecanismos operam sobre os corpos palestinos, exercendo, para além de um "panoptismo" (Foucault, 2008), o controle de mobilidade, especialmente de entrada e saída. Por fim, os assentamentos em Gaza foram retirados após a desocupação em 2005.

A necropolítica, portanto, resume-se à forma de gestão da vida a partir da política sistemática da morte, em que há instalação do Estado de exceção e suspensão dos direitos e pleno exercício do poder (Mbembe, 2018). Os instrumentos do regime de exceção são incorporados ao cotidiano, a exceção passa a ser a regra, e as pessoas são privadas dos seus direitos, do direito à vida, à propriedade e inclusive à dignidade na morte (Mbembe, 2018; Agamben, 2004; Sahd; Caramuru Teles, 2022).

Em diálogo com Mbembe e Foucault, caberia perguntar se, no que tange ao caso de palestinos, podemos falar em necropolítica? Estaria o Estado israelense selecionando as vidas que não importam e as deixando morrer? Ou o Estado, como poder soberano, estaria fazendo morrer, atuando para fazer morrer, tal como no Estado Moderno analisado por Foucault? Seria a colonização o Estado de barbárie? Israel não se detém a políticas de vida e ao exercício do biopoder, mas este está exclusivamente reservado aos cidadãos israelenses (judeus), pois até mesmo o palestino de 48 que detém cidadania está sujeito à regulamentação distinta da vida, o que hoje é reconhecidamente intitulado de regime de apartheid na Palestina. Nesse contexto, a prática da violência, o Estado de Exceção, o poder do Estado como necropoder se estabelece.

> No momento em que a vida passa à "condição precária" (Butler, 2019) ela é definida, endossada e mantida (ou retirável) pela vontade do colonizador, pela potência ocupante. Apesar de toda a violência e do terror da colonização, e de como ela opera sobre os corpos colonizados (Fanon, 2020), configurando uma situação de abrangente subjugação infligida por distintos mecanismos de controle dos aparatos coloniais, esses corpos se rebelam (Sahd; Caramuru Teles, 2022, p. 22).

A rebelião desses corpos aparece in loco e na diáspora. Palestinos têm se mobilizado na América Latina em campanhas e ações em denúncia e contra a política de morte na Palestina. Há pessoas palestinas indiferentes à causa, muitas delas se distanciam com o passar de gerações e a ascensão socioeconômica. Todavia, a colonização é um dos núcleos duros principais de palestinidades, compartilhada por pessoas palestinas na diáspora. A ascensão social e o pertencimento a organizações liberais não são elementos necessariamente opostos ao ativismo palestino contra a colonização. Esse é o caso majoritário dos interlocutores palestinos do Chile. As estratégias não são necessariamente de rebelião, há uma pluralidade de organizações políticas, tanto na Palestina quanto na diáspora, com distintas táticas e estratégias, todavia o anticolonialismo é presente entre os interlocutores deste trabalho. Até mesmo entre os mais liberais, a afirmação de que "fascismo, colonialismo e causa palestina não andam juntos" era recorrente. Como sugere Fanon,

> Se o colonizado consegue dominar sua impaciência e impor a necessidade do tempo a sua sede imediata de liberdade, o colonialista, por sua vez, antes do cansaço, vai reagir com uma sucessão de massacres. Sem analisar os novos fatores psicológicos, políticos e históricos que se apresentam, ele permanece no círculo clássico das atitudes contrárias à insurreição" (2021, p. 104).

Na diáspora, há diversas campanhas contra tais políticas de violência colonial: "Sionismo uma forma de racismo" (COPLAC, 2020), "Sionismo é racismo, Israel é *apartheid*" (FEPAL, 2021), bem como as campanhas contínuas dessas instituições e da UGEP Chile, BDS e OSP. Seguindo uma lógica similar à do movimento internacional contra o apartheid na África do Sul, pessoas em diáspora e organizações políticas palestinas buscam enfrentamento e visibilidade internacional de modo a combater de fora a violência na Palestina. As resistências são múltiplas, bem como as linhas de enfrentamento. Como sugere Foucault,

> [...] não existe, com respeito ao poder, *um* lugar da grande Recusa – alma da revolta, foco de todas as rebeliões, lei pura do revolucionário. Mas sim resistências no plural, que são casos únicos: possíveis, necessárias, improváveis, espontâneas, selvagens, solitárias, planejadas, arrastadas, violentas, irreconciliáveis, prontas ao compromisso, interessadas ou fadadas ao sacrifício; por definição, não podem existir a não ser no campo estratégico das relações de poder. Mas isso não quer dizer que sejam apenas subproduto das mesmas, sua marca em negativo, formando por oposição à dominação essencial, um reverso inteiramente passivo, fadado à infinita derrota. As resistências não se reduzem a uns poucos princípios heterogêneos; mas não é por isso que sejam ilusão, ou promessa necessariamente desrespeitada. Elas são o outro termo nas relações de poder; inscrevem-se nestas relações como o interlocutor irredutível" (1988, p. 91-92.).

Uma última manifestação será analisada nesta sessão, o assassinato da jornalista Shireen Abu Akleh. Uma das formas de manifestação das pessoas palestinas com quem trabalhei em campo foi o ativismo digital via grupos de WhatsApp. Eu participei de alguns grupos durante esses anos, "FEPAL mulheres", "Juventude Sanaúd", que depois transferiu os não membros para o grupo "Amigos da Sanaúd", "Frente Palestina", no âmbito nacional, e "Palestina y América Latina", no âmbito continental, sendo os primeiros centralizados por organizações políticas palestinas e o segundo um grupo de ativismo acadêmico composto de membros de diversos grupos e de pessoas do Conselho Latinoamericano de Ciências Sociais (CLACSO). Esses grupos funcionam como redes de mobilização e organização on-line e foi por meio deles que recebi algumas informações prévias ou que não estavam destinadas a todo o público, como imagens de violência explícita das forças militares contra palestinos/as.

Era uma manhã qualquer, quando recebi um vídeo pela rede de WhatsApp de palestinos/as. Logo cedo as mensagens começaram a disparar incessantemente. Mensagens de luto, protesto, indignação. Abri o vídeo, era em Jenin, norte da Cisjordânia ocupada, em torno das 7h da manhã do dia 11 de maio de 2022. Shireen Abu Akleh, jornalista correspondente da Al-Jazeera, foi alvejada na cabeça durante uma cobertura de imprensa.

Figura 44 – Assassinato de Shireen Abu Akleh

Fonte: Twitter[85]

---

[85] Disponível em: https://twitter.com/OnlinePalEng/status/1524375715290001408/photo/1. Acesso em: 2 jun. 2022.

Na imagem, o corpo de Shireen está imóvel ao lado da jornalista Shata, em estado de choque. Shireen era uma jornalista "palestino-americana", nascida em Jerusalém. Sua carreira foi marcada pela cobertura e denúncia dos crimes e violações de direitos humanos por parte das forças do Estado de Israel. Tanto sua morte quanto seu velório e enterro foram marcados por ampla repressão policial e militar. Durante o cortejo fúnebre, pessoas foram presas e espancadas, o caixão de Shireen foi jogado ao chão. Como coloca a autora Flávia Medeiros dos Santos (2018), é como se fosse possível "matar o morto". O corpo, mesmo após a morte, foi "desumanizado em sua existência" e "tratado como não sujeito" (Santos, 2018, p. 77). O caixão sendo jogado ao chão durante o funeral demonstrava não apenas a violação do corpo morto, mas também o poder e controle da ocupação sobre os corpos palestinos, mesmo após a morte.

As manifestações em torno do assassinato de Shireen tomaram as redes sociais em diversas localidades. No Brasil e no Chile, diversas manifestações on-line e off-line ocorreram. Nas ruas, nos jornais e nas plataformas digitais, a imagem de Shireen circulou constantemente. Recentemente, palestinos têm retomado o conceito de necropolítica para referir-se ao modelo de ocupação colonial israelense e às práticas de controle, segregação e extermínio da população palestina instituídas pelo Estado de Israel. A Juventude Sanaúd utilizou um desdobramento do conceito para falar em "necroviolência" e o confisco de restos mortais de palestinos pelo governo israelense. Tanto a morte da jornalista como outros eventos têm sido lidos sobre essa perspectiva.

Outro evento que aciona tais termos ocorreu na rememoração dos 74 anos da *Nakbah*, em protesto unificado da Antifa com o movimento BDS. Uma intervenção foi feita na *Plaza de la Dignidad*, em Santigo do Chile, relembrando a *Nakbah* e o assassinato de Shireen e da jornalista Francisca Sandoval.

> [...] prestamos homenagem a Shireen Abu Aqkeh e Francisca Sandoval, jornalistas assassinados nestes dias pelas forças de ocupação sionistas e pelas máfias chilenas ao serviço da reação, respectivamente; e deixando uma faixa apelando para #boicotaisrael [86] (UGEP, 2022, tradução livre).

Muitas pessoas afirmavam que a ocupação atingia não apenas pessoas em vida, mas também em morte. Uma "ocupação dos corpos". A ocupação produz uma violência na qual o corpo, mesmo após a morte, segue ocupado. Trata-se de "vidas precárias", mas principalmente de vidas as quais não são passíveis de

---

[86] Original: "[...] homenajeamos a Shireen Abu Aqkeh y Francisca Sandoval, periodistas asesinadas en estos días por las fuerzas de ocupación sionistas y por las mafias chilenas al servicio de la reacción, respectivamente; y dejando un lienzo llamando al #boicotaisrael". Disponível em: https://www.instagram.com/p/CdlaSHYuXlk/. Acesso em: 7 jun. 2022.

luto. Como sugere Judith Butler, "afirmar que a vida é precária é afirmar que a possibilidade de sua manutenção depende, fundamentalmente, das condições sociais e políticas e não somente de um impulso interno para viver" (2019, p. 40).

> A ideia de precariedade implica uma dependência de redes e condições sociais, o que sugere que aqui não se trata da 'vida como tal', mas sempre e apenas das condições de vida, da vida como algo que exige determinadas condições para se tornar uma vida vivível e, sobretudo, para tornar-se uma vida passível de luto (Butler, 2019, p. 42).

O morto tem papel importante na narrativa da comunidade nacional. Como sugere Anderson (2008), "como corpo representativo, não figura pessoal" (p. 65). Embora essas pessoas sejam corpos individuais, elas possuem uma representação coletiva no imaginário nacional, são *mártires*, são pessoas que, no discurso nacional palestino, são construídas como combatentes do colonialismo, não como vítimas. Comumente, tanto na diáspora quanto na Palestina, sejam por panfletos, portagens, ou imagens compartilhadas de WhatsApp, a imagem do morto ganha um simbolismo forte para a luta pela emancipação da terra e dos corpos, que, mesmo após a morte, seguem sendo violados, como o caixão de Shirren, atacado em seu funeral ou os corpos mortos sequestrados.

Durante minha estadia em campo na Palestina, houve mais de uma pessoa morta por dia; as imagens dos mortos são veiculadas pelas cidades e redes sociais, e o uso dos termos "mártires" e "martirizados" é recorrente nas legendas das imagens. Os corpos mortos, o morto, o martírio, o sofrimento da morte ocupam lugar central na construção de noções de palestinidades compartilhadas na diáspora.

Retornando aos movimentos analisados, há, portanto, uma mobilização dos grupos palestinos em dois níveis distintos que se cruzam em alguns momentos. Uma mobilização associada ao ativismo internacional, como o *Black Lives Matter*, que se cruza com conceitos acadêmicos e ativismo bastante presente numa elite intelectual brasileira. Essas dimensões estão sobrepostas e reúnem pessoas ativistas, acadêmicas e jovens recém-ingressados nas organizações, reúnem também pessoas de primeira e segunda geração, que fizeram parte de um ativismo político de rua, nas décadas anteriores e hoje, junto aos jovens, passam por um processo de migração das manifestações em rua para as redes sociais.

O uso dos termos necroviolência e necropolítica demonstra a articulação dos movimentos ativistas com a produção e conceitos acadêmicos. Dentro das organizações analisadas, grupos de debate acadêmico têm sido cada vez mais frequentes. Durante meu trabalho de campo, participei de três grupos de debate acadêmico com os/as interlocutores/as. Esses grupos eram organizados pelas instituições palestinas locais, que viam a necessidade de acesso e permanência de palestinos e de pesquisas acadêmicas sobre palestinos e a Palestina no Brasil e no Chile. No Chile, a institucionalização da pesquisa sobre a Palestina e os palestinos, em diversos âmbitos, ocorre via Centro de Estudos Árabes da Universidad de Chile. No Brasil, as produções estão dispersas, embora exista recentemente o Grupo de Estudos Fayez Sayegh, organizado em parceria com a FEPAL, que reúne diversos professores e pesquisadores do país, de origem palestina e brasileira, bem como outros grupos acadêmicos ligados a universidades brasileiras e desassociados de instituições palestinas, tal como o Núcleo de Estudos em Oriente Médio (Neom-UFF) e o Centro de Estudos Árabes e Islâmicos (CEAI-UFS).

As alianças entre movimentos ativistas e grupos acadêmicos têm sido frequentes. Contudo, durante esse período, percebi os movimentos em prol da formação teórica de palestinos de terceira geração, tendo em vista a política de resgate dessas gerações, informada no segundo capítulo. Eu mesma fui professora de um curso em parceria com essas instituições para formação sobre a Palestina, na perspectiva historiográfica e antropológica. O curso era composto de diversos membros das mais diversas camadas sociais e gerações de palestinos, tendo participantes inclusive da Palestina.

Na sequência, sigo analisando as conexões que se coproduzem entre palestinidades e o marcador raça e como são articuladas nos discursos ativistas palestinos que incorporam o conceito jurídico de apartheid nas organizações no Brasil.

3.4 *Apartheid* e seus usos políticos

Nesta sessão analisarei alguns usos do termo apartheid veiculado pelos palestinos no Brasil e como esse termo está associado às manifestações políticas das organizações palestinas locais. Primeiramente, analisarei algumas imagens compartilhadas nessas manifestações on-line. Em um segundo momento, realizarei um breve resgate das políticas de apartheid implementadas pelo Estado de Israel e seu entendimento a partir dos interlocutores com os quais trabalhei de 2015 a 2022, principalmente durante o contexto da pandemia.

Fevereiro de 2021, após publicação de relatório da ONG Bt'Selem, a Federação Palestina inicia campanha política contra apartheid.

> A Federação Árabe Palestina do Brasil – FEPAL lançou, na última segunda-feira (8), a campanha "**Sionismo é racismo, Israel é apartheid**". O objetivo é mostrar ao público brasileiro, por meio de uma série de posts e de outras ações, como o Estado de Israel age para restringir os direitos de pelo menos 7 milhões de palestinos que vivem entre o Rio Jordão e o Mar Mediterrâneo, a faixa de terra historicamente conhecida como a Palestina (FEPAL, 2021).

Inúmeras campanhas realizadas pelos movimentos palestinos em diáspora têm denunciado a situação da Palestina e acionado a categoria do apartheid. A seguir, visualizaremos algumas delas.

A primeira campanha foi do movimento por Boicote, Desinvestimento e Sanções (BDS), a qual atuou para que Milton Nascimento, compositor e cantor brasileiro, cancelasse seu show em Israel, promovendo o boicote cultural ao Estado, devido à violação dos direitos humanos palestinos. Na nota afirmavam: "pedimos boicote em solidariedade ao povo Palestino que sofre com as políticas e práticas racistas, coloniais e criminosas de Israel".

Na imagem, a mensagem faz um apelo ao cantor para que participe do boicote. Podemos ver uma adaptação da capa do álbum "Clube da Esquina", de 1972.

Figura 45 – Campanha BDS

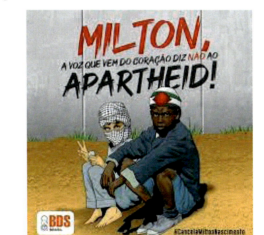

Fonte: Juventude Sanaud[87]

---
[87] Disponível em: https://www.facebook.com/juventudesanaud/photos/2175577739229171. Acesso em: 20 dez. 2022.

A segunda nota relaciona gênero e apartheid, fazendo menção à política israelense de propaganda de país solidário as pessoas LGBTQIA+, o que foi convencionalmente denominado *Pinkwashing*, nas manifestações palestinas em redes sociais. Os/as palestinos têm denunciado em suas campanhas a associação entre muçulmanos e homofobia feita por israelenses, debate que voltou à tona, em 2022, na Copa do Mundo realizada no Qatar.

> De uns tempos pra cá, a luta de grupos LGBTQIA+ tem sido discursivamente utilizada para estigmatização e deslegitimação dos embates enfrentados por populações do Oriente Médio, sobretudo os palestinos. Há quem diga que a acusação de *"pinkwashing"* ao Estado sionista seja 'homofóbica', ou até mesmo 'antissemita' (Sanaúd, 2022).

Figura 46 – Apartheid colorido

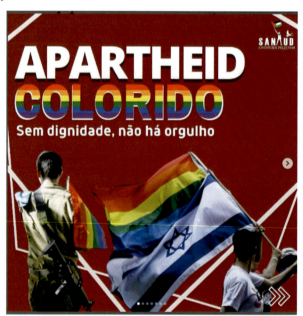

Fonte: Juventude Sanaúd[88]

Por fim, de forma mais incisiva e direta, a violência, as restrições de mobilidade e a segregação racial são temas de campanhas que utilizam as definições jurídicas e acadêmicas de apartheid, bem como relatórios internacionais de direitos humanos. Vejamos a campanha seguinte da FEPAL:

---

[88] Disponível em: https://www.instagram.com/p/CQwglT0Jybd/. Acesso em: 20 dez. 2022.

Figura 47 – Campanha: Sionismo é racismo

Fonte: FEPAL[89]

Figura 48 – Campanha FEPAL

Fonte: FEPAL[90]

Imagens de violência policial, segregação e discriminação institucionalizada, representadas pelo muro, pelo arame farpado e pelos *checkpoints*, são visíveis nessa campanha, bem como as imagens da resistência palestina.

Nadia Silhi foi interlocutora desta pesquisa de 2018 em diante, e aqui aparece ora como interlocutora, ora como teórica dos direitos humanos. Essas posições são complementares, não excludentes. Portanto, como sugere Silhi,

> De acordo com o direito internacional, o *apartheid* é um crime de lesa humanidade, que consiste em que um grupo racial oprime sistematicamente e institucionalizadamente a outro grupo racial. No caso que nos convoca hoje [rememoração de 72 anos da

---

[89] Disponível em: https://www.facebook.com/FepalPalestina/photos/3653837808018811. Acesso em: 9 fev. 2021.
[90] Disponível em: https://www.facebook.com/FepalPalestina/photos/4931061836963062. Acesso em: 31 mar. 2022.

Nakbah] o Estado de Israel está cometendo o crime de *apartheid* contra o povo palestino. Por quê? Porque o estado de Israel, mediante sua legislação tem separado o povo palestino em distintos grupos e o que tem em comum todos estes grupos é que a todos afeta de alguma maneira a legislação israelense. Da maneira de prejudicá-los, em relação ao outro grupo racial, que seria de pessoas judias, que tem privilégios, que os palestinos não só não têm mas que tampouco tem reconhecidos os mais básicos direitos humanos. A que me refiro com isto? Aos palestinos refugiados no exilio. Não tem direito. Não são permitidos de regressar a palestina. E, todavia, Israel, de acordo com sua legislação, incentiva que os judeus, nascidos em qualquer parte do mundo sejam cidadão israelenses. É dizer, colonizam a terra palestina. Por outra parte, os palestinos de 48, também chamados árabe-israelenses, ao ser, efetivamente, cidadãos israelenses, mas não nacionais árabes, se veem discriminados e não podem ascender aos mesmos direitos que um nacional judeu. Não podem ascender aos mesmos direitos em matéria de trabalho, nem nos mesmos serviços de saúde, nem de seguridade social. Não estão nos setores estratégicos da economia israelense e nunca poderão ser maioria no parlamento israelense. Por outra parte, os palestinos dos territórios ocupados: palestinos de Jerusalém Oriental, a quem foi dado o estatuto de 'residentes permanentes', que Israel revoga a seu capricho, expulsando-os da cidade de onde são, que é Jerusalém. Por outra parte, aos palestinos da Cisjordânia, sem contar Jerusalém Oriental, Israel os submete a um sistema jurídico que é distinto daquele a que estão submetidos os colonos judeus, a quem se aplica a legislação israelense. Os palestinos estão sujeitos a ordens e regulamentos militares que, basicamente, os submetem os tribunais militares, no caso de – para Israel- tenham cometido uma infração, como é o caso da criança Ahed Tamimi que sendo uma menor de idade teve que enfrentar um julgamento diante de um tribunal militar e esta prisioneira em um cárcere israelense. Cisjordânia é, de fato o lugar onde, quiçá, este *apartheid* é mais visível. A arquitetura do regime israelense para Cisjordânia encerra os palestinos em bantustões. Separa os palestinos mediante um muro, instaura estradas separadas e postos de controle e todo um aparato de segurança para separar os palestinos entre eles, impedindo seus direitos, o exercício do direito a autodeterminação, que reconhece o direito internacional e comete diariamente crimes de guerra contra os palestinos, entre outras coisas ao colonizar a Cisjordânia. A qual é uma violação grave ao direito internacional humanitário. Por último, no caso de Gaza, se bem que desde 2005 dentro de Gaza já não se aplica a legislação israelense, Gaza continua abaixo do controle efetivo de Israel. Israel decide tudo, quem entra e quem saí de Gaza. Entre outras coisas, executa ataques militares a cada certo tempo contra a população de Gaza. Todos estes crimes de guerra se cometem no contexto de crime de lesa humanidade de *apartheid* contra o povo palestino pelo Estado de Israel.[91]

Definir a situação da Palestina hoje como apartheid é uma questão em aberto e em disputa pelos/as palestinos/as com quem realizei trabalho de campo; entre os ativistas palestinos na diáspora, o uso do termo tem sido cada vez mais recorrente e incontestável, sobretudo entre instituições palestinas. Embora seja tomado como um fato, por intelectuais e ativistas, aceitar que ocorre o *apartheid* na Palestina é, por um lado, reconhecer as violações dos direitos humanos e atos inumanos praticados pelo Estado de Israel e, por outro, reconhecer o Estado de Israel como Estado-nação e suas fronteiras, mesmo que seja como uma potência ocupante. Ao longo do trabalho de campo, percebi um aumento quantitativo no uso do conceito de *apartheid* pelos/as palestinos/as em diáspora no Brasil e no Chile. Neste subcapítulo analiso esses usos do termo, bem como a qualificação articulada por palestinos/as, tanto pelas instituições FEPAL, Juventude Sanaúd no Brasil, UGEP e Federação Palestina no Chile quanto pelos/as interlocutores/as em geral.

Duas vias são comumente acionadas nas narrativas sobre os direitos palestinos e ocupação israelense. A primeira reconhece as convenções internacionais, embora seja crítica a elas e ao papel da ONU e demais organizações na partilha da Palestina (Resolução 181). Essa posição utiliza-se do aparato jurídico e das resoluções como ferramenta de esclarecimento e reivindicação dos direitos palestinos. A segunda via é crítica a toda a estrutura que colaborou com a criação do Estado de Israel e a ocupação da Palestina, que deslegitima o poder da ONU. Essa segunda via também faz menção às resoluções como elementos que corroboram a causa de liberdade Palestina.

O uso do termo *apartheid* pelos/as interlocutores/as e organizações a partir de sua definição jurídica foi amplamente percebido nesta etnografia. Por vezes, ele toma outras conotações, sendo um pouco alargado, aproximando-se mais de noções academicamente definidas como colonialismo e racismo. Quando *apartheid* aparece em relação ao racismo, é utilizado para referir-se a manifestações racistas em geral por parte do Estado israelense. Quando se aproxima do conceito de colonização, é para enfatizar a dominação israelense sobre a Palestina. Porém, uma forma muito precisa de uso

---

[91] Nadia Silhi Chahin, 28 maio de 2020 – Notas de campo.

do termo denota a separação física entre palestinos/as e entre palestinos/as e israelenses, promovida pelas políticas e pelo controle israelense, bem como pelos mecanismos de controle (*checkpoints*, vigilância, força militar, repressão, muro de segregação) criados pelo agente colonizador. Na sequência, busco demonstrar essa multiplicidade na forma com que o termo é significado e instrumentalizado pelos/as palestinos/as nesta etnografia. Por fim, apartheid aparece como elemento fundamental na luta e organização dos/as palestinos/as pelo fim do regime colonial e pela constituição do Estado soberano da Palestina.

Diversas campanhas foram, e seguem sendo realizadas pelos/as palestinos/as em diáspora na América Latina contra o apartheid na Palestina. As campanhas são organizadas, individual ou conjuntamente, por organizações latino-americanas e caribenhas, em aliança ou não com comunidades locais, no Brasil e Chile. FEARAB e COPLAC têm atuado em campanhas parceiras, enquanto autonomamente BDS-Chile, UGEP, OSP (no Chile) e, no Brasil, FEPAL, Frente e BDS-Brasil, entre outras organizações, têm promovido campanhas denunciando a situação palestina, utilizando-se da categoria jurídica de apartheid e da relação entre África do Sul e Palestina como instrumento narrativo.

O *apartheid*, enquanto conceito jurídico, é definido como um regime institucionalizado de opressão e dominação sistemática de um grupo racial sobre outro. O regime configura-se pela prática de "atos inumanos" e pela "intenção de manter a dominação". Segundo a Convenção Internacional para Supressão e Punição de Crime de Apartheid, ocorrida em 1973, definiu-se *apartheid* como:

> Artigo I. 1 Os Estados Partes na presente Convenção declararam que o apartheid é um crime contra a humanidade e que os atos desumanos resultantes das políticas e práticas do apartheid e políticas e práticas semelhantes de segregação e discriminação racial, tal como definidas no artigo II da Convenção, são crimes que violam os princípios do direito internacional, em particular os objetivos e princípios da Carta das Nações Unidas, e constituem uma séria ameaça à paz e segurança internacionais (p. 245, tradução livre).[92]

---

[92] Original: "*Article I*. 1. The States Parties to the present Convention declare that *apartheid* is a crime against humanity and that inhuman acts resulting from the policies and practices of *apartheid* and similar policies and practices of racial segregation and discrimination, as defined in article II of the Convention, are crimes violating the principles of international law, in particular the purposes and principles of the Charter of the United Nations, and constituting a serious threat to international peace and security" Disponível em: https://treaties.un.org/doc/Publication/UNTS/Volume%201015/volume-1015-I-14861-English.pdf. Acesso: 10 maio 2022.

O termo, inicialmente utilizado em referência à política racial na África do Sul, é de origem *africaans* e significa "segregação", "separação". Instaurado pelo, na época, primeiro-ministro sul-africano François Malan, no ano de 1948, o *apartheid* sul-africano "constituiu a separação física e negação de direitos igualitários entre os diferentes grupos humanos na Africa do Sul, com base em critérios raciais" (Chahin, 2018, p. 33). Frantz Fanon afirmou que "no mundo colonial [...] o indígena é um ser encurralado, o *apartheid* é apenas uma modalidade de compartimentação do mundo colonial" (1968, p. 39).

Relatório do Human Rights Watch denunciou Israel por crime de apartheid, em 27 de abril de 2021, concluindo que o Estado de Israel exerce autoridade em toda a região, segrega e discrimina os palestinos.[93] A partir desse relatório, diversas mobilizações trouxeram visibilidade internacional ao tema. Para muitos/as palestinos/as, essa visibilidade foi fundamental para o processo de descolonização da terra. Por outro lado, para alguns, reconhecer o regime de *apartheid* seria reconhecer que Israel exerce autoridade na Palestina, até mesmo nos territórios ocupados, em Gaza, na Cisjordânia ou na Jerusalém Oriental. Ou seja, que seria soberano em todo o território da Palestina histórica.

Os acordos de Oslo, assinados pelo líder da OLP, Yasser Arafat, em 1993/5, criam o que Edward Said (1996) e Norman Finkelstein (2003) vão definir como um "consentimento oficial para a Palestina Ocupada, que corroborou a ocupação israelense", tornando-se uma "caricatura dos bantustões": "A liderança da OLP assinou um acordo com Israel em vigor, dizendo que os israelitas estavam absolutamente sem responsabilidade por todos os crimes que cometeram"[94] (Finkelstein, 2003, p. 172-175, tradução livre).

Ainda sobre Oslo, como visto no capítulo anterior, há uma disputa em torno das interpretações desse evento, bem como da figura de Yasser Arafat e de sua representatividade. Para além do impasse em relação ao retorno dos refugiados, tem a implicação na configuração geoespacial do território. Conforme Said:

> Oslo foi concebido para segregar os palestinos em enclaves não-contiguos, economicamente inviáveis, rodeados por fronteiras controladas por Israel com colonatos e estradas

---

[93] Disponível em: https://www.hrw.org/pt/world-report/2021/countrychapters/ 377381. Acesso em: 19 maio 2021.

[94] Original: "The PLO leadership signed an agreement with Israel in effect saying that Israelis were absolutely without responsibility for the all crimes they committed" (Finkelstein, 2003, p. 172-5).

de colonatos que pontuam e violam essencialmente a integridade dos territórios. Expropriações e demolições de casas [...] juntamente com a expansão e multiplicação dos colonatos [...] ocupação militar contínua e cada pequeno passo dado em direção à soberania palestina [95](2002, p. 360).

Outro elemento marcadamente evidente nas considerações sobre o *apartheid* é o muro que segrega palestinos/as, fragmentando as comunidades e a unidade palestina, bem como atuando como a maior barreira física para a liberdade de mobilidade das pessoas.

De acordo com as estatísticas da UNRWA (2015), o principal obstáculo à circulação na Cisjordânia é o Muro. Com 62% de sua construção, 85% do seu traçado vai até às profundezas do território da Cisjordânia, confinando 11.000 palestinianos no que se chama a Zona de Exclusão. O Muro obriga cerca de 60 comunidades palestinas, onde vivem 190.000 pessoas, a tomarem rotas duas a cinco vezes mais longas para acederem a serviços básicos, tais como escolas e hospitais. Mais de 90 comunidades palestinas que possuem terras dentro ou nas proximidades de 56 colonatos israelenses só podem aceder a estas terras em coordenação com as autoridades israelenses, geralmente por um período limitado de dias durante a apanha da azeitona. Os palestinos também necessitam de uma autorização de acesso às chamadas "áreas fechadas" localizadas entre o Muro e a Linha Verde. Uma vez concedida, só podem entrar através de 85 portões atribuídos para acesso agrícola[96] (Chahin, 2018, p. 14, tradução livre).

Os usos do conceito jurídico de *apartheid* têm sido cada vez mais recorrentes nas manifestações e na produção de conteúdo digital das organizações palestinas analisadas neste livro. O uso do termo jurídico aparece,

---

[95] Original: "Oslo was designed to segregate the Palestinians in noncontiguos, economically unviable enclaves, surrounded by Israelli-controled borders with settlements and settlements roads punctuating and essentially violating the territories' integrity. Expropriations and house demolitions [...] along with the expansion and multiplication of settlements [...] military occupation continuing and every tiny step taken toward Palestinian sovereignty..." (Said, 2002, p. 360).

[96] Original: "De acuerdo a estadísticas de UNRWA (2015), el principal obstáculo para el movimiento en Cisjordania es el Muro. Con un 62% del mismo construido, el 85% de su trazado se adentra en el territorio cisjordano, confinando 11.000 palestinos en lo que se denomina como Zona de exclusión. El Muro obliga a unas 60 comunidades palestinas, en las que viven 190.000 personas, a tomar rutas entre dos y cinco veces más largas para acceder a servicios básicos como escuelas u hospitales. Más de 90 comunidades palestinas que tienen tierras dentro de o en las proximidades de 56 asentamientos israelíes solo pueden acceder a estas tierras previa coordinación con las autoridades israelíes, generalmente por un periodo limitado de días durante la recogida de la aceituna. Asimismo, los palestinos necesitan un permiso para acceder a las denominadas "áreas cerradas" ubicadas entre el Muro y la Línea Verde. Una vez concedido, solo pueden acceder por 85 puertas asignadas para el acceso agrícola"(Chahin, 2018, p. 14).

muitas vezes, associado às convenções da ONU ou a excertos delas, aos relatórios internacionais, como da HRW ou da Anistia Internacional que denunciam as violações aos direitos humanos, o muro citado anteriormente e, por fim, as leis do parlamento israelense, o Knesset.

A "Lei do Estado-Nação" foi aprovada pelo parlamento israelense, por 65 favoráveis a 55 contrários, em 19 de julho de 2018. Há de se considerar que não há propriamente uma Constituição a reger o Estado de Israel, o qual é constituído pelas chamadas "Leis básicas". Segundo o próprio parlamento israelense, que legisla as normas básicas e, pela ausência de uma Constituição, *"they will constitute together, with an appropriate introduction and several general rulings, the constitution of the State of Israel"*[97]. Segundo a publicação do parlamento israelense:

> Lei Básica: Israel - o Estado Nação do Povo Judaico Passado a 19 de Julho de 2018, pelo Twentieth Knesset.
> A lei determina, entre outras coisas, que a Terra de Israel é a pátria histórica do povo judeu; o Estado de Israel é o Estado nacional do povo judeu, no qual realiza o seu direito natural, cultural, religioso e histórico à autodeterminação; e que o exercício do direito à autodeterminação nacional no Estado de Israel é único para o povo judeu. A lei também trata dos símbolos do Estado e da língua oficial, do estatuto de Jerusalém, da ligação do Estado com o Povo Judaico e da Ingathering of Exiles (Knesset, 2018[98]).

Em resumo, a lei determina que Israel é a pátria histórica para o povo judeu, que o Estado de Israel é o Estado-nação do povo judeu e que exercer o direito à autodeterminação nacional no Estado de Israel é exclusivo ao povo judeu. A lei também retifica que o idioma oficial é o hebraico e que Jerusalém é a capital de Israel.

---

[97] Disponível em: https://main.knesset.gov.il/EN/activity/Pages/BasicLaws.aspx. Acesso em: 10 maio 2022. As leis básicas na prática legislativa conformam a constituição do Estado israelense. São elas: Basic Law (1948); Israel lands (1960); The Government (1968, 1992 e a atual: março-2001); The State Economy (1975); The Army (1976), Jerusalem the Capital of Israel (1976); The Judiciary (1984); The State Comptroller (1988); Freedom of Occupation (1994); Human Dignity and Liberty (1992); Referendum (2014); The State Budget for the Years 2017 and 2018 (Special Provisions) (Temporary Provision) e Israel - the Nation State of the Jewish People (2018).

[98] Original: "Basic Law: Israel - the Nation State of the Jewish People Passed on July 19, 2018, by the Twentieth Knesset. The law determines, among other things, that the Land of Israel is the historical homeland of the Jewish people; the State of Israel is the nation state of the Jewish People, in which it realizes its natural, cultural, religious and historical right to self-determination; and that exercising the right to national self-determination in the State of Israel is unique to the Jewish People. The law also deals with the State's symbols and official language, the status of Jerusalem, the State's connection with the Jewish People and the Ingathering of Exiles". Disponível em: https://main.knesset.gov.il/EN/activity/Pages/BasicLaws.aspx. Acesso em: 9 maio 2022.

A publicação dessa lei teve grande repercussão nas mídias[99], entre palestinos/as e organizações humanitárias internacionais. Ela foi nomeada como uma consolidação ou exemplificação do apartheid na Palestina e entendida por diversas organizações como discriminatória, racista e supremacista. A ONG Adalah, Centro de direitos para minorias árabes em Israel, afirmou em nota a preocupação dos missionários, pois a lei é "discriminatória em sua natureza e em sua aplicação contra cidadãos não judeus e membros de minorias, pois não aplica o princípio da igualdade entre os cidadãos". Complementa, ainda, afirmando que os relatores da ONU se pronunciaram dizendo que:

> A lei do estado-nação fortalece a supremacia dos judeus em Israel sobre os cidadãos não judeus, especialmente aqueles pertencentes a outros grupos étnicos, raciais e religiosos, e cria um terreno fértil, legal e politicamente, para a promulgação de leis mais racistas e discriminatórias, que contradizem as obrigações internacionais de direitos humanos de Israel.[100]

Oliveira aponta uma série de eventos que marcam uma amistosidade entre o governo sul-africano, responsável pela implementação do regime de apartheid no país, no ano de 1948, e o governo sionista.

> [...] da mesma forma como políticas persecutórias eram praticadas contra dissidentes sul-africanos que buscaram refúgio em Moçambique, o Estado sionista promoveu, por sua vez, incursões contra palestinos em territórios outros, como nos casos das invasões ao sul do Líbano nos anos de 1982 e, posteriormente, 2006 (Oliveira, 2020, p. 216).

Por outro lado, organizações palestinas, como aponta o autor, e o líder da OLP no período faziam menção à aliança entre os movimentos de resistência e o regime de ocupação em ambos os países (Oliveira, 2020, p. 215). No Brasil e no Chile, ao longo dos anos de trabalho de campo, por diversas vezes foram feitas aproximações entre aqueles que figuraram como ícones da resistência, Mandela e Arafat. Há, por uma parcela de interlocutores/as, principalmente aqueles ligados à OLP e à ANP, associações entre Arafat e Mandela, como o líder que buscou libertar a Palestina do regime de colo-

---

[99] Ver: https://www.haaretz.com/opinion/editorial/the-basic-law-on-apartheid-1.9338799; https://g1.globo.com/mundo/noticia/2018/07/19/israel-aprova-lei-que-o-define-como-estado-nacao-do-povo-judeu.ghtml; https://www.conjur.com.br/2021-jul-09/israel-mantem-justica-status-estado-nacao-povo-judeu; https://www.dw.com/pt-br/israel-aprova-controversa-lei-que-o-define-como-estado-do-povo-judeu/a-44743238,https://www.bbc.com/portuguese/internacional-44887203; https://www.adalah.org/ar/content/view/9634. Acesso em: 10 maio 2022.

[100] Disponível em: https://www.adalah.org/ar/content/view/9634. Acesso em: 10 maio 2022.

nialismo e segregação. Todavia, outra parcela, crítica à ANP e ao Fatah, é, tal como Edward Said, extremamente crítica às "concessões" realizadas em Oslo em nome de todo um grupo de pessoas. Essas divisões internas retomam as fissuras dos movimentos políticos palestinos, que são refletidas nas diásporas.

As denúncias misturam elementos distintos, de *pinkwashing,* segregação racial, violência de gênero e restrições de mobilidade. As manifestações palestinas nas redes têm sido muito diversificadas e cada vez mais se utilizam de termos jurídicos e acadêmicos de forma a apropriar-se dessas noções tanto para legitimação das narrativas sobre a violência colonial quanto os usos de análises acadêmicas que corroboram sua narrativa sobre a situação da Palestina e dos palestinos em diáspora. No subcapítulo final do livro, veremos o protagonismo de mulheres palestinas nas redes sociais e como as "blogueiras" palestinas muçulmanas têm construído nas redes um espaço de pertencimento e política.

3.5 Palestina no contexto da Pandemia: o *apartheid* das vacinas

Duas situações ocorridas, durante meu trabalho de campo, mais uma vez, trouxeram à tona articulações entre os termos *apartheid*, limpeza étnica e racismo. A situação do agravamento da pandemia de Covid-19 despertou manifestações em redes sociais, em denúncia ao que foi chamado de "*Apartheid* das vacinas". Sobre o contexto da pandemia, ele foi central no desenvolvimento deste trabalho e das relações on-line e off-line estabelecidas com meus interlocutores. Neste subcapítulo, farei um breve apanhado desse contexto e das manifestações nas redes sociais de pessoas e organizações palestinas, bem como da própria mobilidade do retorno.

Segundo a World Health Organization (WHO, 2020):

> Os coronavírus são uma grande família de vírus que podem causar doenças em animais ou humanos. Em humanos, sabe-se que vários coronavírus causam infecções respiratórias que variam do resfriado comum a doenças mais graves, como a Síndrome Respiratória do Oriente Médio (MERS) e a Síndrome Respiratória Aguda Grave (SARS). O coronavírus descoberto mais recentemente causa a doença de coronavírus COVID-19. [...] Este novo vírus e doença eram desconhecidos antes do início do surto em Wuhan, China, em dezembro de 2019.[101]

---

[101] Disponível em: https://www.who.int/news-room/q-a-detail/q-a-coronaviruses. Acesso em: 30 mar. 2020.

Na última semana de março de 2020, foram noticiados dois casos de Covid-19 em Gaza. Em 30 de março, segundo Middle East Monitor, os casos saltaram para nove, somando o total de 104.[102] No final de abril de 2020, juntos, *West Bank* e Gaza somavam 342 casos e dois óbitos registrados.[103] Após dois anos, em maio de 2022, Cisjordânia e Gaza somavam o total de 657.193 casos e 5.657 mortes[104]. O termo apartheid foi amplamente utilizado pelos/as interlocutores/as em referência à conduta do governo israelense mediante o controle da pandemia e da distribuição de vacinas para palestinos/as, principalmente de Cisjordânia e Gaza.

No início da pandemia, ainda em 2020, algumas notícias circularam acerca de uma colaboração mútua Israel-Palestina no combate ao vírus, bem como um cessar fogo por parte de Israel. As notícias foram veiculadas em diversos periódicos pelo mundo. Todavia, a mídia deixou de lado algumas ações do Estado de Israel fundamentais para o entendimento do argumento em questão.

No dia 26 de março, militares israelenses, munidos de uma escavadeira e caminhões, destruíram uma clínica comunitária que estava sendo construída na vila palestina de Khirbet Ibziq, no norte do Vale do Rio Jordão, Cisjordânia. O material recolhido pelos caminhões tratava-se de lençóis, madeira, um gerador, concreto e cimento que seriam utilizados na construção da clínica, de uma mesquita e abrigos para palestinos/as expulsos/as de suas casas devido aos conflitos na região. No dia 27, aviões israelenses atacaram a Faixa de Gaza, mais especificamente o noroeste de Gaza e o leste da cidade de Jabalya.[105] Para além disso, tão logo se estabeleceu mundialmente a situação de pandemia, o governo israelense fechou os *checkpoints* e bloqueou a passagem de palestinos/as de um lado ao outro, gerando o isolamento da população. Ironicamente, enquanto o mundo viveu seu primeiro grande isolamento social, a Faixa de Gaza segue isolada desde 2006, após sofrer bloqueio e sanções por parte do Estado de Israel. A crise agravou-se após a eleição (democrática) do partido Hamas, atual governo de Gaza. Segundo o site Palestine Chronicle, "enquanto a Cisjordânia e

---

[102] Disponível em: https://www.monitordooriente.com/20200330-palestina-relata-seis-novos-casos-de-coronavirus/. Acesso em: 30 mar. 2020.

[103] Disponível em: https://coronavirus.jhu.edu/map.html. Acesso em: 27 abr. 2020.

[104] Disponível em: https://coronavirus.jhu.edu/map.html. Acesso em: 16 maio 2022.

[105] Disponível em: https://www.palestinechronicle.com/amid-coronavirus-fears-israeli-warplanes-artillery--attack-locations-in-gaza/. Acesso em: 29 mar. 2020.

Jerusalém estão em quarentena, o Centro Palestino de Direitos Humanos registrou na semana passada que os israelenses realizaram 59 ataques domiciliares e 51 prisões".[106]

Ações como essas, noticiadas quase exclusivamente por mídias árabes e palestinas, denunciaram o uso de Israel do isolamento e do bloqueio como instrumentos no projeto sionista de limpeza étnica. Tais ações são a regra, em se tratando das práticas cotidianas do Estado de Israel e do governo do ex-primeiro-ministro Netanyahu, em relação à população palestina. Porém, o contínuo dessas ações, num momento tão específico de pandemia, foi entendido como mais uma violação dos direitos humanos do povo palestino.

Deve-se considerar também a ausência de informações midiáticas em relação aos conflitos e a escassez de dados precisos nos casos de Covid-19 na Palestina. O renomado site da Johns Hopkins University & Medicine foi alvo de polêmicas após retirar do mapa mundial de contágio da doença a identificação "Palestina", deixando nos dados apenas "West Bank and Gaza". A destruição do hospital provisório, o bloqueio à Gaza, onde vivem atualmente 2 milhões de pessoas altamente dependentes de ajuda humanitária internacional, com escassez de abastecimento autônomo de água, alimentos, remédios, somada à restrição de circulação de palestinos/as — mascarada pela condição do isolamento e uma mídia altamente parcial vendendo uma imagem positiva de Israel —propiciaram maior contágio e menor possibilidade de tratamento adequado dos/as palestinos/as, ocasionando mortes pela Covid-19.

O respaldo recebido do governo israelense pelo governo de Donald Trump foi significativo. As relações amistosas entre os Estados Unidos da América e Israel são de longa data, remontam à criação de Israel, no ano de 1947. Deve-se considerar também, acerca dos Territórios Palestinos Ocupados, e nesse caso do Vale do Rio Jordão, que, no projeto de acordo nomeado "Paz para a prosperidade uma visão para melhorar as vidas de palestinos e israelenses", chamado também de "Acordo do Século", dentre as inúmeras propostas, Trump propôs a anexação da região do Rio Jordão pelo Estado de Israel. Na sequência da proposta, veementemente rechaçada pelos palestinos, pelas comunidades palestinas internacionais e pelo presidente da Autoridade Nacional Palestina, Mahmoud Abbas, o ex-primeiro-ministro de Israel Benjamin Netanyahu fez uma declaração informando que iniciaria o cumprimento proposto no projeto de Trump, a começar pela anexação do Vale do Rio Jordão.

---

[106] Disponível em: https://www.palestinechronicle.com/land-day-2020-in-the-time-of-the-coronavirus/. Acesso em: 30 mar. 2020.

Por outro lado, devemos considerar que, mesmo em condições não ideais, no início da pandemia na Palestina, os casos eram significativamente inferiores aos de Israel. Iniciativas comunitárias e dos governos palestinos colaboram para a contenção da disseminação do vírus com ações de controle, contenção e isolamento. Israel, na data de 30 de março, tinha 4.695 casos e 16 mortes, segundo o próprio Johns Hopkins[107]. O mesmo site noticiou que na Palestina havia 116 casos e somente uma morte (informado como West Bank and Gaza). Fontes locais informam, inclusive, que as medidas de contenção palestinas eram mais efetivas que as adotadas pelos israelenses.

Durante os primeiros meses de pandemia, foram realizadas campanhas pedindo à população que lavasse as mãos, na Palestina Ocupada e em Gaza, as restrições, todavia iam de abastecimento de água até de atendimento médico, tal como heteronomia na realização de ações solidárias de ajuda médica. Em Gaza, por sua vez, a Deutsche Welle News compartilhou imagens dos moradores fazendo seus próprios vestuários protetivos e voluntários nas ruas utilizando materiais de limpeza em uma tentativa de uma ação coletiva de assepsia de ruas, casas, comércios[108]. Outro problema foi a condição dos/as trabalhadores palestinos/as nos territórios ocupados. "Enquanto os israelenses ficam dentro de suas casas, eles estão nos colocando para trabalhar para que as coisas não entrem em colapso", disse Kareem, um trabalhador da construção palestino, ao Middle East Eye, tudo "para salvar sua economia".[109]

Enquanto o mundo enfrentava milhares de casos e mortes por Covid-19, na Palestina foram realizadas políticas externas, por parte da potência ocupante de isolamento dos palestinos, bombardeios e o cerco a Gaza sem o provimento mínimo de auxílio médico e o devido abastecimento de água, alimentos, medicamentos assistência médica etc. Esses eventos foram denunciados nas redes sociais e mídias como uma demonstração recente de limpeza étnica. Novamente, os termos apartheid e limpeza étnica foram amplamente utilizados por palestinos/as em diáspora para narrar a experiência vivida na Palestina, bem como os controles de circulação de fronteira. Posteriormente, Israel foi reconhecido pelo avanço nas políticas

---

[107] Disponível em: https://coronavirus.jhu.edu/map.html. Acesso em: 30 mar. 2020.

[108] Disponível em: https://www.dw.com/en/coping-with-COVID-19-in-gaza/av-52950266?maca=en-Whatsapp-sharing. Acesso em: 29 mar. 2020.

[109] Disponível em: https://www.palestinechronicle.com/land-day-2020-in-the-time-of-the-coronavirus/. Acesso em: 30 mar. 2020.

de vacinação contra a Covid-19, mas a vacinação foi seletiva, excluindo grupos de palestinos/as e pessoas de Gaza e da Cisjordânia; esse evento, a seletividade da vacinação, foi nomeado de "apartheid das vacinas".

3.5.1 Controle de fronteiras e restrição de circulação na pandemia

Segundo a Agência da Organização das Nações Unidas para Refugiados (ACNUR), são refugiados recentes "5,5 milhões de sírios que foram forçados a fugir constituem o maior grupo de refugiados do mundo. Os refugiados do Afeganistão aparecem em segundo lugar se considerado o país de origem" (2020). A Turquia é o principal país de acolhimento, tendo recebido 2,9 milhões de refugiados, em sua maioria sírios. Um fator relevante a ser considerado é que uma parcela desses refugiados, classificados pelos organismos internacionais como "refugiados sírios", é palestina estabelecida na Síria após os conflitos na terra de origem.[110]

A população de refugiados palestinos é de 5,6 milhões de pessoas, segundo a Agência para Refugiados Palestinos (UNRWA).[111] Embora a ONU tenha garantido, mediante a Resolução 194, o "Direito de Retorno", Israel tem realizado políticas de restrição de imigração e de controle de circulação. Deve-se enfatizar, nesse caso, a existência de um muro que ratifica as fronteiras geográficas, bem como os dispositivos de controle intitulados "checkpoints".

Conforme o "Relatório Tendências Globais", 70,8 milhões de pessoas estão em situação de deslocamento forçado no mundo:

> Entre os 70,8 milhões de deslocados forçados, existem três grupos distintos. O primeiro é de refugiados, que são pessoas forçadas a sair de seus países por causa de conflitos, guerras ou perseguições. Em 2018, o número de refugiados chegou a 25,9 milhões de pessoas em todo o mundo, 500 mil a mais do que em 2017 (UNRWA, 2020).

Restrições de circulação para os/as palestinos/as ocorrem ao longo das últimas sete décadas[112], porém, com a pandemia mundial de Covid-19, a questão tornou-se ainda mais delicada. Além de agravar a situação dos/

---

[110] Em 15 de maio de 1948, ocorreu a Nakbah, "limpeza étnica" da Palestina, segundo Ilan Pappé (2006). Nela, aproximadamente, 800 mil palestinos foram forçados ao exílio e cerca de 400 vilas foram destruídas.

[111] A ACNUR é a agência de refugiados da ONU. A ACNUR, é responsável pelos refugiados em geral, enquanto a UNRWA é estritamente uma agência para refugiados palestinos.

[112] Ver: Caramuru Teles (2017), Helena Manfrinato (2016) e Leonardo Schiocchet (2015).

as palestinos/as que vivem em campos de refugiados, devido à escassez de saneamento, isolamento social adequado, fornecimento de água etc., recrudesceu a situação de palestinos/as que desenvolveram redes de mobilidade e trânsitos internacionais, seja para a Palestina ou entre países do Oriente Médio, América Latina e Europa, e que vivem em circulação constante.

A ideia de "fechamento de fronteiras" é controversa. Primeiramente, considera-se que a fronteira se converteu em objeto de estudo da Antropologia, pensada na sua complexidade, considerando sua constituição relacional, cotidiana, seus fluxos, permeabilidade e seletividade e sua porosidade. Opõe-se a uma política que produz uma noção de fronteira coisificada (Melo; Olivar, 2019; Euzébio, 2014).

Apesar de ter parecido, de início, uma política eficiente na prevenção da Covid-19, mascarou e intensificou as migrações clandestinas e atingiu, sobretudo, os indivíduos vulneráveis naquele momento (WHO, 2020). Ademais, não existia qualquer comprovação que o simples "fechamento" das fronteiras sem políticas protetivas de direitos diminuiria os casos da Covid-19, já que a maior possibilidade de contágio se verificava em viajantes frequentes, e não em pessoas em trânsito devido à necessidade de deslocamento "permanente" (2020). Neste subcapítulo, abordarei como essas políticas de controle das fronteiras afetaram migrantes e refugiados, bem como de que forma os refugiados seguiram desprotegidos e sendo discriminados no contexto da pandemia.

Portanto, problematizarei a ação de alguns governos por meio de políticas estatais que visam a uma política de "fechamento de fronteira", ou seja, restrição de circulação, mediante mecanismos de controle e agentes de controle do Estado. Revelam, assim, como tais políticas promovem a complexificação das formas de exercício do poder do Estado em relação aos indivíduos e de que forma esses indivíduos escaparam ao controle, estabelecendo relações explanadas por meio da etnografia.

No contexto da pandemia do novo coronavírus, Donald Trump publicou, em sua conta no Twitter, no dia 20 de abril de 2020, o anúncio do "fechamento das fronteiras" do Estados Unidos para "imigrantes":

> À luz do ataque do inimigo invisível assim como a necessidade de proteger os empregos de nossos grandes cidadãos americanos, assinarei uma ordem executiva para suspender temporariamente a imigração para os Estados Unidos.[113]

---

[113] Ver: https://twitter.com/realDonaldTrump. Acesso em: 18 maio 2020.

Assim como Trump, vários outros governantes adotaram medidas de "fechamento de fronteira", bem como políticas de restrição a viagens para conter a contaminação. As recomendações da Organização Mundial da Saúde (OMS) eram bastante claras naquele momento no tocante às restrições de viagens, "desaconselhando a aplicação de restrições de viagens ou comércio a países com surto". Vejamos:

> Desde a declaração da OMS de uma emergência de saúde pública de interesse internacional em relação ao COVID-19 e em 27 de fevereiro, 38 países relataram à OMS medidas adicionais de saúde que interferem significativamente no tráfego internacional em viagens de e para a China ou outros países, desde a recusa de entrada de passageiros, restrições de visto ou quarentena para viajantes que retornam. Vários países que negaram a entrada de viajantes ou que suspenderam os vôos de e para a China ou outros países afetados estão agora relatando casos de COVID-19 (WHO, 2020).

Políticas que visavam ao controle de mobilidade das pessoas, intituladas de "fechamento de fronteiras", foram utilizadas como medida para conter o novo coronavírus dando margem a uma série de ações discriminatórias em diversas localidades. Foi o caso do ocorrido em fevereiro de 2020, quando o navio de resgate Ocean Viking, operado pela organização Médicos Sem Fronteiras (MSF) e pela organização não governamental Mediterranee, foi colocado de "quarentena" após o resgate de 276 pessoas. Segundo o MSF (2020):

> O Ocean Viking cumpriu todas as medidas e agora está ancorado na Sicília por quase cinco dias. É cada vez mais claro que as restrições de quarentena estão sendo aplicadas de forma discriminatória apenas para embarcações de busca e resgate [...]. Colocar em quarentena o Ocean Viking é equivalente a parar uma ambulância no meio de uma emergência. Essa é uma ação discriminatória – os únicos navios que foram colocados em quarentena são os que efetuam resgates. Afirmou Michael Fark, coordenador-geral de MSF para operações de busca e salvamento.

Em nota, a Organização Internacional de Migração (OIM) alertou que "os países não apenas tinham o direito de decidir sobre suas políticas fronteiriças, mas também a obrigação com seu povo e com uma comunidade global maior de monitorar as fronteiras cuidadosamente" (2020). Embora a organização demonstrasse preocupação acerca do risco de discriminação com tais medidas, seu discurso reafirmava a soberania dos países, sem apontar políticas públicas efetivas.

Diante do exposto, verificamos que a necessidade de deslocamento internacional de pessoas — devido à situação de refúgio e mobilidades contínuas após os reassentamentos —, em par com a conjuntura de políticas restritivas à circulação diante da preocupação com o alastramento da pandemia, dificultavam a vida dos refugiados, migrantes internacionais e solicitantes de visto por razões humanitárias.

Houve, certamente, uma tentativa de alguns governos de implementação de um "panoptismo", no sentido foucaultiano, nos moldes de "regulamentação para a peste", no século XVII, consolidado por "um policiamento espacial restrito, fechamento claro da cidade e da terra, proibição de sair" entre tantos outros "dispositivos de controle" (Foucault, 2008, p. 162-3). Sem considerar, todavia, o poder difuso, relacional, no qual o Estado, como instituição, não detém poder de forma absoluta (Foucault, 2010).

Nesse contexto, verificamos políticas significativamente distintas entre diversos Estados. Enquanto Portugal aprovou todos os pedidos de regularização de imigrantes pendentes para que eles tivessem acesso ao sistema de saúde público, bem como ao auxílio governamental, no Brasil tínhamos, até aquele momento, ausência de política pública específica à proteção de imigrantes e refugiados.[114]

Em maio de 2020, o Brasil chegou a 374.898 casos confirmados e 17.971 mortes, o Chile alcançou 77.961 infectados (JHU, 2020) — números que devem considerar proporcionalmente a população de cada país. Sebastian Piñera, então presidente do Chile, anunciou, em março, quarentena para os recém-chegados no país e medidas, como suspensão de aulas e eventos públicos, ao passo que, no Brasil, Jair Bolsonaro seguiu, do início da pandemia até dois anos depois, participando de protestos e contestando medidas da OMS. Embora o governo federal tivesse sancionado a Lei n.º 13.979, de 6 de fevereiro de 2020, acerca de medidas emergências para enfrentamento da Covid-19, publicou outras 18 normas ministeriais de restrição de entrada no país. A Lei n.º 13.979 já previa: "Art. 3º, VI - restrição excepcional e temporária de entrada e saída do País, conforme recomendação técnica e fundamentada da Agência Nacional de Vigilância Sanitária (Anvisa), por rodovias, portos ou aeroportos" (Brasil, 2020). Por meio da portaria normativa de n.º 120, publicada em 17 de março, iniciou-se uma série de

---

[114] A bancada do partido PSOL na Câmara dos deputados, apresentou, no dia 15 de maio, projeto de lei para regularizar imigrantes, visando que esses tenham acesso à saúde pública e às medidas de contenção da pandemia.

medidas discriminatórias e punitivas em relação aos refugiados, solicitantes de refúgio e de vistos por razões humanitárias, tendo os venezuelanos como principal grupo vítima de tais políticas. Vejamos:

> Art. 2º Fica restringida, pelo prazo de quinze dias, contado da data de publicação desta Portaria, a entrada no País, por rodovias ou meios terrestres, de estrangeiros oriundos da República Bolivariana da Venezuela [...]
> Art. 6º O descumprimento das medidas disciplinadas nesta Portaria implicará:
> I - a responsabilização civil, administrativa e penal do agente infrator; e
> II - a deportação imediata do agente infrator e a inabilitação de pedido de refúgio (Brasil, 2020, s/p).

Posteriormente, as demais portarias deliberaram acerca de critérios para a entrada aérea e terrestre. A Portaria n.º 340, de 30 de junho de 2020, trazia em seu conteúdo uma flexibilização, permitindo entrada de brasileiro nato, imigrante com residência definitiva, profissional estrangeiro, passageiro em trânsito internacional, dentre outros. Todavia, segundo o "Parágrafo único. O disposto no inciso II do caput não se aplicava à fronteira com a República Bolivariana da Venezuela" (Brasil, 2020). Em julho, mediante nova Portaria, o governo flexibilizou, mais uma vez, as políticas de controle de fronteira, permitindo entrada de estrangeiros, ao passo que seguia com a discriminação aos venezuelanos e solicitantes de refúgio.

3.5.2 Pandemia e agravamento da situação dos migrantes

Há, portanto, duas mobilidades significativas de palestinos/as: a primeira, o deslocamento forçado de refugiados que, quando em campos, implicou vulnerabilidade durante a pandemia. Ela pode se desdobrar em um deslocamento subsequente, quando tais refugiados adquirem a nacionalidade chilena e promovem uma nova rede de migração. A segunda refere-se ao deslocamento de palestinos/as em diáspora e ao retorno à Palestina por motivos pessoais, familiares, políticos etc. Ambas as mobilidades foram prejudicadas no contexto da Covid-19, devido às políticas de controle de fronteiras.

Para populações em situação de vulnerabilidade, em campos de refugiados, com acesso precário a água e saneamento básico, o cumprimento das orientações de prevenção ao coronavírus apresentava dificuldades significativas. Enquanto variadas populações com fragilidade econômica necessitaram de auxílio na pandemia, palestinos/as que ocupam atividades comerciais, muitas vezes conjuntamente a imigrantes bolivianos, peruanos e chineses em Santiago, seguiram em isolamento, com dificuldades de trabalhar e, assim, manter sua renda.

Além disso, a conjuntura de pandemia implicou risco de aumento de xenofobia e ações discriminatórias, com bloqueios e restrições à entrada de novos imigrantes e refugiados. A preocupação se estende à possível permanência das políticas implementadas em situação de exceção e do recrudescimento das políticas seletivas de controle de mobilidades nas áreas de fronteiras mesmo após a pandemia, bem como de um controle de circulação, elegendo "imigrantes preteridos" passíveis de entrada e imigrantes indesejáveis, o que representaria aumento dos dispositivos de controle estatais em relação à circulação de migrantes internacionais, bem como de discriminação.

Em relação às viagens de retorno, ainda em 2020, dois interlocutores relataram dificuldades enfrentadas em relação à pandemia. O primeiro caso, relatado por Jéssica, é de um palestino residente no Brasil, que fez uma viagem de retorno para o sepultamento do pai, na Jordânia, semanas após o início da pandemia, e ficou *"preso na fronteira sem poder retornar ao Brasil durante dois meses. Segundo o relato, o rei (da Jordânia) fechou as fronteiras para países com alto índice de contágio"*. Sendo assim, *"viagens para o Brasil estavam liberadas apenas uma vez ao mês"*. Uma estratégia utilizada por essas pessoas foi o deslocamento interno dentro dos países do Oriente Médio — por fronteira terrestre ou mesmo deslocamento aéreo, nesse caso para a Arábia Saudita, para apenas posteriormente virem ao Brasil. A mobilidade desse interlocutor sugere a possibilidade de negociação e conformação de "lacunas" (Galemba, 2013). Há constituição de poder difuso, no sentido em que seu exercício está para além da instituição formal quando pessoas, em seus cotidianos, exercem práticas de controle ou de subversão.

O segundo caso tratava-se de um palestino-brasileiro, Monder, que teve seu visto negado "por Israel" para retornar à Palestina em meio à situação da pandemia, assim ficou separado de sua esposa e filhos. A justificativa do governo israelense foi a de que ele fazia trânsitos terrestres pelo Egito para renovação de visto, o que estaria em desacordo com a norma, pois, "como cidadão brasileiro, mesmo morando nos Territórios Ocupados, o visto estava restrito a esses territórios". Isso demonstra a complexidade das relações fronteiriças no caso dos/as palestinos/as e de sua mobilidade, bem como as assimetrias de poder implicadas nessas relações. O desenrolar da burocracia dos vistos, segundo ele, encontrava-se ainda mais retardatário. Dessa forma, seguiu por meses na espera pelo "retorno".

Em relação à situação vivida no Chile, um interlocutor, Muhammed, em maio de 2020, informou-me que havia muitos contagiados no país e que ele ficou quase três meses sem trabalho, pois o mercado estava fechado em toda a região de Recoleta. Relatou-me ainda que seguiam em quarentena e só saíam para suprir necessidades básicas.

A comunidade palestina chilena, por sua vez, realizou nesse período ações de assistência alimentar e financeira a famílias chilenas, palestinas locais e da Palestina, criando redes solidárias nacionais e internacionais de suporte. A Fundación Belén 2000 arrecadou fundos para palestinos de Beit-Jala, Belém e Beit-Sahur, enquanto a Federación Palestina de Chile promoveu a campanha "Palestina ayuda Chile" a fim de ajudar famílias chilenas em situação vulnerável. No Brasil, palestinos/as, por meio das organizações locais e de sociedades, têm organizado discussões e promovido eventos virtuais em relação tanto às políticas de controle de circulação quanto ao apartheid e às violações de direitos humanos, bem como promoveram inúmeras ações de solidariedade por meio de doações de alimentos a populações vulneráveis durante a pandemia, notadamente nas cidades de Manaus, Corumbá, Porto Alegre, Pelotas, Quaraí, Chuí, Sapucáia, Santana do Livramento e Uruguaiana.

Refugiados e imigrantes encontraram nessa situação espaço de agenciamento e resistência, tais como reivindicação às organizações políticas e institucionais pela regularização dos imigrantes, obtenção de direitos civis e de acesso ao sistema de saúde local e ações coletivas de prevenção e contenção da doença, bem como novas formas de mobilidade.

3.6 O protagonismo em rede: influenciadoras digitais

Durante a pandemia da Covid-19, o uso de redes sociais e plataformas on-line foi intensificado de forma significativa em todo o mundo[115]. No Brasil, muitos/as palestinos/as puderam perceber esse aumento e participar dessa intensificação. Por meio de sites das instituições palestinas ou das páginas das redes sociais da Juventude Palestina, pode-se perceber a intensificação desse tipo de comunicação. Um fator relevante para esta

---

[115] Disponível em: https://agenciabrasil.ebc.com.br/geral/noticia/2021-11/estudo-mostra-que-pandemia-intensificou-uso-das-tecnologias-digitais. Acesso em: 30 jun. 2022.

análise foi o crescimento e o aumento exponencial da visibilidade do que se convencionou chamar "blogueiras muçulmanas", dentre essas, ou próximas a elas, estão as "blogueiras palestinas".

A origem do termo "blogueiro", embora vulgarizado e ampliado para designar pessoas que produzem conteúdo em diversas plataformas digitais, teve início no final dos anos 1990 e início dos anos 2000 e referia-se, originalmente, a pessoas que produziam conteúdo em Blogs, que, posteriormente viriam a ser sites pessoais com templates básicos. Apesar da variação de cor e layout, havia um padrão estético e de conteúdo. Normalmente, eram sites pessoais, e o conteúdo produzido variava conforme as redes de interesse, como viagem, política, humor, relatos do cotidiano, dicas estéticas, filmes, religião, filosofia e outras ciências etc.

Hoje, "blogueira" designa "influenciadora digital", pessoa, nesse caso específico mulheres, que, por algum motivo, tem influenciado outras por meios digitais, como Facebook, Instagram, Youtube, TikTok. Também são conhecidas como *instagrammers, youtubers* ou *tiktokers*. O uso acelerado dessas plataformas auxiliou a visibilidade e a popularização de mulheres praticantes da religião islâmica. Como relatado pelas próprias, uma pequena parcela entre os milhares de seguidores é de muçulmanas/os ou membros das comunidades árabes locais. A parcela mais significativa é de brasileiras/os interessadas/os em "curiosidades" sobre a religião islâmica e suas práticas, bem como em aspectos culturais, gastronômicos e políticos. Em geral, os perfis são bem diversos. Entre as de religião muçulmana, há aquelas nascidas em família muçulmana, geralmente de origem de imigrantes árabes, e aquelas "revertidas", de "famílias brasileiras" ou famílias não imigrantes. Um dos pontos relevantes em relação a esses pertencimentos é, o lugar de nascimento e o autorreconhecimento identitário. Uma das interlocutoras, na descrição do Instagram, traz a seguinte frase: "BRASILEIRA muçulmana que não precisa voltar pro seu país porque já está nele, 1 vida + normal do que você imagina". Embora os perfis sejam bastante variados, um ponto de convergência comum a todos os perfis analisados é a produção de conteúdo contra a islamofobia e xenofobia.

Entre as interlocutoras deste subcapítulo, muitas são de famílias árabes-muçulmanas que migraram para o Brasil. Palestinas de segunda e terceira geração ou libanesas casadas com palestinos/as configuram esse grupo de interlocutoras. A faixa etária das pessoas acompanhadas é de 14 a 40 anos. Adolescentes, jovens e mulheres de 30 e poucos anos foram as principais interlocutoras. Com algumas delas, inclusive, tive contato e convivência ao longo do trabalho de campo realizado na Mesquita de Florianópolis, durante o ano de 2019, e com outras no decorrer do trabalho de campo pelas comunidades no Brasil.

Duas das principais influencers, sendo uma delas e Hyatt Omar, são muçulmanas. Fazem parte da comunidade árabe-brasileira. A primeira, nascida em São Paulo e residente em Florianópolis, é de família libanesa; a segunda Hyatt, nascida no Rio Grande do Sul, residente no Canadá, é de família e origem palestina.

Esta última sessão tem por objetivo analisar as produções das influenciadoras digitais palestinas ativistas e demais influenciadoras solidárias à causa palestina. Além da produção individual, almejo compreender as relações entre elas, as construções coletivas, bem como o protagonismo de mulheres palestinas e muçulmanas nas redes sociais. Suas trajetórias elucidam as formas de ativismo digital de mulheres árabes, palestinas ou muçulmanas nas redes e em torno da causa palestina. Considero também a contribuição de suas trajetórias para pensar os processos de construção de palestinidades na diáspora. Finalizo os movimentos analisados a partir de um grupo não institucionalizado, autônomo, demonstrando a descentralização do mundo virtual.

O intuito foi compreender a existência de expressões, entre mulheres palestinas (muçulmanas), de um contradiscurso no sentido de responder às suposições midiáticas orientalistas. Da mesma forma, há feministas palestinas que adotam uma postura crítica às práticas presentes no seio das comunidades/sociedades islâmicas, entretanto sem cair na reificação de orientalismos ou de discursos ancorados numa perspectiva do feminismo civilizatório.

Foi a partir da minha inserção como pesquisadora nas orações de sexta-feira no Centro Islâmico localizado no centro de Florianópolis, rua Felipe Schmidt, assim como do meu contato e da minha participação nos grupos de WhatsApp da Juventude Sanaúd e Frente Palestina no Brasil, bem como nas relações pessoais, nos encontros virtuais com minhas interlocutoras, jovens mulheres integrantes da Sanaúd, Frente, frequentadoras da Mesquita, que experienciei as formas de ativismo digital.

Ao longo do período em que acompanhei tais grupos, pude presenciar alguns movimentos coletivos protagonizados pelas blogueiras. Certamente o principal deles, enfoque desta análise, foram as manifestações e organização em relação a questões ligadas à Palestina, sejam de âmbito local, internacional, político ou social. Compreendendo que tais marcadores estão interligados; falar de comida árabe-palestina, num determinado contexto, é uma manifestação política, as associações feitas pelas interlocutoras diversas vezes utilizam-se da cotidianidade para acionar elementos de "tradição".

Desse modo, em vez de entrar nos casos específicos, farei um breve apanhado dos movimentos que ora estão diretamente ligados, aproximando-se das pautas levantadas pelas interlocutoras, ora afastados, retratando a cotidianidade de mulheres praticantes do islamismo. O grupo analisado é o que convencionou-se chamar de: "blogueiras muçulmanas".

Os grupos de blogueiras, que dialogam direta ou indiretamente, são compostos por aproximadamente seis a dez mulheres, nascidas no Brasil, muçulmanas, de origem árabe ou não (algumas são brasileiras revertidas, casadas ou não com homens muçulmanos de origem árabe). Vale salientar que esse grupo é multiétnico, ou seja, entre as mulheres encontram-se árabes-libanesas, árabes-palestinas, brasileiras, paquistanesas etc.

Dois projetos que dialogam com gênero, feminismo e ativismo palestino se chamam "Muçul-MANAS" e "Des.oriente-se". Tais projetos, bem como outras páginas, buscam romper com preconceitos, estereótipos e orientalismos presentes na sociedade brasileira. "Desorientar o que foi orientado"[116]. A iniciativa também propõe uma análise feminista a partir de uma perspectiva decolonial. Os projetos têm um caráter de formação acadêmica, são páginas destinadas à formação teórica e política e à desconstrução de uma visão orientalista (Said, 2007). O Des.oriente-se, composto por duas pessoas responsáveis pela página nas redes sociais Aycha S. e Karime C., ministra cursos sobre Orientalismo e realiza outras atividades formativas. O projeto Muçul-MANAS tem atuado mais no âmbito das redes, por meio de postagens e lives.

Muitas das páginas ou perfis pessoais de mulheres que compõem esses grupos reforçam, ainda na descrição do perfil na mídia social, tratar-se de um perfil feminista, decolonial, antirracista e antimachista. Nem todas as páginas possuem posicionamento ativista demarcado, o que se restringe principalmente aos primeiros grupos citados e mais alguns perfis individuais. Há duas principais vertentes de constituição desse grupo de blogueiras: as que buscam desconstruir estereótipos islamofóbicos e orientalistas mediante a exposição da vida pessoal e cotidiana, e as que buscam o mesmo objetivo, somado à desconstrução do patriarcado, machismo e racismo.

---

[116] Disponível em: https://instagram.com/des.orientese?igshid=YmMyMTA2M2Y=. Acesso em: 27 nov. 2022.

Na esteira dos dados, é importante pensar a proposta de um feminismo transnacional e plural (Vergès, 2020, p. 30), com ênfase às epistemologias do sul e posicionando-se diante do "feminismo civilizatório" e do feminismo liberal. Em diálogo com a proposta de Vergès, farei aqui uso das noções de um feminismo decolonial proposto pela autora. Primeiramente, para norteamento teórico, é importante esclarecer que a autora constrói seu argumento a partir da problematização de um feminismo branco que exterioriza escravidão, colonialismo, imperialismo, atuando na manutenção do capitalismo, do sexismo e racismo. Coloca-se, dessa forma, em um lugar de inocência, irresponsabilidade, ou até isenção de culpabilidade frente as ações do Estado francês (Vergès, 2020, p. 34).

Por outro lado, na defesa de um feminismo decolonial, Vergès aciona elementos fundamentais, tais como fidelidade às mulheres do sul global e suas trajetórias, suas heranças, memórias, luta e "despatriarcalização das lutas revolucionárias" (2020, p. 35-36). Esse movimento do sul global, que encontra apoio em mulheres do norte global, organiza-se, não como uma "nova onda", mas como uma "nova etapa no processo de decolonização" (Vergès, 2020). Um feminismo decolonial, segundo a autora, tem como pauta de organização uma postura diante do estupro, do feminicídio, da colonização, do extrativismo, da aceleração do capitalismo, da dominação masculina, com enfoque na luta contra um feminismo civilizatório. Segundo ela, tal feminismo,

> [...] ao transformar os direitos das mulheres em uma ideologia de assimilação e de integração a ordem neoliberal, reduz as aspirações revolucionárias das mulheres à demanda por divisão igualitária dos privilégios concedidos aos homens brancos em razão da supremacia racial branca. Cúmplices ativas da ordem capitalista racial, as feministas civilizatórias não hesitam em apoiar políticas de intervenção imperialistas, políticas islamofóbicas ou negrofóbicas (Vergès, 2020, p. 37).

É na problematização de um feminismo liberal e civilizatório que a autora alerta para o perigo do nacionalismo autoritário, do neofascismo e da ascensão dos reacionários, bem como problematiza os epistemicídios e disputa, por meio de um feminismo decolonial, a igualdade entre os saberes e uma "reapropriação científica e filosófica que revisa a narrativa europeia do mundo" e, em contestação à "economia-ideologia da falta", da ausência de razão, beleza, ciência e técnica (Vergès, 2020, p. 39). Questiona também a colonialidade e o eurocentrismo, que não se encerram com a descolonização.

Propõe ainda o estudo de tais noções, das suas práticas e desdobramentos para a formação de um feminismo decolonial embativo, que compreenda e elabore as dimensões dos complexos racismo/sexismo/etnicismo, nas relações de dominação, discutindo os processos de colonização de forma a compreendê-los, assim como suas implicações na construção das relações sociais (Vergès, 2020, p. 41-45). É importante ressaltar que, segundo a autora, o feminismo civilizatório, ou "branco-burguês", "não é branco simplesmente porque as mulheres brancas o adotaram, mas porque ele reivindica seu pertencimento a uma parte do mundo, à Europa, que foi construída com base na partilha racializada do mundo." (Vergès, 2020, p. 45).

O feminismo decolonial, ou *um* feminismo decolonial, como proposto por Françoise Vergés, é acionado pelas interlocutoras de modo que é, sobretudo em suas narrativas, um "feminismo antieurocentrismo", que vai de encontro ao feminismo civilizatório, muito bem equacionado por Vergés, pois, como sugere a autora, a colonização e o imperialismo moldaram as categorias gênero e mulher. Cito:

> Fazendo de suas experiências, que costumam ser experiências de mulheres da classe burguesa, um universal, contribuem para a divisão do mundo em dois: civilizados/bárbaros, mulheres/homens, brancos/negros, e assim a concepção binária de gênero torna-se um universal (Vergès, 2020, p. 56).

Resgato aqui a importância do diálogo com Vergés, pois essa postura política contra o feminismo civilizatório esteve presente no campo, ao longo de toda a etapa desta análise. De palestinas no Chile às palestinas influenciadoras digitais, no Brasil e no Canadá, a narrativa antimachismo, anti-islamofobia e antiorientalismo esteve atrelada. As "blogueiras muçulmanas" são incisivas em sua proposta de desorientalizar a América Latina, compartilhando, portanto, dos mesmos anseios postos pelas manifestantes palestinas no Chile.

Sobre a produção de conteúdo digital, uma das interlocutoras que atua como influenciadora digital, contou-me sobre o dia em que, em sua conta pessoal do Instagram, ela mencionou a Nakbah e foi provocada por uns amigos a explicar do que se tratava o conflito na Palestina. Ela então fez um primeiro vídeo sobre a Nakbah, em maio de 2020, e foi dessa postagem em diante que começou a produzir conteúdo digital sobre a Palestina e as pessoas palestinas. Num primeiro momento, recebeu muitas mensagens de ódio, mensagens negativas. As pessoas generalizam o conflito, principalmente por não compreenderem a complexidade das organizações políticas palestinas, dos governos da OLP e Hamas e do conflito. *"Para mim, você não gostar de mim porque levanto a bandeira do meu povo é a melhor forma de não gostar de mim"*, ela afirmou, reiterando que se sentiu satisfeita por estar associada à imagem da resistência palestina. Também disse receber mensagens afirmando que sua postura seria antissemita e aproveitou para reiterar *"somos povos semitas. Para mim, os judeus são meus primos"*.

Foi com o aumento do uso de redes sociais na pandemia que muitas delas presenciaram seus perfis crescerem em números de seguidores e se tornarem influenciadoras digitais, o que teria trazido, em suas perspectivas, benefícios para a causa palestina, pois trazia visibilidade. Muitas atuaram apresentando conteúdo, tornando-o mais didático, criando uma conexão com as pessoas mediante uma fala direta e pessoal, que não é intermediada por uma instituição. A produção do conteúdo tem sido um desafio e ocupa tempo significativo do dia, horas de pesquisa, filmagem e edição, com legendas inclusivas. Essas atividades são descritas como bastante desgastantes, mas também há uma valoração em relação ao trabalho e, ao fim, a contribuição para a "causa".

O outro grande desafio relatado foi a ocupação do espaço como mulheres e ativistas: *"O trabalho que eu tenho para ser levada a sério é o dobro de um homem". "As mulheres muçulmanas escutam que são oprimidas, por isso temos que nos apoiar e ter essa rede"*. Assim, a motivação principal para muitas dessas mulheres foi trabalhar com conteúdo sobre a causa palestina e a desmistificação do Islã, criando alianças de mulheres nas redes digitais. Atuam diante das estruturas de opressão patriarcais, mesmo quando essas não são nomeadas, disputando o espaço das redes sociais e os espaços de formação política, disputando e criando contranarrativas.

Um ponto de contato apareceu com mulheres muçulmanas ativistas da causa palestina, mas de origem libanesa, brasileira e paquistanesa. Em realidade, a causa aparece nesses grupos perpassando outros debates, sendo os principais sobre anti-islamofobia e antiorientalismo, mas também machismo, racismo, violência. O conteúdo produzido com esse enfoque acaba por trazer, vez ou outra, a questão da palestina à tona. Diferentemente das ativistas palestinas, nesse caso em específico, há grupos diversificados de ativistas muçulmanas, influenciadoras digitais muçulmanas, e um leque muito amplo de proposta de imagem nas redes sociais.

Enquanto uma parcela divulga a imagem da mulher muçulmana empreendedora, voltada ao trabalho, outras têm enfoque na maternidade e rotina, tendo a religião, o Islã, como marcador principal. São, em sua maioria, perfis de mulheres muçulmanas desmistificando preconceitos, generalizações ou suposições sobre o islamismo e, principalmente, em relação a práticas das mulheres dentro da religião e da comunidade muçulmana. Não incomum, nos perfis em que se propaga a imagem da mulher autônoma, empreendedora, bem-sucedida economicamente, há também imagens de "ostentação", propagandas de marcas parceiras etc.

Muitas das mulheres com quem realizei campo na mesquita de Florianópolis fazem parte desse nicho, inclusive uma das principais influenciadoras é uma paulista que vivia na ilha de Santa Catarina e estava retornando a São Paulo. Muitas das jovens que conheci, durante o campo em 2019, passaram a ser influenciadoras digitais em 2020. Numa parte delas, de origem palestina, descendentes de terceira ou quarta geração, embora o conteúdo central seja sua vida pessoal, as tradições e os costumes palestinos são divulgados, em vídeos dos casamentos, por meio da culinária, da língua local, das diferenças entre o árabe palestino e dos demais países. Muitas vezes esses conteúdos aparecem atrelados ao cotidiano, no restaurante, em casa, uma conversa com a sogra palestina com caixinhas de dúvidas, assim por diante.

Há de se considerar o marcador de classe social presente nesse grupo. Em sua maioria, são mulheres de classe média e alta que, além do ativismo ou do compartilhamento do doméstico de forma política, constroem imagens de mulheres fortes, bonitas, bem-vestidas, compartilham eventos, comidas, festas deslumbrantes, gerando uma imagem palatável a todos os públicos. Há uma narrativa muito comum presente nesse primeiro grupo que é o de que "mulheres muçulmanas são iguais a todas as outras mulheres". Assim, em suas páginas, divulgam suas rotinas de exercício, trabalho, estudos, viagens sozinhas etc. Essa é a narrativa principal.

Um elemento que também tem estado presente, muitas vezes involuntariamente, nas páginas ou lives cotidianas, é a bandeira palestina. Em um determinado episódio, uma das páginas tirava dúvidas levantadas pelos seguidores (público-alvo) sobre as bandeiras nos casamentos e afirmava que *"nós palestinos temos o costume de levar/expor nossa bandeira nos casamentos, festas"*.

Nesse grupo, como dito, a prática das mulheres muçulmanas tem enfoque central. Foram acompanhadas várias mulheres; uma parte foi entrevistada, com outra eu tinha contato prévio no período do campo realizado em Florianópolis, e uma terceira foi acompanhada por indicação das próprias interlocutoras. Devido ao recorte da pesquisa, não houve um contato individual com todas, como no caso de perfis sobre o dia a dia da vida de uma mulher muçulmana brasileira na Arábia Saudita, das influenciadoras brasileiras voltadas para prática religiosa, moda muçulmana, maternidade e trabalho. Trata-se também de uma metodologia na qual segui "rastros digitais" (Bruno, 2012), para entender as manifestações palestinas em redes sociais.

Embora tenha acompanhado todos os perfis ao longo de 2020 a 2022, o recorte proposto teve enfoque naqueles que politizavam, por meio do ativismo digital, temas ligados a feminismo islâmico, feminismo, gênero, orientalismo e causa palestina. Retomando a primeira análise, foi assim que um segundo grupo de mulheres ativistas participou deste trabalho, o grupo de mulheres do projeto "Muçul-MANAS".

O projeto foi criado por quatro mulheres muçulmanas nascidas no Brasil, de origens diversas, são elas: Shakila Ahmad, Aysha Suleiman, Mariam Elhem e Fabíola Oliver; a primeira de origem paquistanesa, as duas seguintes de ascendência libanesa, e a última de família brasileira, muçulmana revertida, ou seja, converteu-se ao longo da vida adulta. Não foi criada no seio da comunidade árabe-muçulmana, o que produz uma diferença significativa, segundo ela mesma. O projeto tem como proposta mostrar a variedade de mulheres muçulmanas e diferentes *culturas.*

As alianças estabelecidas entre elas permitem pensar as alianças contra a precariedade induzida nas mulheres árabes. Como sugere Butler (2019), são alianças entre várias minorias ou populações consideradas descartáveis (p. 34). Contudo, diferentemente do grupo da análise de Butler, essas mulheres estão reunidas nas redes, na web, tanto on-line quanto off-line.

Nesses grupos é possível encontrar aquilo que Vergès chamou de "um feminismo radical", que visa a uma libertação das mulheres, e o feminismo desenvolvimentista, que busca a integração da mulher ao capitalismo (2020, p. 69) e colabora para uma noção de homogeneização do sujeito social, atuando na missão civilizatória que exclui e opera sobre a proposta do sul global de um feminismo decolonial e de libertação total (Rebelo; Caramuru Teles, 2022).

Essas mulheres trazem à luz temas aqui já esboçados, como maternidade árabe-muçulmana e feminismo, contestam estereótipos orientalistas e trazem o cotidiano como político. Para elas, o fazer política também está no privado, no doméstico. Como coloca Carol Hanish, voltamos o olhar para pensar o cotidiano e a vida privada como espaço político.

O ativismo em rede de mulheres palestinas e demais mulheres de origem árabe ou brasileira, reunidas pelo marcador da religião, bem como pelo de gênero classe, raça e etnia, nos permite pensar como ora acessam esses marcadores como elemento de reunião e agrupamento e ora se distanciam deles. Foi o caso das mulheres azeitonadas, que analisei anteriormente. As interlocutoras desta sessão compartilham dos termos discutidos previamente. Foi a partir de uma manifestação em uma live em que Aysha afirmara seu autorreconhecimento como uma mulher marrom, latino-arabiana, que pude conectar tanto o mapeamento desse reconhecimento entre outras mulheres, pois não estava restrito a um grupo específico ou relacional, quanto a bibliografia, a qual inclusive troquei com minhas interlocutoras, fornecendo indicações.

A rede on-line possibilitou um acesso distinto do campo presencial, mas permitiu à antropóloga outras entradas, na vida cotidiana, em espaços do lar restritos ao público de forma física, que por vezes se tornam "escritórios" para as redes digitais. Foi assim que acessei muitos quartos, cozinhas e casas das minhas interlocutoras, conhecemos os filhos umas das outras, gatos, irmãos, compartilhamos conhecimento científico, teorias, receitas de comida árabe e impressões.

A presença de mulheres muçulmanas nas redes sociais tem possibilitado trocas e afetos, compartilhamento de experiências, bem como ativismo político. As instituições têm informado uma "migração" cada vez maior das interações e formação política do offline para o on-line. Embora eu valorize e compreenda que o trabalho de campo in loco permite que coisas se desvelem, algumas apenas o off-line possibilita. A conformação do ativismo on-line nesta análise atuou em complementaridade e permitiu romper as barreiras físicas e geográficas entre antropóloga e interlocutoras.

Notas de conclusão

Este capítulo transitou entre distintos movimentos palestinos on-line e off-line. A ocupação das ruas também foi acompanhada da ocupação das redes sociais, na transmissão do protesto de mulheres palestinas na embaixada israelense no Chile, nas ruas em solidariedade ao movimento *Black Lives Matter*, em todo o mundo, e na construção do movimento *Palestian Lives Matter*.

O uso das redes sociais por ativistas e instituições políticas palestinas para denunciar a violência da ocupação, as mortes de pessoas palestinas e o apartheid foi um meio de ocupação recente no Brasil, impulsionado pela pandemia e pela decorrente restrição da ocupação do espaço físico. Senhores com quem dialogo há quase uma década, que se orgulhavam da presença palestina nas ruas pelas Diretas já no Brasil, aprendiam com os jovens palestinos de terceira geração o uso das mídias digitais e das redes sociais como ferramenta política. Uma transformação para além da reconfiguração organizacional das instituições e organizações palestinas foi percebida, era a transformação do ativismo, ou de parte dele, do off-line para o on-line. No contexto político brasileiro, o "ativismo digital" se tornou uma demanda dos movimentos políticos.

Paralelamente, o pessoal, que já era político, construiu esses espaços, uma narrativa independente, mas que também publicizava a violência colonial e estava junto à causa palestina. Os marcadores sociais de diferença, que marcam as palestinidades, emergiam de modos distintos em cada contexto e grupo analisado e nas formas de construir e habitar a diáspora palestina.

Mulheres marrons, amarelas e não brancas têm se levantado aliadas às feministas negras, mas reconhecendo a especificidade de seus corpos e origens, bem como a necessidade de construção de um feminismo decolonial latino-arabiano, criando, dessa forma, um espaço possível de habitar e reconhecer-se. A aproximação entre movimentos anticoloniais é histórica. Frantz Fanon, médico martinicano militante da Frente de Libertação Nacional da Argélia, em seus escritos, fala dos movimentos de libertação colonial em África e no mundo.

A luta anticolonial aproxima populações colonizadas do mundo. De Mandela a Arafat, afirmações foram feitas quando a similitude do sistema de apartheid em ambos os Estados. O uso dessas e de outras articulações aparece nas manifestações políticas dos palestinos em rede e nas ruas. Articulações entre pessoas palestinas e pessoas afro-americanas ou afro-brasileiras enfatizam como o marcador social de raça está presente não apenas nas políticas de segregação e ocupação da terra, mas também na constituição dos corpos, nos processos de reconhecimento identitário entre grupos e na mobilização da resistência ao racismo e *apartheid*.

CONCLUSÃO

Este livro, embora apresente dados relevantes para o campo da Antropologia, se insere num contexto maior que se relaciona às demais produções da área, de forma complementar. O trabalho aqui disposto é uma parcela de reflexão e análise a partir das relações estabelecidas em campo entre a antropóloga e seus/suas interlocutores/as. Foi a partir dessa relação que o campo se desenhou, caminhando numa fluente do Chile ao Brasil e dele para a Palestina. Em meio a essa experiência de deslocamento, construção de espaços e formas de habitar, problematizei alguns processos de construção de palestinidades evidenciados pelo trabalho de campo, coproduzidos por marcadores sociais de diferença que emergiram nesses contextos.

A estratégia metodológica adotada — do campo de pesquisa no Chile, o qual vejo como um contraponto ao campo de pesquisa no Brasil — culminou com uma viagem de "retorno" à Palestina, permitindo-me contrastar as distintas formas de fazer, ser e se reconhecer na diáspora relacionadas ao processo de construção de palestinidades. Faço alusão ao termo local, "retorno", de meus interlocutores, pois, ao ir para a Palestina, de certa forma, também "retornei" a um espaço anteriormente "imaginado", como propôs Anderson (2008), uma Palestina compartilhada nas minhas relações em campo. Foi necessário estar lá para compreender tanto meu lugar nesta produção e na relação com as pessoas palestinas com quem trabalhei como a construção do próprio retorno entre essas pessoas.

A obra, portanto, nos aspectos gerais trabalhados, teve ênfase em dois espaços geográficos distintos, nos quais busquei traçar aproximações e conexões contrastivas, tanto da imigração, ou presença palestina na região, quanto das formas de construir palestinidades. Na primeira parte do trabalho, refleti sobre o modelo de imigração a partir de uma perspectiva crítica de gênero, principalmente a construção de uma diáspora latino-americana que utilizou de um modelo específico de imigração e elaborou formas de masculinidades palestinas em torno da figura do mascate.

Todavia, a narrativa oficial desta imigração é o tempo todo remanejada, contestada, reconstruída, e as mulheres palestinas, que em muitas bibliográficas são referidas como acompanhantes (mães, filhas, esposas) dos homens que vêm fazer a América, aqui são entendidas pelo seu papel fundamental na conformação desta sociedade, das comunidades palestinas em diáspora. Esse papel inclui o trabalho doméstico na esfera do fazer político e evidencia o trabalho comunitário delas, bem como sua atuação na construção formas de habitar a diáspora.

Na segunda parte, sobre as formas de habitar e fazer lar na diáspora, trouxe à luz os processos de ser palestino e de construção das palestinidades em meio a um contexto local de reestruturação política interna e externa à comunidade. Brasil e Chile, nesse contexto de campo, passaram por períodos políticos instáveis, de ascensão de fascismo e democracias em risco, seguidos pelo retorno de governos de centro-esquerda ao poder. Habitar, criar um lar na diáspora, tem sido uma parte das formas de construir palestinidades, em que "a terra natal não é uma entidade territorial, mas um destino moral" (Malkki, 1992, p. 35-36), compartilhado entre os/as palestinos/as no Brasil e no Chile. Na diáspora, palestinos/as constroem o lar como lugar não apenas de pertencimento, mas também de reconhecimento. Esse lugar permanece em manutenção, construção e disputa, como pudemos analisar nas disputas de autenticidade e nas narrativas na contramão, que nos permitiram entendê-lo também como como uma "arena de [permanente] negociação de afetos e pertencimentos" (Schiocchet, 2015).

O processo de *home-making* está circunscrito nas formas de elaborar narrativas e categorias de pertencimento de arabicidades e palestinidades. É construído por mulheres que se reconhecem em contraste, inclusive em relação ao território da diáspora, seja como mulheres azeitonadas, de pele de oliva, seja como mulheres marrons. As categorias e o processo de autorreconhecimento se constroem, outrossim, pelas noções de sangue e ancestralidade, da fé no retorno, nas formas de fazer, viver, performar as palestinidades. Há categorias produzidas na diáspora, categorias de diferença e reconhecimento. As categorias locais se constroem na relação, e essas relações são perpassadas por materialidades e subjetividades.

Por fim, na terceira parte deste trabalho, que caminha do físico ao on-line, do local ao transnacional, as formas de elaboração, as alianças construídas pelos movimentos políticos, as manifestações em rede e as redes de manifestações permitiram-me evidenciar formas como as pessoas que atuaram como interlocutoras desta pesquisa e com quem teci este trabalho acionam os marcadores sociais de diferença nos movimentos de solidariedade que constroem narrativas de libertação dos corpos e da terra palestina. Mulheres marrons, amarelas e não brancas têm se levantado aliadas às feministas negras, mas reconhecendo a especificidade de seus corpos e origens, bem como a necessidade de construção de um feminismo decolonial latino-arabiano, criando espaços de pertencimento.

No que tange a formas de palestinidades em diáspora, podemos compreender que elas se constroem se forma relacional, nas relações cotidianas, na vida familiar, na vida comunitária, nas disputas e no fazer político, seja doméstico ou institucional. As mulheres possuem papel central nos processos de construção de palestinidades como "espaços subjuntivos, compartilhado (sic.) de pertencimento" (Schiocchet, 2022) ou como categorias locais construídas como modos de identidade palestina, que remetem, de forma generalizada, à língua, aos costumes, às tradições, à fé no retorno e à causa palestina.

As palestinidades, acessadas neste trabalho de campo nos processos de autorreconhecimento identitário, como categorias locais são diversificadas, localizadas, contrastivas e plurais. Enquanto em determinado grupo noções de sangue e ancestralidade são eixos centrais de *uma* palestinidade, autoafirmada, em outro, ativismo e sofrimento emergem nas narrativas. Um elemento comum, compartilhado por parte significativa dos interlocutores, ativistas e acadêmicos, foi a causa palestina como eixo central de palestinidades em diáspora no Brasil, como desenvolvi no trabalho.

Este livro, em sua conformação, caminha do físico ao *on-line*. Metaforicamente, encontra pessoas palestinas na diáspora, depois caminha com elas para o mundo, até seu retorno. Perpassado pelo eixo central de gênero, é interpelado e intersecionado pelas distintas vias de opressão, de forma analítica, a partir das experiências compartilhadas e narrativas construídas pelos interlocutores. Palestinidades, em suas variadas formas, são a chave-central desta análise, enquanto gênero é seu eixo analítico e organizacional. Busquei caminhar da margem ao centro, construindo uma narrativa a contrapelo, para quiçá demonstrar um pouco daquilo que recebi das pessoas com quem realizei este trabalho.

REFERÊNCIAS

ABU-LUGHOD, L. As mulheres muçulmanas precisam realmente de salvação? *Estudos Feministas*, Florianópolis, v. 20, n. 2, p. 451-470, 2012.

ADI, A.; MISLEH, S.; ODEH, M. Corpos femininos ocupados e a dupla resistência ao colonialismo e ao Patriarcado. *Diversitates International Journal*, [s. l.], v. 13, n. 4, p. D1-D21, 2021. DOI: 1053357/JRPO1882.

AGAMBEN, G. *Estado de Exceção*. Tradução de Iraci D. Poleti. 2. ed. São Paulo: Boitempo, 2004.

AGAR, L.; SAFFIE, N. Chilenos de origen árabe: la fuerza de las raíces. *Revista Miscelánea de estudios Árabes y Hebraicos Sección Árabe – Islam*, [s. l.], v. 54, p. 1-23, 2005.

AKMIR, A. *Los árabes en América Latina*: historia de una emigración. 1. ed. Madrid: Casa Árabe e Instituto Internacional de estudios, 2009.

AKOTIRENE, C. *Interseccionalidade*. São Paulo: Sueli Carneiro: Pólen, 2019.

ALMEIDA, S. *Racismo Estrutural*. Belo Horizonte: Editora Letramento, 2018.

AMIN, S. *Eurocentrismo*. São Paulo: Lapalavra, 2021.

ANDERSON, B. *Comunidades imaginadas*: reflexões sobre a origem e a difusão do nacionalismo. São Paulo: Companhia das Letras, 2008.

ASAD, T. *Genealogies os Religion*: Discipline ans Reasons os Power in Cristianity and Islam. Baltimore: Johns Hopkins UP, 1993.

ASFORA, J. S. *Palestina Livre*. Recife: Editora do Autor, 2010.

ASFORA, J. S. *Palestinos*: a saga de seus descendentes. Recife: Indústria Gráfica e Editora Primeira Edição, 2002.

ASYLIUM and Migration. *ACNUR*, 2020. Disponível em: https://www.unhcr.org/asylum-and-migration.html. Acesso em: 10 maio 2020.

BAEZA, C. O refúgio e o retorno entre os palestinos do Chile: narrative identitária e discurso militante. *In*: SCHIOCCHET, L. (org.). *Entre o Velho e o Novo Mundo a diáspora palestina desde o Oriente Medios à America Latina*. Lisboa: Editora Chiado, p. 297-322, 2015.

BALANDIER, G. [1955]. A noção de situação colonial. *Cadernos de Campo*, São Paulo, n. 3, p. 107-131, 1993.

BANTON, M. *A ideia de Raça*. São Paulo: Edições 70: Martins Fontes, 1977.

BARBOSA, G. Brigas de galo pelo avesso: Fazendo "sexo" e desfazendo "gênero" em Chatila, Líbano. *Revista de Antropologia*, São Paulo, v. 54, n. 2. p. 677-714, 2011.

BARBOSA, G. *The Best of Hard Times*: Palestinian refugee masculinities in Lebanon. Syracuse: Syracuse University Press, 2022.

BARBOSA, G. Um Antropólogo sob Sítio: Pesquisa de Campo em Campo Minado (Chatila, Líbano). *Antropolítica*, Niterói, n. 35, p. 101-123, 2 sem. 2013.

BARTH, F. *Balinese Worlds*. Chicago: The University of Chicago Press, 1993.

BARTH, F. Grupos étnicos e suas fronteiras. *In*: POUTIGNAT, P.; STREIFF-FE-NART, J. (org.). *Teorias da Etnicidade*. São Paulo: Unesp, 1997.

BARTH, F. Os Grupos étnicos e suas fronteiras. *In*: LASK, T. (org.). *O Guru, o Iniciador e Outras Variações Antropológicas*. Rio de Janeiro: Contracapa Livraria, 2000.

BARTH, F. Temáticas permanentes e emergentes na análise da etnicidade. *In*: VERMEULEN, H.; GOVERS, C. (org.). *Antropologia da etnicidade Para além de "Ethnic Groups and Boundaries"*. Lisboa: Fim de Século, 2003. p. 19-44.

BASIC Law Israel. *The Knesset*, 2018. Disponível em: https://main.knesset.gov.il/EN/activity/Pages/BasicLaws.aspx. Acesso em: 9 maio 2022.

BAUMAN, Z. *Estranhos à nossa porta*. Rio de Janeiro: Zahar, 2017.

BENJAMIN, W. Madame Asriadne, segundo pátio à esquerda e Rua de mão única. *In*: BENJAMIN, W. *Obras escolhidas*. v. 2. São Paulo: Brasiliense, 1987b.

BENJAMIN, W. Sobre o conceito de história. *In*: BENJAMIN, W. *Obras escolhidas*. v. 1. São Paulo: Brasiliense, 1987a.

BENTO, M. A. S. *Pactos narcísicos no racismo*: branquitude e poder nas organizações empresárias e no poder público. 2002. 169 p. Tese (Doutorado em Psicologia) – Universidade de São Paulo, São Paulo, 2002.

BRASIL. *Lei n.º 13.979, de 6 de fevereiro de 2020*. Dispõe sobre as medidas para enfrentamento da emergência de saúde pública de importância internacional decorrente do coronavírus responsável pelo surto de 2019. Brasília, DF: Presidência da República, 2020.

BRASIL. *Decreto Lei 288, de 28 de Fevereiro de 1967.* Altera as disposições da Lei número 3.173 de 6 de junho de 1957 e regula a Zona Franca de Manaus. Presidência da República: 1967. Disponível em: http://www.planalto.gov.br/ccivil_03/decreto-lei/del0288.htm. Acesso em: 17 ago. 2022.

BRASIL. *Portaria n.º 120, de 17 de março de 2020.* Dispõe sobre a restrição excepcional e temporária de entrada no País de estrangeiros oriundos da República Bolivariana da Venezuela, conforme recomendação da Agência Nacional de Vigilância Sanitária - Anvisa. Brasília, DF: Presidência da República: Casa Civil, 2020. Disponível em: https://www.in.gov.br/web/dou/-/portaria-n-120-de-17-de-marco-de-2020-248564454. Acesso em: 25 ago. 2020.

BRASIL. *Portaria n.º 340, de 30 de junho de 2020.* Dispõe sobre a restrição excepcional e temporária de entrada no País de estrangeiros, de qualquer nacionalidade, conforme recomendação da Agência Nacional de Vigilância Sanitária - Anvisa. Brasília, DF: Presidência da República; Casa Civil, 2020. Disponível em: https://www.in.gov.br/en/web/dou/-/portaria-n-340-de-30-de-junho-de-2020-264247695 Acesso em: 25 ago. 2020.

BRUNO, F. Rastros digitais sob a perspectiva da teoria ator-rede. *Revista FAMECOS*: mídia, cultura e tecnologia, Porto Alegre, v. 19, n. 3, septiembre-diciembre, p. 681-704. 2012.

BUTLER, J. *Caminhos divergentes Judaicidade e crítica do sionismo.* São Paulo: Boitempo, 2017.

BUTLER, J. *Corpos em aliança e a política das ruas.* Rio de Janeiro: Civilização Brasileira, 2019.

BUTLER, J. *Problemas de Gênero.* Rio de Janeiro: Civilização Brasileira, 2003.

BUTLER, J. *Quadros de Guerra.* Rio de Janeiro: Civilização Brasileira, 2016.

BUTLER, J. *Vida precária.* Os poderes do luto e da violência. Belo Horizonte: Editora Autêntica, 2019b.

BUTLER, J.; SPIVAK, G. C. *Quem canta o Estado-Nação?* Língua, política e pertencimento. Brasília: Editora UNB, 2018.

CARAMURU, B. *Palestina:* Manual da ocupação. Bauru: Editora Canal 6, 2024.

CARAMURU TELES, B. *La tierra palestina es mas cara que el oro*: narrativas palestinas em disputa. São Paulo: Editora Dialética, 2022.

CARAMURU TELES, B. Palestinos migrantes e refugiados e o fechamento de fronteiras na pandemia COVID-19. *Cadernos De Campo*, São Paulo, v. 29, p. 278-288, 2020. DOI: https://doi.org/10.11606/issn. Acesso em: 1 dez. 2022.

CARAMURU TELES, B.; SAHD, F. B. O colonialismo como marco interpretativo basilar do apartheid israelense: revisitando e ressignificando a questão. *Diversitates International Journal*, v. 13. n. 14, 2021. P.b1-b27 DOI: https://doi.org/10.53357/ZXMI4316

CARAMURU TELES, B.; REBELO, F. Desmontando as armadilhas de um feminismo civilizatório. *Cadernos Pagu*, [s. l.], n. 64, e226425, 2022.

CARAMURU TELES, B. Um Chile Palestino: diáspora e identidade palestina no país sul-americano. *In*: ALBINO, C.; SCHEREN, M. L. (org.). *Anais Jornadas Antropológicas PPGAS/UFSC 2019.* Florianópolis: UFSC, 2020.

CARAMURU TELES, B.; MANFRINATO, H. M. Orientalismos e resistência decolonial em duas comunidades Árabes Latino-Americanas. *In*: ROCHA, P.; MAGALHÃES, J.;

OLIVEIRA, P. (org.). *Decolonialidade a partir do Brasil*. Belo Horizonte: Editora Dialética, 2020.

CARAMURU TELES, B. Lá tierra Palestina és mas cara que el oro: narrativas em disputa. Dissertação de mestrado apresentada ao PPGAA-UFPR. Curitiba, 2017.

CARNEIRO, S. *Racismo, Sexismo e Desigualdade no Brasil*. São Paulo: Selo Negro, 2011.

CÉSAIRE, A. *Discurso sobre o colonialismo*. São Paulo: Veneta, 2020.

CESARINO, L. Antropologia multissituada e a questão de escala: reflexões com base no estudo da cooperação sul-sul brasileira. *Horizontes Antropológicos*, Porto Alegre, ano 20, n. 41, p. 19-50, jan./jun. 2014.

CHAHIN, N. S. Ocupacion y violaciones al derecho internacional em Palestina: la respuesta del BDS. 2018. Dissertação (Mestrado em Estudios Avanzados em Derechos Humanos) – Instituto de Derechos Humanos Bartolomé de las Casas, Universidad Carlos III de Madri, Madri, 2018.

CHO, S.; CRENSHAW, K. W.; MCCALL, L. Toward a Field of Intersectionality Studies: Theory, Applications, and Praxis. *Signs*: Journal of Women in Culture and Society 38, [s. l.], n. 4, p. 785-810, 2013.

CHOMSKY, N. *Controle da mídia*: os espetaculares feitos da propaganda. Rio de Janeiro: Editora Graphia, 2003.

CLASTRES, P. *Arqueologia da violência, pesquisas de antropologia política*. São Paulo: Cosac Naify, 2014.

COLLINS, P. H. *Interseccionalidade*. São Paulo: Boitempo, 2021.

COLLINS, P. H. *Pensamento Feminista Negro*. São Paulo: Boitempo, 2019.

CONSELHO NACIONAL DOS DIREITOS HUMANOS. *Nota do CNDH contrária à posição do Governo Brasileiro sobre o Plano de Paz anunciado pelo governo dos Estados Unidos para o conflito Israelense-Palestino. [S. l.]: [s. n.]*, 2020. Disponível em: https://www.gov.br/mdh/pt-br/acesso-a-informacao/participacao-social/conselho-nacional-de-direitos-humanos-cndh/mocoes-e-notas/copy_of_Nota-pblicasobrePalestina.pdf. Acesso em: 10 set. 2021.

CORRÊA, P. R. A juventude Sanaud e a construção da palestinidade entre jovens da diáspora palestina no Brasil *In*: DEL SARTO, S. M.; VASCONCELOS, V. C. C. de. (org.). *Entre precariedades e estratégias de (re)existências*: imaginar é preciso. 1. ed. Recife: Editora Seriguela, 2022. P

CRENSHAW, K. *Demarginalizing the Intersection of Race and Sex*: A Black Feminist Critique of Antidiscrimination Doctrine, Feminist Theory and Antiracist Politics. University of Chicago Legal Forum, Chicago, 1989.359-374

COVID-19 Dashboard by the Center for Systems Scienci and Engineering. *JHU - Jonh Hopkins University*, 2020. Disponível em: https://coronavirus.jhu.edu/map.html. Acesso em: 26 maio 2020.

COVID-19 has left people in Gaza vulnerable. *UNRWA*, 2020. Disponível em: https://www.unrwa.org/. Acesso em: 20 maio 2020.

CUCHE, D. Os Palestinos do Peru: uma Forte Identifcação com a Palestina. *In*: SCHIOCCHET, L. (org.). *Entre o Velho e o Novo Mundo*: a diáspora palestina desde o Oriente Medios à America Latina. Lisboa: Editora Chiado, 2015. p. 253-296.

CUNHA, M. C. da. *Cultura com aspas*. São Paulo: Editora Ubu, 2017.

DAVIS, A. *A liberdade é uma luta constante*. São Paulo: Boitempo, 2018.

DAVIS, A. *Mulheres, raça e classe*. São Paulo: Boitempo, 2016.

DEVULSKY A. *Colorismo*. Feminismos Plurais. São Paulo: Editora Jandaíra, 2021.

DONDE trabaja/ América/ Chile. *ACNUR*, 2016. Disponível em: http://www.acnur.org/t3/donde-trabaja/america/chile/. Acesso em: 20 jun. 2016.

DORAI, M. *Les réfugiés palestiniens du Liban*. Paris: CNRS Éditions, 2006.

DUMOVICH, L. De homens e pombos: liquefazendo g6enero em Chatila, Líbano. *Revista Antropolítica*, Niterói, v. 54, n. 1, p. 394-400, jan./abr., 2022.

DUQUE, T. A Epistemologia da passabilidade: dez notas analíticas sobre experiências de (in)visibilidade trans. *História Revista*, Goiânia, v. 25, n. 3, p. 32, 2020. DOI 10.5216/hr.v25i3.66509.

ECO, H. *Migração e intolerância*. Rio de Janeiro: Editora Record, 2020.

ELIAS, N.; SCOTSON, J. *Os Estabelecidos e os Outsiders*. Rio de Janeiro: Zahar, 2000.

ESCOBAR, A. O lugar da natureza e a natureza do lugar: globalização ou pós-desenvolvimento? *In*: LANDER, E, (org.). *A colonialidade do saber*: eurocentrismo e ciências sociais. Perspectivas latino-americanas. Argentina: Clacso, 2005. p. 133-168. (Colección Sur).

ESPINOLA, C. V. *O véu que (des)cobre Etnografia da comunidade árabe Muçulmana em Florianópolis*. 2005. Tese (Doutorado em Antropologia Social) – Universidade Federal de Santa Catarina, Florianópolis, 2005.

EUZÉBIO, F. A porosidade territorial na fronteira da Amazônia: as cidades gêmeas Tabatinga (Brasil) e Letícia (Colômbia). *Cuadernos de Geografia Revista Colombiana de Geografia*, [s. l.], v. 23, n. 1, p. 109-124, 2014.

FANON, F. [1961]. *Os condenados da Terra*. Rio de Janeiro: Editora Civilização Brasileira, 1968.

FANON, F. *Frantz Fanon escritos Políticos*. São Paulo: Boitempo, 2021.

FANON, F. *Pele negra máscara branca*. São Paulo: Ubu Editora, 2020.

FANON, F. *Por uma revolução africana*. Rio de Janeiro: Zahar, 2021.

FEDERICI, S. *O patriarcado do salário*. São Paulo: Boitempo, 2021.

FEDERICI, S. *O ponto zero da revolução*. São Paulo: Elefante, 2019.

FELDMAN, I. Difficult Distinctions: Refugee Law, Humanitarian Practice, and Political Indentification in Gaza. *Cultural Anthropology*, [s. l.], v. 22, p. 129-169, 2007.

FELDMAN, I. *Life Lived in Relief Humanitarian Predicaments and Palestinian Refugee Politics*. California: The University of California Press, 2018.

FERREIRA, A. *Objetos Cotidianos*: Árabes Libaneses. Transversalidades na Relação com Objetos, Coisas e seus Usos. 2020. Dissertação (Mestrado em Antropologia Social) – Universidade Federal de Santa Catarina, Florianópolis, 2020.

FINKELSTEIN, N. *Image and reality of the Israeli-Palestine conflict*. New York: Verso, 2003.

FLEISCHMANN, E. L. The Emergence of the Palestinian Women's Movement, 1929-39. *Journal of Palestine Studies*, [s. l.], v. 29, n. 3, p. 16-32, 2000. DOI: https://doi.org/10.2307/2676453. Acesso em: 1 dez. 2022.

FOULCAUL, M. *História da sexualidade*. Rio de Janeiro: Edições Graal, 1988.

FOULCAUL, M. [1975]. *Vigiar e punir*. Petrópolis: Vozes, 2008.

FOULCAUL, M. [1979]. *Microfísica do poder*. São Paulo: Edição Graal, 2010.

FREIRE, G. *Casa Grande e Senzala*. São Paulo: Global Editora, 2005.

FRITSCH. R. K A espacialidade e reconfiguração da Cisjordânia a partir de 1967. *In*:IDEL SARTO, S. M.; VASCONCELOS, V. C. C. de. (org.). *Entre precariedades e estratégias de (re)existências*: imaginar é preciso. 1. ed. Recife: Editora Seriguela, 2022.1-412

GALEMBA, R. B. Illegality and Invisibility at Margins and Bordes. *POLAR*, [s. l.], v. 36, n. 1, p. 274-285, 2013.

GEERTZ, C. *Observando o Islã*. Rio de Janeiro: Editora Zahar, 2004.

GONZALEZ, L. *Por um feminismo Afro Latino-americano*. Rio de Janeiro: Zahar, 2020.

GROSSI, M. P. Identidade de Gênero e Sexualidade. *Antropologia em Primeira Mão*, Florianópolis, n. 24, 1998.

HAJJAR, C. F. *Imigração árabe*: 100 anos de reflexão. São Paulo: Ed. Ícone, 1985.

HALL, S. *Da Diáspora*. Belo Horizonte: Ed. UFMG, 2013.

HAMID, S. C. (*Des)Integrando Refugiados*: os processos do reassentamento de palestinos no Brasil. 2012. Tese (Doutorado em Antropologia Social) – Universidade de Brasília, Brasília, 2012.

HAMID, S. C. Árabes estabelecidos e refugiados palestinos recém-chegados ao Brasil: Tensões referentes ao "direito de retorno" e uma pedagogia da ascensão social. *In*: SCHIOCCHET, L. (org.). *Entre o Velho e o Novo Mundo a diáspora palestina desde o Oriente Medios à America Latina.* Lisboa: Editora Chiado, 2015. p. 449-86.

HANDERSON, J. Diáspora, refugiado, migrante: perspectiva etnográfica em mobilidade e transfronteiriça. *Sociedade e Cultura*, [s. l.], v. 20, n. 2, p. 173-192, 2017.

HAZIN, I. M. *Imigrantes palestinos, identidades brasileiras*: compreendendo a identidade palestina e as suas transformações. 2016. Dissertação (Mestrado em Antropologia) – Universidade Federal da Paraíba, João Pessoa, 2016.

HOBSBAWM, E.; RANGER. T. *A invenção das tradições.* São Paulo: Paz e Terra, 2012.

hooks, b. *E eu não sou uma mulher?* Rio de Janeiro: Rosa dos tempos, 2020.

hooks, b. *O feminismo é pra todo mundo.* Rio de Janeiro: Rosa dos tempos, 2020.

hooks, b. *Teoria feminista da margem ao centro.* São Paulo: Perspectiva, 2019.

HOURANI, A. *Uma história dos povos árabes.* São Paulo: Companhia das letras, 2006.

INSTITUTO BRASILEIRO DE GEOGRAFIA E ESTATÍSTICA. *Censo 2021.* Rio de Janeiro: IBGE, 2022. Disponível em: idades.ibge.gov.br/brasil/rs. Acesso em: 28 out. 2022.

JARDIM, D. "As mulheres voam com seus maridos" a experiência da diáspora palestina e as relações de gênero. *Horizontes Antropológicos*, Porto Alegre, ano 15, n. 31, p. 189-217, jan./jun. 2009.

JARDIM, D. Os imigrantes palestinos na América Latina. *Estudos avançados*, [s. l.], v. 20. n. 57, p.171-181, 2006.

JARDIM, D. *Palestinos no Extremo sul do Brasil*: identidade étnica e os mecanismos sociais de reprodução da etnicidade. 2020. Tese (Doutorado em Antropologia Social) – Universidade Federal do Rio de Janeiro, Rio de Janeiro, 2000.

JARDIM, D. A Diáspora Palestina: As Organizações Sanaud e a Experiência Geracional Acerca da Identidade Palestina no Sul do Brasil. *In:* SCHIOCCHET, L. (org.). *Entre o Velho e o Novo Mundo a diáspora palestina desde o Oriente Medios à America Latina.* Lisboa: Editora Chiado, 2015. p. 411-447.

JAYYUSI, L. Repetición, acumulación y presencia. Las figuras relacionales de la memoria palestina. *In*: ABU-LUGHOD, L.; SAADI, A. *Nakba Palestina 1948 y los reclamos de la memoria*. Buenos Aires: Editora Canaan, CLACSO, 2017.

KANAANEH, R. A. *Birthing the Nation*. Strategies of Palestinian Woman in Israel. California: University of California Press, 2002.

KHALID, R. *The Hundred Year's War on Palestine*. London: Profile Books, 2020.

KHALIDI. R. *The hundred yera's war on Palestine*. London: Profile Books, 2020.

KILOMBA, G. *Memórias da plantação*. Rio de Janeiro: Editora Cobogó, 2019.

KNOWLTON, C. S. *Sírios e Libaneses*: mobilidade social e espacial. São Paulo: Anhambi, 1955.

KORAICHO, R. *25 de Março* - memória da Rua dos Árabes. São Paulo: Rose Koraicho, 2004.

LESSER, J. *A Invenção da* brasilidade: identidade nacional, etnicidade e políticas de imigração. São Paulo: Editora Unesp, 2015.

LESSER, J. *A negociação da identidade* nacional: imigrantes, minorias e a luta pela etnicidade no Brasil. São Paulo: Editora Unesp, 2001.

LORDE, A. *Irmã outsider*. Belo Horizonte: Autêntica, 2020.

LORDE, A. Não existe hierarquia de opressão. In: HOLANDA, H. B. de (ed.). *Pensamento feminista conceitos fundamentais*. Rio de Janeiro: Bazar do tempo, 2019.

LORDE, A. *Sou sua irmã*. São Paulo: Ubu Editora, 2020.

LOSURDO, D. *Colonialismo e luta anticolonial*. São Paulo: Boitempo, 2020.

MACAGNO, L.; MONTENEGRO, S.; BELIVEAU, V. (org.). *A tríplice fronteira*: espaços nacionais e dinâmicas locais. Curitiba: Editora UFPR, 2011.

MAHMOOD, S. Teoria Feminista, agência e sujeito liberatório: algumas reflexões sobre o revivalismo islâmico no Egito. *Revista Etnográfica*, [*s. l.*], v. 23, n. 1, p. 135-175, 2019.

MALKKI, L. National Geographic: The Rooting of Peoples and the Territorialization of National Identity among Scholars and Refugees. *Cultural Anthropology*, [*s. l.*], v. 7, n. 1, p. 24-44, 1992. DOI: https://doi.org/10.1525/can.1992.7.1.02a00030. Acesso em: 1 dez. 2022.

MALKKI, L. *Purity and Exile*: Violence, Memory, and National Cosmology among Hutu Refugees in Tanzania. Chicago: London: The University of Chicago Press, 1995.

MANFRINATO, H. Dos quadros de guerra à participação: notas sobre a jornada do refúgio palestino em São Paulo. *Cadernos de Campo*, [s. l.], v. 25, n. 25, p. 421-436, 2016. DOI 10.11606/issn.2316-9133. Acesso em: 1 dez. 2022.

MANFRINATO, H. *Dos quadros de guerra à participação*: socialidade, redes de *ajuda* e política na ocupação urbana Leila Khaled. 2022. Tese (Doutorado em Antropologia Social) – Universidade São Paulo, São Paulo, 2022.

MANOEL, J.; LANDI, G. *Revolução Africana uma ontologia do pensamento marxista*. São Paulo: Autonomia Literária, 2019.

MARCOSSI, B. A. *Entre fantasmas, esperanças e crenças*: a angústia do "sionismo de esquerda" no Brasil. 2018. Dissertação (Mestrado em Antropologia) – Universidade Federal do Rio de Janeiro, Rio de Janeiro, 2018.

MARCUS, G. Ethnography in/of the world system: the emergence of multi- sited ethnography. *Annual Review of Anthropology*, [s. l.], n. 24, p. 95-117, 1995.

MARSHOOD, H.; ALSANAH, R. *Tal'at*: um movimento feminista que redefine a libertação e reimagina a Palestina. *Mondoweiss*, 2020. Disponível em: https://mondoweiss.net/2020/02/talat-a-feminist-movement-that-is-redefining-liberation-and-reimagining-palestine/. Acesso em: 25 nov. 2022.

MASALHA, N. *Expulsão dos palestinos*. São Paulo: Editora Sunderman, 2021.

MASALHA, N. *Palestine A four thousand year history*. London: Zed Books, 2018.

MASCARELLO, M. *O barracão e a rua*: experiências e práticas políticas de catadores de materiais recicláveis em Curitiba-PR. 2015. Dissertação (Mestrado em Antropologia) – Universidade Federal do Paraná, Curitiba, 2015.

MBEMBE, A. *Necropolítica*: biopoder, soberania, estado de exceção, política de morte. São Paulo: n-1 edições, 2018.

MELO, F.; OLIVAR, J. M. N. O ordinário e o espetáculo no governo da fronteira Normatividades de gênero em Tabatinga. *Revista Brasileira de Ciências Sociais*, [s. l.], v. 34, n. 101, p. 1-18, 2019. DOI: 10.1590/3410116/2019.

MILLER, D. *Trecos, Troços e coisas*: estudos antropológicos sobre a cultura material. Rio De Janeiro: Zahar, 2013.

MIGNOLO, W. *Historias locales/disenos globales: colonialidad, conocimientos subalternos y pensamiento fronterizo*. Madrid: Akal, 2003.

MISLEH, S. Palestina livre, mulheres livres. *Correio da Cidadania*, 2020. Disponível em: https://www.correiocidadania.com.br/2-uncategorised/14078-palestina-livre-mulheres-livres. Acesso em: 1 dez. 2022.

MISLEH, S. Uma história das mulheres palestinas: dos salons aos primórdios da literatura de resistência. 2022. Tese (Doutorado em Letras Orientais) – Universidade de São Paulo, São Paulo, 2022, 195 f.

MISSAOUI, F. La presencia árabe en América Latina y su aportación literaria en Brasil, Cuba y Colombia. *Centro Virtual Cervantes*, [s. l.], p. 47-55, 2015.

MONTENEGRO, S. *Muçulmanos no Brasil*. Rosário: UNR Editora, 2013.

MUSTAFA, A. N. A. H. M. Contribuição da Colônia Palestina para o Desenvolvimento Regional de Corumbá – MS. 2022. Dissertação (Mestrado em Meio Ambiente e Desenvolvimento Regional) – Universidade Anhanguera, Campo Grande, 2022.

NASCIMENTO, B. *Uma história feita por mãos negras*. Rio de Janeiro: Zahar, 2021.

NAVIA, A. F.; HAMID, S. C.; MUNEM, B. M.; GOMES, C. P. *Pessoas em movimento práticas de gestão, categorias de direito e agência*. Rio de Janeiro: Fundação Casa Rui Barbosa: 7Letras, 2019.

NOGUEIRA, O. Preconceito Racial de marca e preconceito racial de origem. Sugestão de um quadro de referência para a interpretação do material sobre relações raciais no Brasil. *Clássicos da Sociologia Brasileira • Tempo soc.*, [s. l.], v. 19 n. 1, p. 287-308, 2007. DOI: https://doi.org/10.1590/S0103-20702007000100015. Acesso em: 1 dez. 2022.

OCEAN Viking é impedido de voltar para área de resgate no mar por medida discriminatória *Médicos sem Fronteiras*, 2020. Disponível em: https://www.msf.org.br/noticias/ocean-viking-e-impedido-de-voltar-para-area-de-resgate-no-mar-por-medida-discriminatoria. Acesso em: 15 maio 2020.

OIM DEFENDE tratamento digno a migrantes durante pandemia do novo coronavírus *ONU*, 2020. Disponível em: https://nacoesunidas.org/oim-defende-tratamento-digno-a-migrantes-durante-pandemia-do-novo-coronavirus/. Acesso em: 18 maio 2020.

OLGUÍN, M.; PEÑA, P. *La inmigracíon Árabe en Chile*. Santiago: Eds. Instituto Chileno-Arabe de Cultura, 1990.

OLIVEIRA, J. P. de. *O nosso governo*: os ticuna e o regime tutelar. São Paulo: Marco Zero, 1988. p. 24-59.

OLIVEIRA, L. G. *A diáspora palestina no Brasil* – A FEPAL: trajetórias, reivindicações e desdobramentos. (2000-2012). 2017. Dissertação (Mestrado em Estudos judaicos e árabes) – Universidade de São Paulo, São Paulo, 2017.

OLIVEIRA, R. G. de. *Al Dakhel, cartografias como experiência*: reflexões a partir de um trabalho de campo na Palestina. 2020. Tese (Doutorado em Antropologia) – Universidade Federal do Paraná, Curitiba, 2020.

ONU Brasil lança campanha pelo fim da violência contra a juventude negra. *ONU*, 2017. Disponível em: https://www.unodc.org/lpo-brazil/pt/frontpage/2017/onu-brasil-lana-campanha-pelo-fim-da-violncia-contra-a-juventude-negra.html. Acesso em: 26 nov. 2022.

ORGANIZAÇÃO DAS NAÇÕES UNIDAS. *Resolução 194*. [*S. l.*]: ONU, 1948. Disponível em: https://www.unrwa.org/content/resolution-194. Acesso em: 3 jun. 2022.

ORGANIZAÇÃO DAS NAÇÕES UNIDAS. *Resolução 2334*. [*S. l.*]: ONU, 2016. Disponível em: https://documents-dds-ny.un.org/doc/UNDOC/GEN/N16/463/94/PDF/N1646394.pdf?OpenElement. Acesso em: 3 jun. 2022.

ORGANIZAÇÃO DAS NAÇÕES UNIDAS. Resolução 242. [*S. l.*]: ONU, 1967. Disponível em: https://documents-dds-ny.un.org/doc/RESOLUTION/GEN/NR0/241/30/PDF/NR024130.pdf?OpenElement. Acesso em: 3 jun. 2022.

OSMAM, S. *Caminhos da imigração árabe em São Paulo*: história oral de vida familiar. 1998. Dissertação (Mestrado em Filosofia) – Universidade de São Paulo, São Paulo, 1998.

OSMAM, S. Mascates árabes em São Paulo: concentração urbana e inserção econômica. *Cordis*: Revista Eletrônica de História Social da Cidade, [*s. l.*], v. 2, 2009.

PAPPÉ, I. [2004]. *A History of Modern Palestine*. Cambridge: Cambridge University Press, 2006.

PAPPÉ, I. *A limpeza étnica da Palestina*. Tradução de Luiz Gustavo Soares. São Paulo: Editora Sundermann, 2016.

PAPPÉ, I. The 1948 Ethnic Cleansing of Palestine. *Journal of Palestine Studies*, California, v. XXXVI, n. 1, p. 1-17, 2006.

PINTO, P. As comunidades Muçulmanas na Tríplice Fronteira: Significados locais e fluxos transnacionais na construção das identidades étnicos religiosas. *In:* MACAGNO, L.; MONTENEGRO, S.; BELIVEAU, V. (org.). *A Tríplice Fronteira Espaços nacionais e dinâmicas locais*. Curitiba: Editora UFPR, 2011. p. 183-20.

PLANO de paz e prosperidade do Presidente Trump para solucionar o conflito israelense-palestino. *Itamaraty*, 2020. Disponível em: http://antigo.itamaraty.gov. br/pt-BR/notas-a-imprensa/21270-plano-de-paz-e-prosperidade-do-presidente--trump-para-solucionar-o-conflito-israelense-palestino. Acesso em: 10 set. 2021.

PONTES, J.; SILVA, C. G. Cisnormatividade e passabilidade: deslocamentos e diferenças nas narrativas de pessoas trans. *Periódicus*, Salvador, n. 8, v. 1, nov. 2017-abr. 2018.

PORTO, C. F. S. As mediações da comida árabe na vida cotidiana de membros de origem palestina do grupo Juventude Sanaúd. 2021. Dissertação (Mestrado em Sociologia) – Universidade de Brasília, Brasília, 2021.

PRATES, D. O fio de Ariadine: deslocamento, heterotopia e memória entre refugiadospalestinos em Mogi das Cruzes, Brasil, e Burj Al-Barajneh, Líbano. 2012. 241 f. Dissertação (Mestrado em Antropologia) – Universidade Federal Fluminense, Niterói, 2012.

QUIJANO, A. Colonialidad y modernidad/racionalidade. *Revista Perú Indígena*, [s. l.], v. 13, n. 29, p. 11-20, 1992.

QUIJANO, A. (2005). *Colonialidad y modernidad-racionalidad*. Disponível em http:// pt.scribd.com/doc/36091067/Anibal-Quijano-Colonialidade-e-Modernidade--Racionalidade. Acesso em: 31 maio 2020.

RATTO, M. J. S. *Políticas do testemunho*: uma análise etnográfica do Ecumenical Accompaniment Programme in Palestine and Israel (EAPPI). 2020. 212 f. Dissertação (Mestrado em Antropologia Social) – Centro de Ciências Humanas, Letras e Artes, Universidade Federal do Rio Grande do Norte, Natal, 2020.

RESUMO das conclusões. *IWS*, 2019. Disponível em: http://iws.birzeit.edu/ node/224 Acesso em: 30 maio 2022.

RIBEIRO, G. L. A antropologia da globalização: circulação de pessoas, mercadorias e informações. *Série Antropologia,* Brasília: DAN/UnB, v. 435, p. 435, 2011.SAFADY, J. *O Líbano no Brasil.* São Paulo: Safady, 1956.

SAID, E. *Peace and its discontents.* Essays on Palestine in the Middle East peace process. New York: Vintage Books, 1996.

SAID, E. [1978]. *Orientalismo*: o Ocidente como invenção do Ocidente. São Paulo: Companhia das Letras, 2007.

SAID, E. [1992]. *A Questão da Palestina.* São Paulo: Editora Unesp, 2012.

SAID, E. [1993]. *Cultura e Imperialismo.* São Paulo: Companhia das Letras, 2011.

SAID, E. *For a de Lugar.* São Paulo: Companhia das Letras, 2004.

SAID, E. *The end of the peace process.* London: Granta Books, 2002.

SAID, E. *The politics of dispossession*: The Struggle for Palestinian Self-Determination 1969-1994. London: Vintage, 1995.

SANTOS, F. M. O morto no lugar dos mortos: classificações, sistemas de controle e necropolítica no Rio de Janeiro. *Revista M.*, Rio de Janeiro, v. 3, p. 72-91 jan./ jun. 2018.

SANTOS. L. G. *Mahamoud Darwich, Palestino e Pele-Vermelha. Exilium*: Revista de Estudos da Contemporaneidade, *[s. l.]*, v. 1, n. 1, p. 57-70, 2020. Disponível em: https://periodicos.unifesp.br/index.php/exilium/article/view/11289. Acesso em: 9 nov. 2022.

SARAIVA, M. G.; ALMEIDA, F. R. F. A integração Brasil-Argentina no final dos anos 90. *Rev. Bras. Polít. Int.*, [s. l.], v. 42, n. 2, p. 18-39, 1999. Disponível em: https://doi.org/10.1590/S0034-73291999000200002. Acesso em: 9 nov. 2022.

SAYIGH, R. *The Palestinians*: From Peasants to Revolutionaries. London: Zed Books, 2007.

SAYIGH, R. Fazendo Palestinos Desaparecer: Um Projeto Colonialista. *In*: Schiocchet, L. Entre*o Velho e o Novo Mundo*: a diáspora palestina desde o Oriente Médios à América Latina. Lisboa: Editora Chiado, 2015. p. 53-86.

SCHIOCCHET, L. Admirável Mundo Novo: o extremo Oriente Médio, a construção do Oriente Médio e a Primavera Árabe. *Revista Tempo do Mundo*, [s. l.], v. 3, p. 37, 2011.

SCHIOCCHET, L. Entre o Velho e o Novo Mundo: a diáspora palestina desde o Oriente Médios à América Latina. Lisboa: Editora Chiado, 2015.

SCHIOCCHET, L. O encontro euro-médio-oriental. *Novos Debates*, [s. l.], v. 3, n. 1, 2017.

SCHIOCCHET, L. Palestinian Diaspora or Exile? Affective and Experiential Dimensions of (Im)Mobility. *In*: BAUER-AMIN, S.; SCHIOCCHET, L.; SIX--HOHENBALKEN, M. (ed.). *Embodied Violence and Agency in Refugee Regimes*. Bielefeld: Transcript Publishing, 2022.

SCHIOCCHET, L. Home in Exile: Palestinianness as moral subjunctive destination. Chicago: *Journal of Ethnographic Theory, HAU*, v. 14, n. 1. p. 104-119, 2024.

SCHULZ, H. *The Palestinian Diaspora*: Formation of Identities and Politics of Homeland. New York: Routledge, 2003.

SCHWARCZ, L. M. *Nem preto nem branco, muito pelo contrário*. São Paulo: Claro Enigma, 2012.

SCHWARCZ, L. M. *O espetáculo das raças*. Cientistas, instituições e questão racial no Brasil 1870-1930. São Paulo: Companhia das Letras, 1993.

SHIBLAK, A. *The palestinian diaspora in Europe*: challenges of dual identity and adaptation. Beirut: SAMA, 2005.

SILVA, J. V. S.; RIBEIRO, R. A. Integração comercial entre Brasil e Argentina: um estudo das experiências de integração Alalc/Aladi e Mercosul. *In*: ENCONTRO INTERNACIONAL DE POLÍTICA EXTERNA LATINO-AMERICANA, 1, 2015, Foz do Iguaçu. *Anais* [...]. Foz do Iguaçu, 2015. Disponível em: https://dspace.unila.edu.br/bitstream/handle/123456789/1533/NUPELA%20-%20281-297.pdf?sequence=1&isAllowed=y. Acesso em: 9 nov. 2022.

SOAREZ, M. A. T. Meu sangue é palestino: a juventude palestina a partir de suas redes locais e transnacionais. *In*: DEL SARTO, S. M.; VASCONCELOS, V. C. C. de. (org.). *Entre precariedades e estratégias de (re)existências*: imaginar é preciso. 1. ed. Recife: Editora Seriguela, 2022.

SOUZA SANTOS, B.; MENESES, M. P. (org.). *Epistemologia do Sul*. Coimbra: Almedina, 2009.

SOUZA, B. D. Na casa e no mercado: trocas e moralidades na reprodução da colônia palestina em Manaus. 2015. 147 f. Dissertação (Mestrado em Antropologia Social) – Universidade de Brasília, Brasília, 2015.

SOUZA, M. M. *O povo da Caixa 25 de março*: memórias da imigração síria e libanesa em São Paulo. 2003. Tese (Doutorado em Geografia) – Universidade de São Paulo, São Paulo, 2003.

STRATHERN, M. *O Gênero da Dádiva*: problemas com as mulheres e problemas com a sociedade na Melanésia. 1. ed. São Paulo: Editora da Unicamp, 2006.

TRUZZI, O. *Patrícios*: sírios e libaneses em São Paulo. 1993. Tese (Doutorado em Filosofia) – Unicamp, Campinas, 1993.

TSING, A. The global situation. *Cultural Anthropology*, [s. l.], v. 15, n. 3, p. 327-360, 2000.

UNITED NATIONS GENERAL ASSEMBLY. International Convention on the Elimination of All Forms of Racial Discrimination. *Resolution 2106* (XX), December 21, 1965. Disponível em: https://ohchr.org/EN/ProfessionalInterest/Pages/CERD.aspx. Acesso em: fev. 2022.

UNITED NATIONS GENERAL ASSEMBLY. International Convention on the Suppression and Punishment of the Crime of Apartheid. November 30, 1973. Disponível em: https://treaties.un.org/doc/Publication/UNTS/Volume%201015/volume-1015-I-14861-English.pdf. Acesso em: fev. 2022.

VELASQUEZ, R. Resenha Trecos, Troços e coisas: estudos antropológicos sobre a cultura material. *Revista Antropolítica*, [s. l.], v. 38, p. 377-381, 2015.

VERGÈS, F. *Um feminismo decolonial*. São Paulo: Ubu Editora, 2020.

VIVEIROS VIGOYA, M. *As cores da masculinidade*: experiências interseccionais e práticas de poder na Nossa América. Rio de Janeiro: Papéis Selvagens, 2018.

WHO RECOMMENDATIONS for international traffic in relation to COVID-19 outbreak. *WHO*, 20202. Disponível em: https://www.who.int/news-room/articles-detail/updated-who-recommendations-for-international-traffic-in-relation-to-COVID-19-outbreak. Acesso: 31 maio 2020.

WILLIAMS, E. *Capitalismo e escravidão*. São Paulo: Companhia das Letras, 2012. www.in.gov.br/en/web/dou/-/lei-n-13.979-de-6-de-fevereiro-de-2020-242078735 Acesso em: 25 ago. 2020.

WYNN, Lisa L. *Pyramids and Nightclubs*: A Travel Ethnography of Arab and Western Imaginations of Egypt. Austin: University of Texas Press, 2007.

ZAHDEH, A. *La comunidade palestina en Santiago de Chile*: un estudio de la cultura, la identidad y la religión de los palestinos chilenos. Varen: Institutt for Fremmedsprak Universitetet i Bergen, 2012.

ZAKARIA, R. *Contra o feminismo branco*. Tradução de Solaine Chioro e Thaís Britto. 1. ed. Rio de Janeiro: Intrínseca, 2021.

ZIZEK, S. Alguém disse totalitarismo? São Paulo: Boitempo, 2013.

ZUREIK, E. *Árabes no Rio de Janeiro*: uma identidade plural. Rio de Janeiro: Editora Cidade Viva, 2010.

ZUREIK, E. *Israel's colonial project in Palestine*: brutal pursuit. London: Routledge, 2016.